Hans-Georg Müller

Der Letzte löscht das Licht

Eine Jugend im geteilten Deutschland

Meiner Familie gewidmet

meiner Frau Irmin
unserem Sohn Harmin und seiner Familie
unserer Tochter Sigrit Walsdorff und ihrer Familie
unserem Sohn Meinard und seiner Familie
meiner Schwester Edeltraud und ihrer Familie
meiner Schwester Ursula und ihren Kindern nebst Familien

Meiner Eltern und meines Bruders Wolfgang gedenkend

Nur die Sache ist verloren, die man aufgibt.
(Lessing)

Hans-Georg Müller

Der Letzte löscht das Licht

Eine Jugend im geteilten Deutschland

WESTKREUZ-VERLAG GMBH BERLIN/BONN

Die vier Bilder auf dem Umschlag (vorne) stellen dar:

links oben:	Die DDR hinter Stacheldraht
rechts oben:	Alter (rostiger) Metallgrenzzaun, Grenzabschnitt 176
links unten:	Neuer (nicht rostender) Metallgrenzzaun und Utensilien
rechts unten:	Betonstücke der Berliner Mauer und weitere Utensilien

Bibliografische Information Der Deutschen Bibliothek

Die Deutsche Bibliothek verzeichnet diese Publikation in der Deutschen Nationalbibliografie; detaillierte bibliografische Daten sind im Internet über http://dnb.ddb.de abrufbar.

ISBN 978-3-929592-98-6

53902 Bad Münstereifel

Herstellung: Westkreuz-Druckerei Ahrens KG Berlin/Bonn
12309 Berlin

Geleitwort des Oberbürgermeisters der Stadt Suhl

Liebe Leserin, lieber Leser,

die Geschichte einer Stadt setzt sich aus vielen Facetten zusammen. Nicht nur das Wirken des Einzelnen spielt hinein, immer sind es auch die konkreten Verhältnisse, die Einfluss auf die Entwicklung nehmen.

Dr. Hans-Georg Müller, 1937 in Suhl geboren, hier aufgewachsen und zur Schule gegangen, erlebte das in besonderem Maße. Hineingeboren in die NS-Zeit, war er zu Kriegsende noch zu jung, um als letztes Aufgebot Hitlers in den Kampf ziehen zu müssen. Nach den Amerikanern erlebte er die sowjetischen Soldaten als Besatzer in dieser Stadt. Seine Erlebnisse mit ihnen sind in diesem Buch aufgezeichnet. Darüber hinaus erhält der Leser einen Einblick in das Suhl Anfang der 1950-er Jahre, wie es sich einem Halbwüchsigen und später einem Jugendlichen bot, der noch drei Geschwister hatte und dessen Vater eines Tages verhaftet wurde. Da steht der plastischen Schilderung der Pfingsthütten in dieser Stadt die zunehmend ideologisierte Erziehung in der Schule gegenüber, da entsteht ein für manche sicher unerwartetes Bild von der Knappheit lebensnotwendiger Dinge hierzulande, die vom Essen bis zur Freiheit reichte ...

Der Geschichte sollte man sich in ihrer Ganzheit stellen. 16 Jahre nach dem Ende der DDR und dem Ende des realsozialistischen Traums auch in unserer Stadt unternimmt Hans-Georg Müller solch einen Versuch. Das Bild der Vergangenheit Suhls beginnt sich dabei zu verändern. Hans-Georg Müller leistet einen Beitrag, es von Verklärung zu befreien. Ich meine, das ist eine der wichtigsten Voraussetzungen, um Geschichte in ihrer Ganzheit und letztlich in ihrer – erst später zu erkennenden – anderen Wahrheit annehmen zu können.

Ich wünsche dem Buch viele Leserinnen und Leser in Suhl und weit über die Grenzen unserer Stadt hinaus, denn die Geschichte der Familie Müller kann als ein exemplarisches Beispiel für die Wirkung der Totalitarismen des 20. Jahrhunderts gelten.

Mit den besten Grüßen

Dr. Jens Triebel

Inhalt

Vorwort

Jede Zeit ist eine neue Zeit. Die alte entschwindet, mit ihr geraten viele Geschehnisse, Gedanken und Erkenntnisse in Vergessenheit, gehen verloren, wenn sie nicht überliefert werden. Nachfolgende Generationen wissen oft nicht, wie die Welt zu Zeiten ihrer Vorfahren ausgesehen hat. Kinder haben häufig keine rechte Vorstellung davon, wie ihre Eltern und Großeltern als Kinder und Jugendliche gelebt und was sie gedacht haben. So passiert es, dass sie sie nicht verstehen und dass sie die gleichen oder ähnliche Fehler machen wie diese. Und was für die Familie zutrifft, gilt für ganze Völkergemeinschaften. Man streitet sich immer und immer wieder um ein und dasselbe, begeht schlimmes Unrecht immer wieder aufs Neue, lässt sich, als wären Geld und Macht Glücksgaranten, auf unheilvolle Kriege ein wie zu alten und zu nicht ganz alten Zeiten, obwohl man längst wissen müsste, wohin das führt.

Ein wichtiger Schritt, diesem unheilvollen Kreislauf zu entkommen und die Kluft zwischen den Generationen zu überbrücken, besteht darin, in Erfahrung zu bringen und zu verstehen, was früher geschehen ist. Dabei trägt die ältere Generation die Verantwortung dafür, der jüngeren zu vermitteln, *was* früher war und *warum* es so war, hoffend, dass diese dafür offen ist und daraus lernt. Eltern und Großeltern dürfen nicht schweigen, sondern müssen, auch wenn sie auf wenig Interesse zu stoßen scheinen, dieser Pflicht nachkommen. Mit der Niederschrift dieser meiner Erinnerungen an eine Zeit des Hungers, der Kälte, des Frusts und des Unrechts will ich versuchen, eine Brücke zwischen Alt und Jung zu schlagen, zwischen früher und heute, zwischen damals und jetzt.

Zu einem großen Teil handelt es sich um meine eigenen Erinnerungen, zu einem Teil aber auch um Erinnerungen aus meinem Umkreis, aus der Familie, von Freunden und Bekannten. Gewiss, es gibt viele Beschreibungen der Zeit des Zweiten Weltkriegs und der Nachkriegszeit und viele Statistiken über Flucht, Vertreibung, Unrecht und Tod (zum Beispiel von James Bacque in *Verschwiegene Schuld – Die alliierte Besatzungspolitik in Deutschland nach 1945*), aber einerseits sind Schilderungen von Einzelschicksalen sicher besonders geeignet, deutlich zu machen, was wirklich geschah, andererseits gibt es zwar viele ausführliche Berichte *über* Kriegsgefangene, Internierte und politische Häftlinge – und *von* ihnen selbst – über ihre schrecklichen Erlebnisse in den Lagern und Haftanstalten, aber kaum Literatur über ihre Restfamilien, die in der schwierigen Nachkriegszeit, vater- oder auch mutterlos auf sich allein gestellt, durchkommen mussten.

Diese meine als Sohn eines politischen Häftlings geschriebene, authentische Geschichte umfasst meine persönlichen Erlebnisse und die meiner Mutter und Geschwister in der Zeit unmittelbar nach dem Zweiten Weltkrieg in der Sowjetischen Besatzungszone (SBZ) und der späteren Deutschen Demokratischen Republik (DDR) sowie meine Erlebnisse im Übergangsjahr 1955/56 in West-

Berlin. Sie streift die Geschichte meiner verstorbenen Eltern, soweit ich sie erlebt habe oder soweit sie mir von ihnen berichtet worden ist, und schildert schließlich das Schicksal meines Bruders, das kurz vor der Wende böse endet.

Um die Authentizität und den historischen Anspruch auf Objektivität meines Erlebnisberichtes abzusichern, habe ich mich parallel zur Schilderung meines persönlichen Schicksals auf allgemein zugängliche faktenorientierte Quellen zu den zeitpolitischen Ereignissen, mit denen es aufs Engste verknüpft ist, und auf die Erinnerungsschilderungen anderer Einzelschicksale sowohl im Text und als auch in vielen Fußnoten bezogen. Damit widme ich meine persönliche Erinnerung – bei aller Bescheidenheit – in ein geschichtliches Dokument um. Mein Bericht mag zunächst, oberflächlich betrachtet, den Eindruck erwecken, eine Ansammlung vieler Erlebnisse, Erfahrungen, Episoden, Anekdoten in allen Facetten und Farben zu sein, ich hoffe aber, dass während der Lektüre im Verein mit der beigefügten Zeittafel, der aufgeführten Literatur und den angeführten politischen Fakten mosaik- oder puzzleartig ein aussagekräftiges, glaubwürdiges Gesamtbild der Zeit der SBZ und der Anfangszeit der DDR entsteht, das einer aufkommenden Verklärung dieses „Phänomens" und einer gewissen schwärmerischen DDR-Nostalgie, der „Ostalgie", entgegenwirkt.

In einem kurzen Nachwort berichte ich schlussendlich, wie sich mein Leben – nach Hunger, Kälte, Frust und Unfreiheit im Osten – im Westen (eigen- und fremdbestimmt) gestaltet hat und was aus dem zarten Bürschchen und dem schmächtigen Jüngling von damals geworden ist.

Noch einmal davongekommen

Kriegsende: Die Amis kommen

Aus der Ferne grollt dumpfer Donner, aber es ist kein Gewitter. Pausenlos rumort es, Tag und Nacht, und das Geräusch kommt immer näher, wird lauter, wird immer bedrohlicher. Auf einmal ist es ganz nah. Es schießt und kracht um uns herum, über unsere Köpfe hinweg, zitternd sitzen wir, eng aneinander gedrängt, in Decken gehüllt in unserm dunklen, ebenerdigen Keller. Warum sind wir nicht wie sonst auch in den nahen Luftschutzkeller im Malzhaus oder in den felsigen Rüsse-Bunker gesprungen? Ich weiß es nicht und kann niemand mehr fragen, warum wir uns diesmal nicht in den Schutz dieser Einrichtungen begeben haben. Vielleicht kam diesmal der Alarm zu spät oder es war Daueralarm? Plötzlich pfeift ein Schuss ganz in unserer Nähe, er scheint in unser Häusle eingeschlagen zu sein und irgendwas Blechernes getroffen zu haben. Wir zucken zusammen und zittern vor Angst.

Bild 1
Suhl: Hexenhäusle und Malzhaus
(mit Luftschutzkeller) an der Lauter

Irgendwann hört das Schießen und Krachen auf, stundenlang wagen wir nicht, den Keller zu verlassen. Wir, das sind meine Mutter, mein zweieinhalb Jahre älterer Bruder Wolfgang, geboren 1935, meine beiden ein beziehungsweise fünf Jahre jüngeren Schwestern Edeltraud und Ursula, geboren 1938 beziehungsweise 1942, und ich, genannt Hansi, geboren im August 1937. Vater ist nicht bei uns. Dann hören wir Stimmen auf der Straße: „Die Amis sind da! Die Amis sind da!"

Ist das das Kriegsende? Weiße Tücher hängen aus den Fenstern. „Wir" haben uns ergeben. Wir leben noch. Wir haben uns nicht aufgehängt. Was sagte Mutter vor einigen Monaten? „Wenn der Russe erst in Königsberg ist, können wir uns aufhängen." Gar zu deutlich war uns vor Augen und Ohren geführt worden, was wir Schlimmes zu erwarten hätten, wenn der Russe über uns käme. Nein, wir haben uns nicht aufgehängt. Und wir haben Glück im vermeintlichen Unglück gehabt. Es war der Amerikaner, der unsere Stadt eroberte – oder befreite[1]: Suhl im Thüringer Wald, am 3. April 1945.

Am Tag danach verteilen die amerikanischen Soldaten bei ihrem Einzug in die Stadt von ihren Panzern aus Kekse, Schokolade und Kaugummis an die Kinder. Im Steinweg, der Suhler Hauptstraße, hebt ein Schwarzer einen kleinen Jungen auf den Panzer, um ihn auf dem Marktplatz wieder abzusetzen, während seine Mutter verzweifelt ruft: „Mei' Jung' is weg! Mei' Jung' is weg!" Es hätte Suhl schlimm treffen können, wenn die Schießerei tags zuvor zwischen den anrückenden Amis und den deutschen Verteidigern nicht aufgehört hätte.

Zwei amerikanische Soldaten durchsuchen mit vorgehaltenen Karabinern das Haus. Eingeschüchtert stehen wir da. Sie fragen nach Männern und Waffen, aber Vater ist ja nicht da, und wir haben auch keine Soldaten versteckt, ebenso wenig Waffen. Die Amis begeben sich zum nächsten Haus. Sie finden keine Soldaten. Die haben sich weiter in den Thüringer Wald zurückgezogen oder sind schon desertiert, haben ihre Waffen weggeworfen und sich „privatisiert", in Luft aufgelöst, oder sie haben sich den Amis ergeben.

Viel „Volkssturm", eher ein „Volkshauch" eines Haufens aus frisch rekrutierten, schlecht ausgebildeten und ausgerüsteten milchgesichtigen Jugendlichen und zum Teil gebrechlichen Alten[2], Hitlers letztes Aufgebot, eiligst zur Sicherung des propagierten Endsiegs zusammengewürfelt, fand nicht statt. Über einen 15-Jährigen hört man, er habe am Sehmar vor der Stadt mit der Panzerfaust einen amerikanischen Panzer geknackt. Mein Bruder und ich eilen später zum Ort der „Heldentat". Der Drehturm des Panzers liegt etwa 15 Meter weit vom Panzer entfernt. Der Junge soll vom Feuerrückstoß der Waffe getötet worden sein. Bei der Einnahme der Stadt haben die Amis ein Zielschießen auf den 24 Meter hohen Bismarckturm aus dem Jahr 1896 veranstaltet. Der steht auf dem 676 Meter hohen Domberg, der die Stadt im Norden begrenzt. Von den gegenüberliegenden Höhen aus bietet er ein attraktives Ziel. Hatten die Amis dort ein Widerstandsnest deutscher Landser ausgemacht, oder war es Rache wegen des abgeschossenen Panzers, oder wollten sie die Stadt einschüchtern, oder war es für sie nur ein Spiel – Spaß im Krieg –, den weithin sichtbaren Turm zu durchlöchern? Sie haben gut gezielt und unsern guten, alten Bismarck ins Mark getroffen. Später sind wir Kinder den Turm bis zum mehrere Meter messenden Loch hinaufgestiegen, bis dorthin, wo die schmale Steintreppe jäh aufhörte. Zerschossen haben sie auch die auf halber Höhe des Dombergs neben der Ottilienkapelle befindliche Ausflugsgaststätte, wohin sich deutsche Soldaten zurückgezogen hatten.

Die Ottilienkapelle selber haben sie stehen lassen. Von da aus hatten die Deutschen womöglich aus Respekt vor den Geistern, von denen die Sage erzählt,

[1] MEHRINGER / SCHWARTZ / WENTKER 1999: *Erobert oder befreit?*
[2] STAECK in BÖLL 1985: 87: „Ich werde diese alten Männer nie vergessen."; KOWALCZUK / WOLLE 2001: 21

Aus Seel' wird Gold, aus Gold die Braut,
Verdammt ist, wer uns Geistern traut! [3]

oder wegen mangelnder Deckung nicht auf die Amis geschossen. Der Turm wurde später renoviert, die Gaststätte wurde nicht wieder aufgebaut.

Bild 2 Suhl: Domberg mit Bismarckturm Bild 3

Viele Häuser in der Stadt sind kaputt geschossen oder beschädigt. Jetzt sind wir besetzt und ... befreit. Kein Verdunkeln der Fenster, kein Starren in den Himmel, kein Fliegeralarm, kein Läuten der Schulglocke „L20" mehr, das uns während des Unterrichts in den splitter-, aber nicht bombensicheren Luftschutzstollen im benachbarten Stadtpark rief, wo wir bis zur Entwarnung ausharrten. Der Kanonendonner ist weitergezogen, das tagelange Crescendo ist in ein ebenso langes Diminuendo übergegangen, die Frontwelle ist über uns hinweggeschwappt, und wir sind glimpflich davongekommen.

Auf einmal heißt es – es ist der 8. Mai 1945 –: „Der Krieg ist aus, der Krieg ist aus, Deutschland hat kapituliert, die Amis haben sich mit den Russen bei Torgau an der Elbe verbrüdert."[4] Die letzte Hoffnung der Deutschen, die angekündigte Wunderwaffe – die geheime Uranbombe[5] – zur Vergeltung der alliierten Luftangriffe auf deutsche Städte und zur Erringung des Sieges, war zerronnen. Hitler war tot, nicht alle glaubten es. Der Gruß „Heil Hitler!" (Halitler[6]) bei stark durchgedrücktem Kreuz mit dem schräg nach oben ausgestreckten rechten Arm war obsolet geworden. Vorbei die Hitlerei! Keine Räder würden mehr für den Sieg rollen, es hatte sich ausgerollt. Die Plakate mit dem Führer und dem Kohlenklau verschwanden. Das auf tausend Jahre geplante Reich war zerbrochen. Aus, aus, aus! Der Krieg war aus. Wir – wir? – hatten ihn verloren. Nichts war's mit: „Jeder

[3] Goedsche 1898

[4] Naimark (1997: 20): Die Verbrüderung fand schon am 25. April 1945 statt.

[5] Karlsch „Hitlers Bombe" (2005: 24): „die deutschen Wissenschaftler (hatten) [bis zum Frühjahr 1945, d. Verf.] ... eine taktische Kernwaffe entwickelt ... Fest steht aber auch, dass am Ende der Entwicklung der erfolgreich durchgeführte Test einer taktischen Kernwaffe stand."
Karlsch (2005: 219): „Fest steht: Im März 1945 wurde [auf dem Truppenübungsplatz Ohrdruf] mindestens ein Nukleartest mit dem Ziel einer Waffenentwicklung durchgeführt."

[6] Guha in Böll 1985: 67

Schuss ein Russ', jeder Tritt ein Brit', jeder Stoß ein Franzos'", wie man schon im Ersten Weltkrieg großspurig, letztlich aber erfolglos getönt hatte. Da gab es doch noch den Ami mit „seinen unerschöpflichen Rohstoffen und Kriegsmitteln"[7]!

Ist jetzt alles aus? „Nichts ist je ganz aus. Aber es wird eine schlimme Zeit kommen. Und nun war die schlimme Zeit da."[8] Wie würde es nun weitergehen? Es geht immer irgendwie weiter. Wir hatten noch einige Reichsmark und ein paar Lebensmittel. Einer Familie mit vier Kindern war es bis zum Kriegsende nicht so schlecht gegangen. Der *Ver*-Führer brauchte ja Volk. Volk für das Land – oder Land für das „Volk", für das „Volk ohne Raum". Was denn nun? Es ging eng zu in Deutschland, also brauchte man mehr Land, mehr Lebensraum, so die Logik.[9] Aber für das neue Land (Polen und Russland sind groß) und den Krieg ums Land, brauchte man wieder Volk – auch das war Logik. Kinderkriegen wurde mit dem 1938 gestifteten Mutterkreuz, der Auszeichnung für die Lieferung von Kindern – Söhne als künftige Soldaten, Töchter für die Pflege Verwundeter –, gewürdigt. Es mussten allerdings schon mindestens vier sein, um die Norm zu erfüllen. Für die heimathungrigen Soldaten gab es Heimaturlaub, ohne Mann kein Kind, 14 Tage konnten hinreichen.

Wie lange würden unsere Vorräte reichen? Wie würde die weitere Versorgung sichergestellt? Wir gehörten nicht zu den Plünderern, die aus dem nahen Schlachthof viertel Rinder und halbe Schweine nach Hause schleppten. Was war mit Vater? Lebte er noch? Als Leiter eines Lagers der Bauhilfe in Dietlas bei Vacha in der Rhön nahm er zwar nicht unmittelbar am Krieg teil, gehörte aber dennoch im weiteren Sinne zur Kriegsmaschinerie des Dritten Reiches, war zudem „Alter Kämpfer", das heißt Parteigenosse schon vor Hitlers Machtübernahme am 30. Januar 1933, und Mitglied der paramilitärischen Sturmabteilung, kurz SA.

Nachdem die Ami-Frontwelle vorübergeschwappt ist, macht er sich zu Fuß in Zivil auf den etwa 50 Kilometer langen Weg nach Hause, ständig in der Sorge, vom Ami geschnappt und dem Volkssturm zugeordnet und gefangen genommen zu werden. Tatsächlich stößt er auf einen Ami, der entzückt ist, seine Walther-Pistole zu ergattern – warum hatte er sich ihrer nicht entledigt? „Jetzt erschießt er mich", denkt Vater in Todesangst, aber der Ami lässt ihn ziehen. Eines Tages steht er vor der Tür, wir atmen auf.

Die Angst, die Nervosität bleibt. Und doch darf er sich nicht die ganze Zeit verstecken, er muss sich bei der Stadt melden und dringend Sorge für den Lebensunterhalt der Familie tragen. Man registriert ihn, Amis verhören ihn, er wird zu Aufräumarbeiten eingesetzt. Wir Kinder haben frei, Schule findet nicht

[7] GREVE 1990: 65
[8] GUDRUN PAUSEWANG in BÖLL 1985: 61
[9] MARGRET BECHLER (2001: 116), die Worte ihres Mannes, die er während des Kriegs gesagt hatte, erinnernd: „Wenn wir gesiegt haben, wird es viel Land geben, besonders im Osten. Dann wollen wir siedeln – auf eigenem Grund und Boden."

statt. Und so helfe ich ihm als noch nicht einmal acht Jahre altes Bürschchen, den Schutt eines zerschossenen Hauses in der benachbarten Aue(n)straße beiseitezuräumen. Mein Bruder hat dazu nicht viel Lust, die Schwestern sind noch zu klein.

Während des Kriegs galt Suhl, obwohl alte und altbekannte Waffenstadt, als relativ sicher. Großstädte wie Köln und Düsseldorf dagegen waren gefährdet. Deshalb lagerten wohlhabende Bürger dieser Städte ihre Schätze, darunter wertvolles Geschirr und „gute Literatur", nach Suhl aus, um sie während des Kriegs vor den Bomben zu schützen und – so jedenfalls ihr irrer Glaube – sie nach dem Sieg wieder abzurufen. Gesiegt aber hatten die Alliierten, die nun Gefallen an diesen schönen Dingen fanden und sich gerne ihrer annahmen. Vater gehörte zu denen, die all die Sachen einzupacken und in Lkw zu verladen hatten. Ihm, der Leseratte, tat es um die hübschen Karl-May-Bände leid, und so schmuggelte er – mit Gewissensbissen oder ohne, ich weiß es nicht – nach und nach einen Band nach dem andern, angefangen bei „Winnetou" bis „Durch die Wüste", heraus und nach Hause, wo er sich zum Leidwesen unserer Mutter, die andere Prioritäten sah, in die spannende Lektüre vertiefte. Aber nicht nur er, auch ich las sie mit Begeisterung. Diese Karl-Mays sollten in meinem Kinderleben noch eine besondere Rolle spielen.

Ich sehe mich noch diese Bücher bis in die Nacht hinein verschlingen. Jeden Band lese ich mehrfach. Für mich ist das eine Art Schulersatz, jedes Wort, das ich nicht verstehe, schlage ich im graublauen, einbändigen Volksbrockhaus nach. Ich lerne fremde Namen kennen, fremde Länder, fremde Sitten. Spaß macht mir der lange Name *Hadschi Halef Omar Ben Hadschi Abul Abbas Ibn Hadschi Dawuhd al Gossarah* mit den drei Hadschis – Sohn, Vater und Großvater, die nie auf Pilgerfahrt in Mekka waren und damit unverdient die Bezeichnung „Hadschi" von Halef Omar, also einschließlich seiner selbst, in prahlerischer Manier damit zugesprochen bekommen.

Für mich ist diese Lektüre zugleich Deutsch-, Geografie-, Sprach-, Sach- und Verhaltensunterricht. Ich lerne mich bei unseren Räuber- und Gendarm-Spielen, bei den Bandenkriegen unter uns Kindern und Jugendlichen und beim Bestehlen der Amis vorsichtig und geschickt wie Winnetou und Old Shatterhand beziehungsweise Kara Ben Nemsi zu bewegen, fühle mich mal als Räuber, mal als Indianer, mal als Beduine, kurz: Für mich ist die Lektüre mitreißende, atemberaubende Unterhaltung und vielseitige, lehrreiche Unterrichtung zugleich. Kommt von daher mein Hang zur eigenen und zu fremden Sprachen und mein Drang, andere Länder zu bereisen? Oder liegt es an den Genen? Wer weiß das schon genau.

Mein Vater ist nicht nur eine Leseratte, sondern auch Kettenraucher. Kette spart Streichhölzer. Aber wenn es nichts zu rauchen gibt? Natürlich gibt es dann erst recht keine Kette. Not macht erfinderisch. Ich fange an, Kippen zu sammeln. Filterzigaretten gibt es noch nicht, also fällt beim Rauchen ein gehalt- und wertvoller Stummel ab, und die werfen die Amis zuhauf einfach auf die Straße.

Umweltbewusstsein ist nicht, Gott sei Dank. Vater schneidet das angesengte Ende samt dem Papierrest weg und dreht sich unter Zuhilfenahme von Zeitungs- oder anderem Papier – am Anfang gab es noch keine Zeitung oder wir hatten jedenfalls keine – aus dem gewonnenen Tabak zigarettenähnliche Stängel.

Mutter gefällt Schmökern und Paffen, Paffen und Schmökern nicht, es hält ab von der Arbeit, ist Rückzug aus der lebensbedrohenden Wirklichkeit, aber was soll sie machen? Es gibt Vorhaltungen, Vorwürfe, Auseinandersetzungen.

Irgendwann habe ich begonnen, Amis um eine Zigarette für meinen Vater anzuhauen. Meistens habe ich Erfolg, wenn es mir nur gelingt, deutlich zu machen, dass nicht ich es mit meinen immer noch sieben Jahren bin, der sie zu rauchen wünscht. Wahrscheinlich sage ich einfach: „Vater“ und sie verstehen „father“ – Glück gehabt – oder ich sage „Papa“, und das ist ja international. Papa freut sich jedenfalls jedes Mal ungemein. Von Kette kann allerdings keine Rede sein. Statt Glied an Glied, Lücke an Lücke.

Gipfel ist folgendes Erlebnis: Ich sehe in der Speisekammer, ehemals unser Pflichtjahrmädchenzimmer, zwei unschuldige, gleichgültige, meinungslose Eier. In meiner Fantasie verformen sie sich zu zwei Zigaretten, die Farbe bleibt in etwa gleich, die Anzahl auch, die Gestalt ändert sich, mein flexibles Gehirn transformiert sie in Eier zurück. Bereitschaftspotenzial ist genügend vorhanden. Man muss nur noch wollen. Es gibt nichts Gutes, außer man tut es. An Motivation fehlt es also auch nicht. Ich schnappe sie mir, laufe zur nahen, stillgelegten Waffenfabrik Sauer, wo die Amis am Eingangstor gelangweilt Wache schieben[10], und biete sie gegen Zigaretten feil. Bei einigen Soldaten stoße ich auf Ablehnung, aber schließlich nimmt mir einer der Dschiais[11], ein Kaugummi kauender Schwarzer mit Wulstlippen, Kraushaar und großen, weiß blitzenden Zähnen – ich sehe noch sein Grinsen – die zwei Eier ab und gibt mir dafür zwei Zigaretten. Zwei gegen zwei. Wert und Gegenwert vermag ich nicht abzuschätzen. Dass man damals für ein Ei auch fünf Zigaretten bekommen konnte, wusste ich nicht, die „Eier-Währung“[12] oder „Zigarettenwährung“[13] war mir nicht bekannt. Ich bin überglücklich, meinem Vater die Zigaretten überreichen zu können. Dass ich ihm welche bringe, fällt ihm nicht weiter auf, habe ich ihm doch schon öfter eine oder zwei erbettelte Zigaretten gegeben. Natürlich werden sie sogleich verraucht. Es ist fast eine Kette, aber nur fast.

Während er sich labt, erwacht in mir – vermutlich in einer anderen Gehirnregion – das schlechte Gewissen. Immerhin. Ganz wohl ist mir nicht zumute. Schon naht Mutter und fragt nach den Eiern. Sie sieht mir an, dass ich was mit ihrem Verschwinden zu tun habe. Ich zeige auf Vater und gebe zu verstehen, dass

[10] GUHA in BÖLL 1985: 67: „die Amis standen bald in Gruppen herum, lässig, die Hände in den Hosentaschen, unablässig Kaugummi kauend“.
[11] GUHA in BÖLL 1985: 75: GI – government oder general issue (einfacher amerikanischer Soldat).
[12] RÜHMKORF in BÖLL 1985: 47
[13] ERMER 2000: 75

sie in Dunst aufgegangen sind – die Eier. Strafe muss sein. Also muss ich mich hinknien und Kopf und Oberkörper auf den Sessel legen, damit mein Po treffsicher po-po-positioniert ist. Vater hat den Staubwedel mit dem Bambusstiel verkehrt herum in der Hand und holt zum Schlag aus. Irgendwie muss ihm dabei bewusst geworden sein, dass er am Verschwinden der Eier nicht unwesentlich beteiligt war, und so zögert er. Ich, verängstigt, aber einsichtig, in Erwartung der Hiebe, wundere mich, dass nichts kommt, drehe meinen Kopf leicht zur Seite und sage keck zu ihm hinauf: „Ich spür' doch noch gar nichts." Meine Eltern verkneifen sich das Lachen, wie sie mir später sagen, und dann setzt es doch noch ein paar halbherzige Hiebe. Aber ihr Ärger ist ebenfalls bald „verraucht", mussten sie sich schließlich eingestehen, dass ich nicht eigennützig gehandelt hatte.

Mittags gibt es für die sechsköpfige Familie Kartoffeln mit Senfsoße aus Schwitze, Wasser und Muckefuck (wegen der Farbe) – ohne die zwei seligen Eier. Künftig verlege ich mich wieder aufs Betteln und Kippensammeln, abgesehen davon, dass Eier sowieso Seltenheitswert haben. Vielleicht vermitteln Hiebe manchmal schneller Einsicht als langes Reden.

Auch später noch wurde, wenn einer von uns frech war, der Staubwedel zweckentfremdet eingesetzt. Gar manchmal hat Mutter uns, das heißt mich oder meinen Bruder oder uns beide, um den Wohnzimmmertisch mit dem Wedel in der Hand rumgejagt. Aber wir waren schnell genug, um ihm zu entkommen. Da war sie machtlos.

Nach dem Brechtschen Motto „Erst kommt das Fressen, dann kommt die Moral" klauen wir Kinder scharenweise aus den auf dem Marktplatz sorglos abgestellten unverschlossenen Ami-Lkw und Jeeps und durch die geöffneten Fenster der Ami-Kasernen am Stadtrand an der Schleusinger Straße, was das Zeug hält. (Reiche Amis zu bestehlen ist was anderes als die eigene arme Familie.) Da gibt es Dinners und Suppers in Schachteln mit Schokolade, Tschuinggamms, Bonbons, getrockneten Datteln und Obst in Dosen mit Ananas, Pfirsichen, Aprikosen, lauter köstliche Dinge und ... Zigaretten. Mutter und Vater fragten nicht, woher wir diese Sachen hatten, sie konnten es sich denken. Es war eine wilde Zeit.

Ein ganz Verwegener unter uns, den wir wegen seiner Geschicklichkeit und Kühnheit bewundern, hat eines Tages Pech. Ein Ami bemerkt ihn beim Stehlen und gibt einen Warnschuss auf den Boden ab. Der Querschläger trifft sein Bein. Er landet im Krankenhaus. Schnell spricht sich das herum. Aber es wird weiter geklaut, wenn auch mit mehr Vorsicht. „Denn wovon lebt der Mensch?" Der Hunger macht vor nichts Halt.

Unweit unseres Häusles verläuft die Eisenbahnlinie. Wenn die Züge mit den Dampfloks in Richtung Erfurt, Thüringens Hauptstadt, bergauf gen Oberhof fahren, keuchen sie „Kartoffelsupp', Kartoffelsupp', den ganzen Tag Kartoffelsupp'". Oder wie es unser Heimatdichter gehört und in unserm unterostfränkischen Sühlerisch[14] ausgedrückt hat:

> *„Wassersoppe!" keucht d'n Dombärg*
> *Aufrehie die Eiseboah.* [15]

Geht es in Richtung Meiningen bergab, rauschen sie rasch vorüber. Eines Tages aber hält ein langer Zug aus Richtung Erfurt auf dem hohen Bahndamm an der Turnhalle an. Ich weiß nicht, warum er nicht in den nahen Bahnhof einfährt. Oder ist er vielleicht eingefahren und ragt nur nach hinten so weit heraus? Dem Zug entsteigen schier unendlich viele Flüchtlinge. Mit Mühe kraxeln sie den steilen Damm hinab. Es formiert sich ein wohlgeordneter schmaler Strom, der sich langsam zur Hohelohschule hin bewegt. Alle haben Gepäck, das sie kaum tragen können. Schmächtig wie ich bin, helfe ich einer Familie mit Kindern Taschen tragen, wofür sie mir am Eingang der Schule ein paar Groschen in die Hand drücken will. Darauf bin ich nicht gefasst, und so widerstrebe ich zunächst, sie anzunehmen. Als sie insistiert, lasse ich mir das Geld schließlich geben.

Da immer noch kein Unterricht stattfindet, steht die Schule leer, und so können dort die Flüchtlinge einquartiert werden. Was später mit ihnen passiert, weiß ich nicht. Ein paar bleiben in Suhl hängen, auch bei uns wird eine dreiköpfige Familie, die Familie Preiß, einquartiert. Eng wird es in unserm Häusle mit dem Plumpsklo und den drei Kaltwasserstellen in Küche, Waschküche und im Vorraum zu den im Erdgeschoss gelegenen zwei Zimmern der Zwangsmieter. Erst Jahre später ziehen sie aus, und es entsteht Platz für uns Jungen, die wir zuvor in der engen Abstell- beziehungsweise Pflichtjahrmädchenkammer im von unserer Familie bewohnten Obergeschoss geschlafen haben.

Das Plumpsklo bestand aus einem Loch, einer Grube und einem Nagel. Über der Erdgrube befand sich eine breite, fest montierte Sitzbank, die hinten und an den Seiten an die Wände reichte und vorne und oben mit Holzbrettern verschlossen war, oben war das kreisrunde Loch, zu dem es einen passenden Deckel gab. In der Wand steckte ein kopfloser Nagel, da wurde das auf Format geschnittene Papier für „hinterlistige Zwecke" an einer Ecke aufgespießt. Eine Zeitung hatten wir ja nicht – entweder bekamen wir sie nicht, oder wir hatten kein Geld, sie zu kaufen –, aber meistens war irgendwelches Papier greifbar verfügbar, wenn nicht, musste man rennen oder schreien, Lieferanten gab es genug im Haus, und wenn ausnahmsweise nicht, war man der Gelieferte. Die Maßgabe war: ein Vorwisch, ein Hauptwisch, ein Nachwisch und ein Polierwisch. Das muss für die Bildung einer Vorstellung reichen. Im Vergleich zum Donnerbalken, auf den ich noch zurückkommen muss, oder zum sibirischen Klo, das lediglich aus einem Stock

[14] AUTORENGEMEINSCHAFT CHRONIK SUHL 2004: 70
[15] JULIUS KOBER 1963: Uester

bestand, den man in den Schnee steckte, um an ihm während des Geschäftsgangs den Hut aufzuhängen, war unser Klo, das wir Abort nannten, eigentlich recht komfortabel. Aber ich muss aufpassen, dass ich den Faden nicht verliere.

In diesem Zusammenhang erinnere ich mich an drei der im Dritten Reich unserer kinderreichen Familie staatlicherseits für je ein Jahr zugeteilten etwa 15/16-jährigen Mädchen, Pflichtjahrmädchen genannt, die unsere Mutter unterstützen und entlasten, dabei aber auch Haushalt und Kinderbetreuung lernen sollten. Zwei von ihnen, Erika und Inge, habe ich in guter Erinnerung, sie spielten noch eine Rolle später in meinem Leben.

Aber ein drittes, es war das erste, war böse. Als unsere hochschwangere Mutter zusammen mit Wolfgang unsern Vater an seinem Einsatzort für einige Tage besuchte und das Mädchen zu Hause meine Schwester und mich zu versorgen und zu betreuen hatte, geschahen schlimme Dinge. Es war ein Biest. Mich ließ es in das Küchenwaschbecken pinkeln und hielt dabei meinen Penis zu – das war noch relativ harmlos –, weniger harmlos war, dass es uns einschüchterte, indem es uns in den Kleiderschrank sperrte und unter die Bettdecke drückte, so dass wir kaum noch Luft bekamen. Derart eingeschüchtert, wagten wir nicht, unserer Mutter bei ihrer Rückkehr etwas zu sagen.

Irgendwann zwischendurch war auch eine russische hauswirtschaftliche Ostarbeiterin, Nadja, vorübergehend für uns tätig, aber über sie ist mir nichts weiter bekannt.

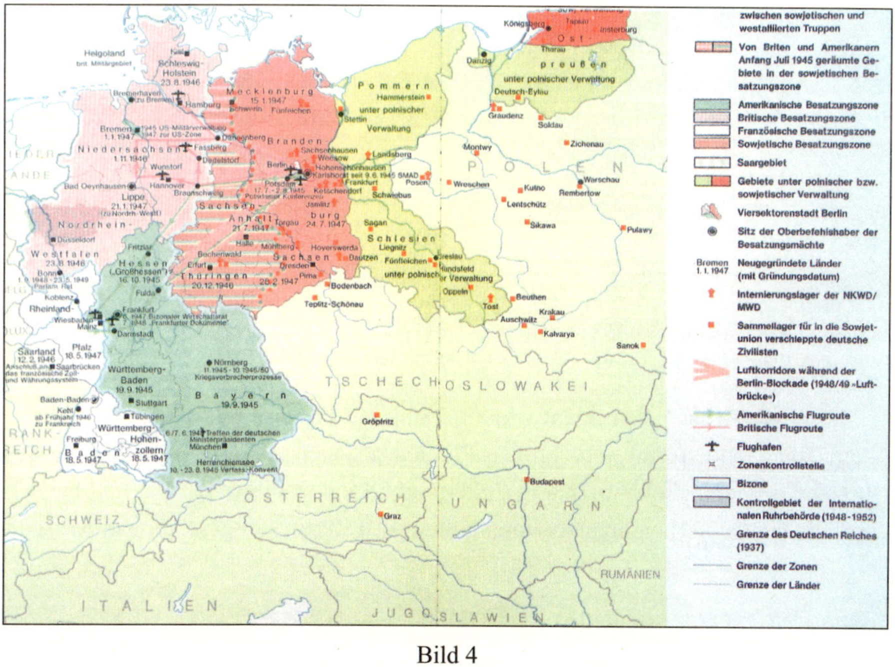

Bild 4
Deutsches Reich vor dem Zweiten Weltkrieg und
Besatzungszonen unmittelbar nach dem Zweiten Weltkrieg

Doch nur kurz war die Erleichterung

Die Russen kommen

Aber zurück zu den Amis. Auf einmal – Anfang Juli 1945 – waren sie weg. Wir hatten geglaubt, noch einmal davongekommen zu sein. Nun kamen die Russen, die „Rote Gefahr", und brachten „neue Angst vor Plünderei und Vergewaltigung"[16]. Um ein Stück der von den Sowjets eingenommenen Hauptstadt Berlin für sich, die Briten und die Franzosen zu bekommen, hatten die Amis ihnen, ohne „uns" zu fragen, den Zonenabschnitt zwischen Elbe und Werra überlassen[17]. Jetzt waren wir den Russen ausgeliefert.

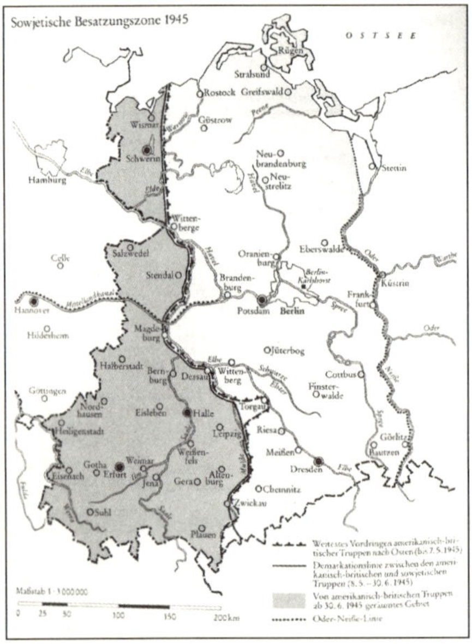

Bild 5
Sowjetische Besatzungszone
(östlich der gestrichelten Linie)
vor dem Gebietstausch mit Berlin
(vor dem 1. Juli 1945)

Bild 6
Sowjetische Besatzungszone
nach dem Gebietstausch mit Berlin
(ab dem 1. Juli 1945),
Suhl lag nun in der SBZ

Die „Rote Armee" kam nicht wie die Amis mit Panzern und sonstigen Militärfahrzeugen, sondern mit von zottigen Pferden gezogenen Panjewagen, die sie aus Russland mitgebracht hatte, und mit klapprigen Lkw aus ihrer Heimat und Fahrrädern, die sie Deutschen abgenommen hatten. Ein Russe soll gesehen worden sein,

[16] BÖLL 1985: Vorwort;
KOWALCZUK / WOLLE (2001: 27): „Mit großer Brutalität gingen Sowjetsoldaten ... gegen die deutsche Bevölkerung zunächst in Ostpreußen vor. Vergewaltigungen, Raubüberfälle, wahllose Erschießungen und sinnlose Brandstiftungen gehörten im April 1945, aber auch darüber hinaus, zum Alltag des russischen Vormarschs."; BECHLER 2001: 53

[17] ZIMMER 1989; BECHLER (2001: 45): „gemäß den Beschlüssen der Jalta-Konferenz Febr. 1945".

wie er einem Deutschen, der freihändig fuhr, das Rad wegnahm und dann wüst schimpfte, als es ihm nicht gelang, auf gleiche Weise zu fahren. Prompt fiel er auf die Nase.

Jetzt waren wir also Sowjetische Besatzungszone. Wir sahen uns dem „Roten Terror" ausgesetzt und fürchteten Schlimmes von den „armen, unzivilisierten, ungezügelten und dazu rachsüchtigen" Russen[18]. Von Aufhängen war zwar nicht mehr die Rede. Offenbar hatten sich „die ideologisch verhetzten Truppen der Sowjets"[19], „unsere Freunde", wie sie im Volk ironisch, aber risikolos genannt wurden, in den ersten Nachkriegsmonaten weiter im Osten und Norden „in einer Orgie von Mord und Gewalt" ausgetobt[20] und verhielten sich nun der Zivilbevölkerung gegenüber disziplinierter, Angst aber hatten wir trotzdem. Was würde mit uns geschehen?

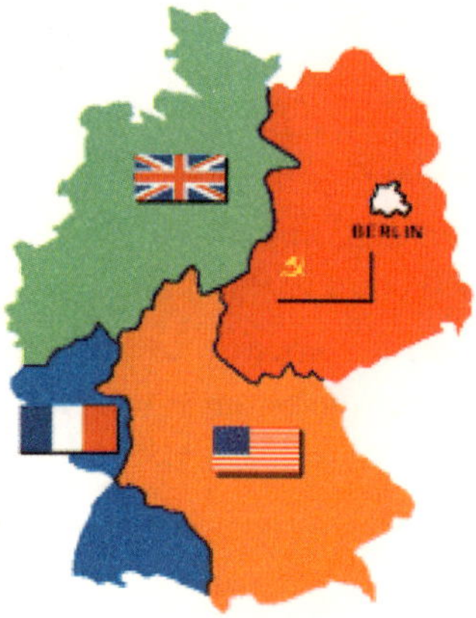

Bild 7
Sowjetische Besatzungszone,
Amerikanische,
Englische,
Französische Zone
und Berlin

Unsere Mutter sah Gefahr für unseren Vater. Immerhin war er ja Alter Kämpfer und bei der SA gewesen, hatte am Polenfeldzug teilgenommen und während des Kriegs im Suhler Raum im Auftrag der Deutschen Arbeitsfront, kurz DAF, Lager mit Zwangsarbeitern (Kriegsgefangene) und ausländischen Fremd- oder Zivilarbeitern (Freiwillige, die man in ihren Ländern rekrutiert hatte) aus Ost- und Westeuropa, sprich Tschechen, Slowaken, Polen, Russen, Franzosen, Belgiern, Holländern, verwaltet und mitaufgebaut. Für sie galt eine „Richtlinie für die Behandlung der ausländischen Arbeitskräfte" des Sonderdienstes der Reichspropagandaleitung, Berlin, im Juli 1943. In ihr hieß es unter anderem:

[18] HEYM 1984:11

[19] GREVE 1990: 57; NAIMARK (1997: 94, 99) ideologisch verhetzt u.a. durch Ilja Ehrenburg, der die Deutschen ausrotten wollte: „Zählt nicht die Tage, zählt nicht die Werst, zählt nur die Deutschen, die ihr getötet habt!". Oder: „Die Deutschen sind keine Menschen." (KOWALCZUK / WOLLE 2001: 31 ff.); KLIER (1996: 26): „Lew Kopelew: Schlag drein!"

[20] GREVE 1990: 44 ff., NAIMARK 1997: 91-179 *Sowjetsoldaten, deutsche Frauen und das Problem der Vergewaltigungen*, NAIMARK 1997: 96, Alexander Solschenizyn zitierend: „Wer noch Jungfrau, wird zum Weibe, und die Weiber – Leichen bald.";
KLIER (1996: 46, 58, 67, 80, 86, 99): „An jedem Ort [in Ostpreußen] gab es Vergewaltigungen.";
KLIER (1996: 63): „Wer nicht mehr kann oder will, wird erschossen."

„Die Unterkünfte müssen hinsichtlich Ordnung, Sauberkeit und Hygiene vorbildlich mit allem Notwendigen ausgestattet sein. Gefängnismäßige Absperrung und Stacheldraht sind verboten ... Jeder ausländische Arbeiter hat Anrecht auf eine wirksame gesundheitliche Betreuung ... Die seelische Betreuung der ausländischen Arbeitskräfte ist zur Erhaltung der Arbeitskraft und -freude von größter Bedeutung ... Ungerechtigkeiten, Kränkungen, Schikanen, Mißhandlungen usw. müssen unterbleiben. Die Anwendung der Prügelstrafe ist verboten.“ Dass gemäß dieser Richtlinie, von wenigen Ausnahmen abgesehen, verfahren wurde, zeigen zahlreiche eidesstattliche Erklärungen namhafter Personen, und so weiß ich es auch von meinem Vater und aus eigenem Erleben.

Dennoch drohten ihm nun Entnazifizierung und Revanche durch die neuen Besatzer. „Mann geh in den Westen folge den Amis die Russen sind unberechenbar du weißt nicht was sie mit dir machen“, sagte ihm in einem Atemzug Mutter, die wie ihre Schwester Berta eine esoterische Ader und so ihre Vorahnungen hatte. Sie besaß mehr Weitblick als Vater. Sie war es, die in der Vorkriegszeit, während des Kriegs und auch jetzt in den ersten Nachkriegsmonaten die Hauptsorge um uns Kinder trug, sie organisierte unser Leben und wusste um die Risiken und Nöte einer vaterlosen Situation. „Geh in den Westen suche dort Arbeit und Wohnung wir folgen dir wenn du dich einigermaßen eingerichtet hast so lange komme ich schon alleine durch“, redete sie immer wieder ungestüm auf ihn ein. „Du weißt ich habe zwei Schwestern und zwei Brüder in Schweinfurt sie werden dich vorübergehend aufnehmen und vielleicht können sie dir sogar bei der Arbeitssuche behilflich sein.“

Zu ihren Schwestern Berta und Frieda vor allem hatte sie guten Kontakt, im Krieg hatten sie uns immer wieder ganze Körbe mit Lebensmitteln, besonders mit Obst und Gemüse, geschickt. Und gegenseitige Besuche hatte es auch gegeben.

Bild 8
Von links: Tante Berta, Onkel Josef, Laura Kreiß, unsere Mutter

Aber Vater sträubte sich. Er meinte, er könne den Schwägerinnen und Schwägern nicht zur Last fallen, mit den Amis sei er doch auch einigermaßen zurechtgekommen, die Russen würden ihm schon nichts anhaben. „Ich habe doch nichts Unrechtes getan", rechtfertigte er sich. „Ich habe mich doch immer ordentlich um meine Ost- und Westarbeiter gekümmert. Wir hatten ein gutes Verhältnis zueinander. Sie haben mich gemocht. ‚Vater' haben sie mich genannt. Warum soll ich verschwinden! Wenn ich verschwinde, wird man mir nachsagen, ich hätte Dreck am Stecken. Bleibe ich, ist das allein schon ein Beweis[21] dafür, dass ich ein ruhiges Gewissen und nichts auf dem Kerbholz habe. Die Russen *können* mir nichts anhaben." Und er setzte sich in die Ecke, schmökerte, unerreichbar für seine Frau, besagte Karl-Mays und paffte seine letzten selbst gedrehten Zigaretten.

So oder so ähnlich verliefen die Auseinandersetzungen zwischen Mutter und Vater. Die Beziehung zwischen ihnen war ohnehin getrübt. In Polen hatte Vater während seiner mehrmonatigen Einquartierung bei einer polnischen Familie eine Liebschaft mit der 16-jährigen Tochter des Hauses unterhalten, die nicht folgenlos geblieben war. Als eines Tages im Frühjahr 1941 ein Brief mit der entsprechenden „frohen" Botschaft – „Hartmut angekommen" – zu Hause eintraf, hing der Haussegen schief. Die Zeugung meiner jüngsten Schwester verhinderte die von Mutter in Erwägung gezogene Trennung. „Hartmut" soll später zur Adoption freigegeben worden sein. Irgendwo in Polen haben wir also einen Halbbruder.

Suhl war schon seit eh ein „rotes Nest" gewesen. Nicht wenige freuten sich daher über die Ankunft der Roten Armee. Alte Kommunisten und Sozis sahen ihre Chance gekommen, nach den Nazis nun ihrerseits Karriere zu machen. Man biederte sich in vorauseilendem Gehorsam den neuen Besatzern an und kollaborierte mit ihnen. Suhl wurde – vor allem an Feiertagen – mit Transparenten und roten Fahnen „geschmückt".

Die Russen marschierten durch die Stadt und sangen das Lied von der „Läwerwoschd" oder „Laberwuischt", die keine Leberwurst war, aber so ähnlich klang. Das russische *Woschd*, mit stimmhaftem [sch] ausgesprochen (wie j in Journal), bedeutet ‚Führer' und *lewyj* ‚linker', vielleicht haben sie in diesem Lied ihrem „linken Führer" Stalin gehuldigt, was aber ziemlich unglaubwürdig ist. Wen ich auch später gefragt habe, keiner – weder Russen noch Slavisten noch Osthistoriker – konnte mir sagen, was es mit dieser „Leberwurst" auf sich hatte. Man müsste einen mit gutem Gedächtnis ausgestatteten russischen Soldaten von damals befragen können.

Spaß machten uns folgende Geschichten: Von einem Russen wurde erzählt, er habe aus einer Wand einen Wasserhahn in der Absicht herausgedreht, ihn bei sich in der Heimat, im Glauben, es käme dann automatisch Wasser heraus, an der Wand anzubringen. Ein anderer habe Kartoffeln im Klobecken waschen wollen.

[21] EBERHARDT (1998: 123): „Unschuldsbeweis des Erzählenden: die ungenutzte Möglichkeit, durch Flucht der Verhaftung zu entgehen."

Als er die Spülung betätigte, waren sie auf einmal verschwunden. Perplex rief er: „Kartoffel zappzarapp!“

Auf Anordnung der Sowjetischen Militäradministration in Deutschland (SMAD) begann im Oktober 1945 nach einer langen Pause wieder die Schule. Wir drei älteren Kinder gingen in die Hohelohschule. Mein Lehrer in der dritten Klasse war Fritz Wagner, genannt „Itzich“, der mir streng und bissig vorkam. In Erinnerung habe ich noch, dass wir in der Klasse zeitweise 84 Schüler, lauter Jungen, und in unsere Bänkchen fürchterlich eingepfercht waren.

Es war, glaube ich, an einem Sonntag im Oktober – oder war es im November? – 1945, als ich bei einem Spaziergang durch die „rote“ Stadt auf ein festlich ausgestattetes Schaufenster in der Gothaer Straße stoße. Hintergrund, Seitenwände und Boden sind mit weißen Tüchern ausgekleidet. In der Mitte sehe ich zwischen zwei roten Fähnchen einen roten Sockel, auf dem ein gerahmtes Schwarz-Weiß-Bild von *Karl May* steht. Ich denk', ich seh' nicht recht. Die Schrift ist mir ein bisschen fremd, aber es muss „Karl May“ heißen. Obwohl sonst alle Geschäfte geschlossen sind, dieses ist offen. Ich gehe drei, vier Stufen hoch und betrete den „Laden“. Drin sind ein paar Männer, die mir auf meine Bitte hin mit einem etwas seltsamen Gesichtsausdruck eine Karte mit dem Bild des Mannes, der im Schaufenster zu sehen ist, geben, ohne dafür etwas zu verlangen.

Freudestrahlend eile ich nach Hause, um meinem Vater den „Karl May“ zu schenken. Vater betrachtet das Bild und lacht. „Das ist nicht Karl May, sondern Karl Marx“, sagt er. Er erklärt mir die Schriftzeichen in gotischer Textur. Ich bin grenzenlos enttäuscht, als er mir noch sagt, wer Karl Marx war und dass er außer dem Bart, dem Vornamen und den Anfangsbuchstaben des Nachnamens nichts mit Karl May gemein hat. Die Männer im Laden mögen sich ganz schön über den Knirps gewundert haben, der sich für dieses Bild so lebhaft interessiert hat.

Auch unter den Russen muss Vater alle möglichen niederen Dienstleistungen ausführen. Eines Tages stehen sie vor der Tür. „Mitkommen!“, heißt es. Tagelang wissen wir nicht, was los ist. Dann kommt er plötzlich nach Hause, halb eingeschüchtert, halb triumphierend. „Sie haben mich verhört, aber sie mussten mich wieder freilassen.“ Mutter: „Weshalb haben sie dich geholt? Was haben sie von dir gewollt? Wo hast du gesteckt?“ Und Vater: „Sie wollten wissen, was ich während des Dritten Reiches gemacht habe. Das habe ich ihnen gesagt. Eingesperrt war ich im Keller des Polizeigebäudes.“

Kurz darauf holen sie ihn wieder. Wieder gibt es Verhöre, nachts, unter starkem Licht. Sie drohen ihm (wörtlich!): „Wenn Sie nicht gestehen, dann lassen wir Sie die Wände hochgehen wie ein Akrobat im Zirkus. [*sic!*]“ Aber es gibt nichts zu gestehen, Vater hat ein gutes Gewissen.

Und wieder haben sie ihn im Keller des Polizeigebäudes am Ende des Steinwegs gegenüber der Kreuzkirche eingesperrt. Gewitzt durch das letzte Mal, kriege ich das raus, indem ich durch das Gitter des Luftschachtes rufe, ob mein

Vater drin ist. Mithäftlinge holen meinen Vater heran, ich sehe ihn zwar nicht, aber erkenne seine Stimme. Ich eile nach Hause, berichte das Erlebte meiner Mutter und sage ihr, dass ein Schlitz im Gitter des Luftschachtes ist. Sie gibt mir von dem frisch gebackenen Kuchen einige Stücke, ich eile damit den Kirchenwinkel hoch und reiche sie meinem Vater durch den Schlitz hindurch. Auch die Schwestern beteiligen sich an den folgenden Tagen an dieser Zusatzverpflegungsaktion. Und wieder wird er nach Tagen nach Hause entlassen, ohne dass etwas Besonderes außer ein paar Verhören geschehen ist. Arbeitslose Zeit und Beschäftigungen aller Art wechseln sich ab.

An den Straßenrändern sind auf Hunderten von Metern transportbereit Kiste an Kiste mit Maschinen aufgereiht, die in den Betrieben abgebaut wurden, um sie an die Russen als Reparationsleistung auszuliefern. Dutzende Maschinen, allein von der Firma Kober, stehen in der Ellerstraße in unserer Nachbarschaft. Die meisten Betriebe stehen still und stehen leer. Wir Kinder durchstreifen sie, wo es möglich ist, zum Beispiel bei der Firma Krieghoff, und spielen mit den vorgefundenen Pistolenrohlingen.

Die Eisenbahnlinie besteht nur mehr aus einem einzigen Geleis, das zweite haben die Russen requiriert oder konfisziert, jedenfalls war es weg. Dazu erzählten wir uns den folgenden Witz: „Ein Ami, ein Engländer und ein Russe streiten sich, in wessen Zone die Eisenbahn am schnellsten fährt. Der Ami sagt, die Eisenbahn in seiner Zone sei so schnell, dass dem Mitfahrenden die Telegrafenmasten längs der Bahnlinie wie eine braune Wand erscheinen. Der Engländer übertrumpft den Ami, indem er sich brüstet, dass seine Bahn so schnell fahre, dass einem die Kilometersteine wie ein weißes Band vorkommen. Darauf meint der Russe – ‚go go go, cho cho cho' lachend –, das sei ja noch gar nichts, seine Bahn fahre so schnell, dass man beim Hinausschauen das zweite Geleis nicht mehr sehe."

Bei allem Ernst der Lage machte man sich über die neuen Besatzer und ihre Handlanger lustig, der politische Witz florierte. In Anlehnung an die Geschichte von den Schildbürgern, die beim Bau ihres Rathauses die Fenster vergessen hatten, erzählte man sich von den kommunistischen Machthabern den Witz:

Beim Bau eines dreistöckigen Hauses haben sie vergessen, WCs einzurichten. Sie kratzten sich verlegen am Kopf und fragten sich: „Was machen wir nun?" Da schlug einer vor: „Ganz einfach, Genossen, ins Parterre kommt das Volk, das hat nichts zu scheißen, im ersten Stock bringen wir die Nazis unter, die haben ausgeschissen, in den zweiten Stock stecken wir die Russen, die scheißen sowieso in alle Ecken, und in den dritten Stock kommen wir Bonzen, wir bescheißen uns gegenseitig."[22]

In der Tat haben sich einige russische Soldaten in unserer Heimatstadt genau so verhalten. Als sie 1951 das als Kaserne genutzte Ober(real)schulgebäude in Suhl

[22] CHOTJEWITZ in BÖLL (1985: 142): „die Russen (‚die) vor die Haustür scheißen";
KLIER (1996: 54): „Kot in allen Räumen".

freigaben, konnten wir, die wir die Schule unmittelbar nach ihrem Fortgang inspizierten, diese Schweinerei mit eigenen Augen sehen; in einem Raum hatten sie ihre Haufen auch noch in Form eines Sowjetsterns gesetzt. Natürlich handelte es sich dabei um einen besonderen Schlag Menschen in einer besonderen Situation: Um siegreiche, im Krieg gedemütigte, möglicherweise alkoholisierte Soldaten in einem besiegten Land fern der Heimat, die hier ihre Duftmarken platzierten. Aber der politische Witz differenziert nun mal nicht.

Unsere Familie gehört zum Volk, sie hat nichts zu sch.... Wir haben zum Leben zu wenig, zum Sterben offenbar noch zu viel. Auf vielerlei Art versuchen wir, uns über Wasser zu halten. Im Sommer sammeln wir in den nahen und fernen Wäldern, die Suhl umgeben, Heidelbeeren (auch schwarze oder Blaubeeren), Himbeeren, Preiselbeeren (Hölperle oder Muustjucke), Brombeeren, Walderdbeeren, Schlehen, Hagebutten, Bucheckern.

Hölperle on Schwarzebeerle
Koann me kötzeweis gehol. [23]

Mutter weckt viel davon ein, damit wir auch was für den Winter haben. Ihre Hagebuttenmarmelade schmeckt ausgezeichnet. Wir sammeln Steinpilze, die wir zuerst mit Bitterlingen verwechseln, dann Maronenpilze, Pfifferlinge, Birkenpilze, Champignons, Butterpilze, Blutreizker und viele andere mehr. Wir verkaufen zum Teil, was wir gesammelt haben, um zu etwas Geld zu kommen. Wir holen aus dem Wald „Knüppele“ und Tannenzapfen (Sühlerisch: Doesäu) für den Winter.

Hole sich ühr Hoalz für'n Wenter,
Weil dehämm kai Mensch will frier.
...
Doesäu hänge oan d'n Bäämern,
Schnell iß unser Rucksoack vol. [24]

In den benachbarten Dörfern gehen wir stoppeln, das heißt wir lesen auf abgeernteten Feldern übrig gebliebene Früchte wie Ähren und Kartoffeln (Sühlerisch: Aerdäffel) auf. Auf den Wiesen sammeln wir Sauerampfer, Mutter macht daraus Salat. Aus Zuckerrüben stellen wir Sirup zum Süßen her, wir essen Melasse, Vitalade („Schokolade“ ohne Kakao), Molkenwurst und mit Sägemehl angereicherte Erbsmehlsuppe – der Hunger treibt's rein. Not macht erfinderisch.

Steckt man zum Naschen einen Finger in die Melasse, was ich einmal – aber auch nur einmal – heimlich tat, bleibt wegen ihrer Zähigkeit ein verräterisches Loch mit aufsteigendem Grat zurück. Dass immer auch gleich ich in Verdacht gerate! Aber mein Bruder ist meistens fort und hat damit ein Alibi, und die Schwestern sind noch zu klein und harmlos.

[23] Julius Kober 1963: Ueber Suhl, doe gähtt doch niß

[24] Julius Kober 1963: Ueber Suhl, doe gähtt doch niß

Es ist eine schlimme Zeit, die Nachkriegszeit. Sie ist betimmt von Hunger und Kälte. Stromsperren sind an der Tagesordnung. Es gibt keine Streichhölzer. In den kalten Jahreszeiten nehmen wir eine im Gasherd erhitzte, mit Sand gefüllte Schnapssteinflasche als Wärmflasche mit ins Bett. Eisblumen zieren die Fenster. In die Schule sollen wir ein Stück Brikett mitbringen, aber woher nehmen, wenn nicht stehlen. An den Füßen tragen wir Schuhe aus gegossenem Igelit, einem billigen Kunststoff, auch Weich-PVC genannt, und am Körper zusammengeflickte Sachen.

Mutter geht hamstern, hamstern in dem Sinn: „In Notzeiten, in denen Lebensmittel knapp sind, mit geeigneten Tauschobjekten aufs Land fahren, um bei Bauern auf dem Tauschweg Lebensmittel zu bekommen." Wir haben zwar kein Tafelsilber zum Verscherbeln, aber die Bauern bei Sömmerda im Herzen Thüringens und im nahen Jüchsen tauschen auch anderes ein, sei es aus Mitleid, sei es weil sie es verwenden können. Wozu brauchen wir auch all die Wäsche, Kleidung, Teller und Tassen. Alles Unwichtige wird verhökert. Nahrungsmittel wie Kartoffeln, Mehl, Eier, Fett, Speck haben jetzt oberste Priorität. „Denn wovon lebt der Mensch?"

Gelegentlich arbeitet sie auch ein paar Tage bei einem Bauern, wäscht, putzt, hilft im Stall, wofür sie vor allem mit Mehl belohnt wird. Eines Tages kommt sie schwer bepackt nach Hause, Edeltraud liegt jammernd in ihrem Bett, Vater sitzt in der Küche und ... liest. Zuvor hat er ihr gesagt: „Was hast du denn, Traudchen? Wo tut es denn weh? Mutti kommt doch bald wieder heim."

Mutter spürt bei ihrer Rückkehr sofort, dass es schlimm um sie bestellt ist. Der sofort herbeigerufene Arzt diagnostiziert eine Blinddarmentzündung, ein Krankenwagen steht nicht zur Verfügung, und so fährt Mutter die Achtjährige mit dem Kinderwagen ins Krankenhaus. Der Wurmfortsatz ist bereits aufgebrochen. Während der Operation darf sie, soll sie sogar vor dem OP warten. Es geht noch mal gut. Hatte meine Schwester in ihrer Kindergartenzeit zu viele kleine kugelkappenförmige Muggelsteine aus Glas, mit denen wir spielten, geschluckt?

Edeltraud hatte es nicht immer leicht mit mir. Um ihr Vergnügen zu bereiten, warf ich, zweijährig, Kohlen in ihren Kinderwagen. Beim Fangeles im Kindergarten schlug ich sie schon mal etwas stärker als nötig ab – gemäß ihrer Version schupste ich sie –, sodass sie stürzte, noch heute zeigt sie mir gelegentlich die Stirnnarbe, die sie sich beim Fallen gegen das Eingangsgitter zuzog. Sie hatte wunderschöne so genannte Schillerlocken, daran konnte man so schön zie-zieziehen, die Gelegenheit dazu ließ ich mir nicht entgehen. Diese freundlichen, brüderlich-schwesterlich gemeinten Zuwendungen legten sie und Mutter aber als gemeine Taten aus. Aber sie ließ sich nicht alles gefallen, bot uns Jungen Paroli, stritt heftig mit uns über alles Mögliche, wollte es uns gleichtun, mit Puppen mochte sie nicht spielen, es mussten Soldaten sein, wie Mutter schon 1941 unserm Onkel Paul schrieb.

Schwester Ursula war eher außen vor, der Altersunterschied war doch etwas zu groß. Aber es kam schon mal vor, als sie noch klein war, dass wir den Kinderwagen, mit dem wir sie ausfahren sollten, irgendwo stehen ließen, weil wir Fußball spielen wollten und uns nicht einigen konnten, wer ihn schieben sollte, oder dass wir sie zum Schlittenfahren mitnahmen, ohne sie entsprechend eingekleidet zu haben, sodass sie zum Schrecken unserer Mutter blau gefroren nach Hause kam. So wuchs sie, als Gespielin wenig geschätzt, in unserm Schatten heran.

Wir hungerten nicht nur, es fehlte auch an Kleidung. Ärmlich gekleidet liefen wir herum. Wir hatten Läuse und lausten uns wie die Affen gegenseitig. Ich höre heute noch das Erfolg vermeldende Knacken der weißen Lauseier. Wir bekamen die Krätze. Es juckte schrecklich, und wir kratzten. Baden fand für alle lediglich einmal die Woche – gewöhnlich samstags – in der engen, nur ein einziges Mal gefüllten Blechbadewanne in der Küche statt. Erst als wir größer waren, gingen wir in die städtische Badeanstalt.

Beliebtes Essen war „Kartoffeln und Tipptipp". Es bestand aus geschälten gekochten Kartoffeln und Salz, in das wir sie hinein„tippten". War mal ein Fitzelchen Butter mit im Spiel, empfanden wir das als Gipfel des Genusses.

Weil das Wohnzimmer werktags nicht beheizt war, spielte sich das Leben zumeist in der schmalen Küche ab. Am Tisch hatten nicht alle Platz, und so wich ich an die geöffnete Klappe des Backofens aus, es war mein Lieblingsplatz, denn dort war es, wenn geheizt wurde, am wärmsten. Dort aß ich zum Frühstück auch mein halbes Brot mit dünnem Marmeladenaufstrich. Meine Schwestern bekamen ebenfalls nur eine halbe Scheibe, unser Bruder hingegen erhielt eine ganze. Nach dem Grund dafür befragt, meinte Mutter, er sei doch der größte von uns und brauche mehr als wir. Neidisch war ich dennoch, denn ich hatte ja solchen Hunger. Oft gab es Eingebrocktes, das heißt in heißen Muckefuck getauchte trockene Brotstückchen, eventuell, wenn vorhanden, mit etwas Zucker darüber, das löffelten wir dann aus. Danach gab es einen Löffel Lebertran, der schmeckte abscheulich. Am Ofen saß ich auch, wenn ich, die Kaffeemühle zwischen die Beine geklemmt, Getreide, Mohn oder gesammelte und geschälte Bucheckern mahlte.

Manchmal brachte Mutter von ihren Hamstertouren Weizen- und Mohnkörner mit nach Hause. Von dem erhamsterten Mehl, dem Mohn und den gesammelten Beeren bereitete sie große runde Kuchen – sie hatten wohl einen Durchmesser von mindestens 80 Zentimetern –, die wir auf entsprechend großen Blechen zum Bäcker trugen, der sie für uns in seinen Ofen schob. Nach dem Backen holten wir sie wieder ab. Die Augen mancher Nachbarn wurden groß, wenn wir sie an ihnen vorbeitrugen.

Immer wieder ist von Verhaftungen zu hören. Mutter lässt nicht locker. Immer wieder redet sie auf Vater ein, er solle doch zu seiner Mutter aufs Land gehen und dort bei einem Bauern arbeiten. Schließlich folgt er ihrem Rat und geht nach Streufdorf bei Hildburghausen, dicht an der Zonengrenze. Die Arbeit im nahen

Schlechtsart ist hart, sie gefällt ihm nicht, Bücher und Zigaretten gibt es dort auch nicht. Frustriert kehrt er nach Hause zurück. Mutter sagt: „Es ist hier zu gefährlich nimm den Hansi geh mit ihm zurück nach Streufdorf und von da aus über die Grenze in den Westen zu meinen Schwestern nach Schweinfurt du siehst ja wie schmächtig er ist nur noch Haut und Knochen und kümmere dich dort um eine Arbeit wir anderen kommen so bald wie möglich nach." Endlich folgt er ihrem Rat und geht wieder nach Streufdorf. Diesmal nimmt er mich mit.

Meine Großmutter meint es gut mit mir. Sie fragt mich, was sie für mich zubereiten kann. Ich sage Eierkuchen. Aber ihre Art, Eierkuchen zu backen, ist von der unseren verschieden. Sie schlägt unendlich viele Eier auf ein rechteckiges Kuchenblech – auf dem Dorf, Russen hin, Russen her, hat man genug davon – und schiebt es, nachdem sie die Eier mit etwas Milch verrührt hat, in den Backofen. Nach einer kurzen Weile zieht sie das heiße Blech vorsichtig wieder heraus, stellt es auf den Tisch, an dem ich sitze, und sagt: „Nu iss schön!" Heißhungrig mache ich mich über das Rührei her, während sie die große Wohnküche verlässt.

Bild 9 Bild 10

Oma Ida Müller in Streufdorf, rechts: mit Waldi

Waldi, ihr Dackel, bleibt mit mir zurück. Ich kann schon bald nicht mehr, aber das Blech ist noch zu zwei Dritteln voll. Ich geniere mich. Ich habe Eierkuchen bestellt und lasse nun sooo viel übrig. Sieht das nach Heißhunger aus? Waldi blickt mich sehnsüchtig an. Ich werfe versuchshalber ein Stückchen Eierkuchen alias Rührei auf den Boden, und tatsächlich frisst er es. Ich werde immer mutiger und werfe ihm immer größere Stückchen vor. Auch er kann bald nicht mehr. Was mache ich bloß mit dem Stück, das er liegen gelassen hat? Zu spät, die Oma kommt herein und sieht die Bescherung. „Bist du schon satt?", fragt sie mit schrägem Blick auf den Boden. Ich nicke, während ich an einem rasch noch zu mir genommenen Happen rumkaue. Das Blech ist immer noch halb voll. Oma hat meinen Hunger überschätzt. Hoffentlich kommt sie nicht auf den Gedanken, Waldi den Rest anzubieten! Sie hat die Geschichte wohl durchschaut.

Zwei Tage später kommt Vater von der Arbeit in Schlechtsart zurück und sagt, heute Nacht gehen wir über die Grenze. Wir schließen uns einer kleinen Gruppe an, die ein Ortskundiger führt, und gelangen, Straßen und Wege meidend, durch dick und dünn gegen Morgen „drüben“ in Trappstadt an. „Drüben“ – das ist der neue Westen. Weder die Russen noch die Amis haben uns gesehen. Zu Fuß und auf einem Viehwagen gelangen wir nach Königshofen und mit der Bahn noch am selben Tag nach Schweinfurt.

Bild 11
Onkel Josef, Tante Berta, dazwischen Tochter Liesbeth (wohl um 1930 herum)

Vater liefert mich bei Tante Berta in Oberndorf ab und begibt sich selbst zu Schwägerin Frieda, die mit ihrem Mann in einem der ganz wenigen Häuser wohnt, die in der Innenstadt nach der Bombardierung – wenn auch beschädigt – noch stehen geblieben sind. Für mich beginnt eine nahrhafte Zeit.

Zweimal allerdings kriege ich von Onkel Josef eine geschmiert: Da ich Käse kaum kenne und Hering gleich gar nicht, weigere ich mich nach kurzer Geruchs- und Geschmacksprobe, das eine beziehungsweise das andere zu essen. „Was?“, sagt mein Onkel. „Du kommst aus der Zone, hast da drüben kaum was zu fressen, un jetz willste keng Käse, ken Häring fressen? Des gibt's doch net!“ Jedesmal fliege ich durch die Wohnküche und lande am Heizkörper. Tante Berta hat Mitleid mit mir. Später steckt sie mir etwas aus meiner Sicht Essbareres zu.

Nicht so mitfühlend ist meine 17 Jahre ältere, manchmal kurz angebundene, sonst aber liebenswerte Kusine Liesbeth. Schadenfroh hat sie die Szenen mit Onkel Josef und mir verfolgt. Am nächsten Tag setzt sie noch einen drauf und bindet mich mit den Worten „Du kriegst die Tür nicht zu!“ kurzerhand am Stuhl fest, weil ich angeblich nicht ruhig sitzen kann. Und das, obwohl ich ihr täglich treu und brav das Mittagessen zur Essigfabrik bringe, wo sie arbeitet, zu der Essigfabrik, die den Krieg im schwer zerbombten Schweinfurt überdauert hat, weil sie etwas außerhalb des Zentrums liegt. Ich muss ihr zugutehalten, dass sie wegen des Verlustes ihres Verlobten, der nicht aus dem Krieg zurückgekehrt ist, frustiert ist.

Wegen angeblicher Frechheit schickt sie mich Silvester ins Bett. Am nächsten Morgen, Neujahr 1946, wünscht sie mir scheinheilig alles Gute zum Neuen Jahr und gibt mir kalten Restpunsch zu trinken, den ich, eingeschüchtert, zu mir nehme. Ich kann das alles nicht so richtig einordnen.

Bild 12
Kusine Liesbeth

Tante Berta ist eine herzensgute Frau. Ich fühle, dass sie mich mag. Meist bin ich um sie herum, schaue ihr beim Kochen zu, lerne von ihr Strümpfe stopfen und spreche mit ihr über Gott und die Welt. Die Welt sind für sie die Amis. Es hat sich rumgesprochen, dass sie Kartenlegerin ist, und so kommen sie in Scharen und zahlen mit Naturalien.

Dass sie im Dritten Reich auch schon Karten gelegt hat, ist ihr nicht gut bekommen. Jemand hat sie denunziert. Karten legen war verboten, das war so etwas wie Hexerei und passte nicht zur nationalsozialistischen Grundidee. Sie musste deswegen ein ganzes Jahr ins Gefängnis. Dadurch vorsichtig geworden, suchte sie nach Kriegsende beim Bürgermeister um schriftliche Erlaubnis zum Kartenlegen nach. Und die bekam sie – nach Intervention ihrer couragierten Tochter –, denn wer hätte den Amis schon was abschlagen wollen. Immer wenn ein Ami kam und die Karten gelegt haben wollte, musste ich ins andere Zimmer, denn was da alles herauskam, war nicht unbedingt für die Ohren eines Achtjährigen geeignet. Ihre Erfolge schilderte sie mir unter vier Augen. Misserfolge scheint sie entweder nicht gehabt zu haben, oder sie mochte darüber nicht sprechen. Ich glaube, ihre bäuerliche Schläue half ihr in mancher Situation über die Unwägbarkeiten der Wahrsagekunst, die sie angeblich geerbt hatte, hinweg.

Derweil kümmert sich Vater um eine Arbeit. Im Arbeitsamt macht man ihm keine Hoffnung. In das Pferdefuhrgeschäft seines Schwagers Wilhelm möchte er nicht einsteigen. Und sonst hat er keine weiterführende Idee. Also sitzt er bei Schwägerin Frieda und ... liest. Kippen gibt es auch wieder, also kann er auch wieder Selbstgedrehte – natürlich als Kette – rauchen. Tante Frieda gefällt das gar nicht. Nach wenigen Wochen kündigt Vater an, mit mir in den Osten zurückzukehren. Mit Sack und Pack, vollgepackt mit deutschen und amerikanischen Naturalien, verlassen wir, ein paar Wochen nach unserer Ankunft, Schweinfurt. Tante Berta hat Tränen in den Augen.

Mit dem Zug geht es nach Mellrichstadt, nahe der Grenze. Dort fragen wir in einer Gaststätte am quadratischen Marktplatz nach einer Möglichkeit, über die Grenze geführt zu werden. Tatsächlich gibt es jemand, der Beziehungen zu zwei Ami-Grenzern im nahen Eußenhausen hat, die uns an die Grenze heranführen könnten, aber wir sollten bis zu ihrem Dienstantritt am frühen Nachmittag warten und dann mit dem Bus nach Eußenhausen fahren, wo wir im letzten Haus des Dorfes die beiden träfen, die dann mit uns und noch anderen „auf Streife“ gehen würden. Nach einigem Warten schließlich folgen wir dem Plan.

Am Nachmittag bricht unsere kleine Gruppe auf. Irgendwann überlassen uns die Amis unserm Schicksal. Sie sagen noch, wie wir weitergehen müssen, um vollends über die Grenze zu kommen. Wir irren eine Weile in die angegebene Richtung. Es beginnt zu dämmern. Von einer Anhöhe aus, mitten im Wald, sehen wir in der Tiefe eine Straße, einen Schlagbaum und ein gelb-schwarz schraffiertes Schildwachhäuschen. Handelt es sich da unten um Russen oder Amis?

Ich sage: „Das sind Amis, ich erkenne sie an der gelb-schwarzen Schraffur.“ Mein Vater ist angesichts der schweren Last, die wir zu tragen haben, des Umherirrens müde und entschlossen, direkt auf diesen Schlagbaum zuzugehen, egal wen wir dort anträfen. Man würde uns schon durchlassen oder zurückschicken. Den anderen Gruppenmitgliedern ist das Risiko zu hoch, und so trennen wir uns.

Je näher wir dem Schlagbaum entgegentaumeln und -rutschen, desto klarer wird uns, dass es sich tatsächlich um Amis handelt. Und da wir von jenseits kommen, müssen wir sie gar nicht fragen, ob sie uns durchlassen. Offenbar sind wir bereits im Osten. Die Amis bedeuten uns noch, wie wir zur nächsten Ortschaft gelangen können – einfach immer der Straße nach in umgekehrter Richtung. Vater trägt einen schweren Rucksack, in der einen Hand hat er einen Koffer, in der anderen eine Tasche.

Auch ich bin mit meinem Rucksäckchen und der Tasche ausgelastet. Alle hundert Meter werfen wir uns in den Straßengraben, um Atem und Kraft zu schöpfen, in den Straßengraben deshalb, um nach einer Minute des Ausruhens mit den Rucksäcken leichter wieder hochzukommen. Wir sind fix und fertig. Eine Russenstreife, vier, fünf Mann hoch, kommt uns entgegen. Vater opfert seine Kippensammlung aus Schweinfurt, und sie lassen uns weitergehen. Wir erreichen schließlich Henneberg und fragen, wie wir nach Meiningen gelangen könnten. Man zeigt uns die Bushaltestelle. Kaum sind wir dort, kommt auch schon der Bus, der uns bis zum Bahnhof nach Meiningen bringt. Wir springen in der Dunkelheit, so gut es geht, zum abfahrbereiten Zug, der uns schlussendlich nach Suhl befördert. Noch eine Viertelstunde bis nach Hause, und dann liegen sich Vater und Mutter in den Armen. Ich stehe wohlgenährt und verlegen daneben.

Diese Tagestour war die größte Strapaze in meinem bisherigen Leben. Es sollte aber noch schlimmer kommen.

Die grüne rote Stadt

Meine Heimatstadt Suhl

Quer durch Mitteldeutschland erstreckt sich das Thüringer Gebirge, bestehend aus dem Thüringer Wald im Westen und dem Thüringer Schiefergebirge im Osten. Etwa auf seinem Kamm verläuft in einer Höhe von 400 bis fast 1000 Metern 120 Kilometer lang zwischen Hörschel bei Eisenach und Ernstthal bei Lauscha (manche sagen: 168 Kilometer von Hörschel bis Blankenstein) einer der Rennsteige Deutschlands. Früher war er „ein Gebirgspfad für hin- und hersprengende Reiterboten", wie es in einem Wanderatlas heißt, und heute ist er ein beliebter Wanderweg. Der Suhler Herbert Roth hat ihn in seinem Lied besungen:

Ich wandre ja so gerne am Rennsteig durch das Land,
den Beutel auf dem Rücken, die Klampfe in der Hand.
Ich bin ein lust'ger Wandersmann, so völlig unbeschwert,
mein Lied erklingt durch Busch und Tann, das jeder gerne hört.
Diesen Weg auf den Höh'n bin ich oft gegangen. Vöglein sangen Lieder.
Bin ich weit in der Welt, habe ich Verlangen, Thüringer Wald, nur nach dir! [25]

Der Kamm des Mittelgebirges ist in mehrfacher Hinsicht eine Scheide, eine Wasserscheide insofern, als am Nord- und am Südhang Flüsse entspringen, die in entgegengesetzte Richtungen fließen, nach Süden die Werra, die sich im Westen allerdings um den Thüringer Wald herummogelt, sozusagen die Kurve kratzt und sich bei Hannoversch-Münden nach einem Kuss mit der Fulda neu getauft als Weser für einen Lauf nach Nordwesten entscheidet, nach Norden die Gera, die Ilm, die Schwarza, die – zum Teil direkt, zum Teil wie die Gera über die Unstrut – sämtlichst in die Saale münden, die wiederum in der Elbe aufgeht. Nach Süden fließt auch die Lauter, die im Zusammenfluss mit der kleineren Hasel an sie ihren Namen abgibt, die dann ihrerseits die Werra verstärkt. Der Kamm ist auch eine Sprachscheide insofern, als nördlich das oft mit dem Sächsischen verwechselte Thüringisch gesprochen wird, südlich jedoch eher das Fränkische. Aber wie überall gibt es Dialekte, die sich von Ort zu Ort stark unterscheiden können.

Bild 13
Deutschland / Thüringen / Suhl in Deutschlands Mitte

[25] KARL MÜLLER 2001: 6

Thüringen, „das grüne Herz Deutschlands“, im Norden begrenzt vom Harz, im Süden vom Thüringer Wald, dazwischen das Thüringer Becken mit Erfurt im Zentrum, *liegt* nicht nur in Mitteldeutschland, sondern *ist* Mitteldeutschland, nicht im reaktionär-politischen Sinn, der ja unterstellen würde, dass man noch an das alte Ostdeutschland „bis an die Memel“ glaubt, sondern im geografischen Nord-Süd-Sinn. Am Südhang des Thüringer Waldes, ziemlich genau in der Mitte zwischen Köln und Prag, Stettin und Basel, Kiel und Brenner liegt inmitten der Berge an Lauter und Hasel die Stadt Suhl, so eine Art Nabel Deutschlands. Wie schildert unser Heimatdichter die Lage?

Unser Suhl liegt wie a Nästle
Mollig in d'n Bärg'ne denn. [26]

Ja, es liegt da wie ein Nest, das stimmt. Aber es ist ein Nest in mancherlei Sinn. Es liegt mitten im Grünen – Suhl ist eine grüne Stadt! –, man fühlt sich geborgen, ist zusammengedrängt, es schafft infolge der räumlichen Nähe zueinander auch innere Nähe und Vertrautheit, kann andererseits aber auf die Dauer den Geist einengen, eine raue Schale erzeugen und – wie es Hermann Hesse in seinen „Stufen“ ausdrückt – „Erschlaffen“ und „lähmende Gewöhnung“ bewirken, drinnen wird gar manches ausgebrütet, da brodelt die Gerüchteküche, ein jeder kennt jeden, im Nu hat sich alles in der ganzen Stadt herumgesprochen. Später, zur Zeit der DDR, hat sich das mit wachsender Einwohnerzahl etwas geändert. Aber noch sind wir nicht soweit.

Auf Suhl könnte das Gedicht „Thüringen“ von Johannes R. Becher zutreffen, dessen erste Strophe lautet:

Beschwungene Weite! Weite Fluß wie Baums!
Glänzende Winde streichen euere Saaten!
Stadt-Nester tiefst in Täler grünerem Sommer Brand.
Oboen-Schwärme rollen – [27]

Bild 14
Blick auf Suhl

[26] JULIUS KOBER 1963: Ueber Suhl, doe gähtt doch niß
[27] J. R. BECHER 1971: 8

Die Lage von Suhl könnte man sprachlich auch so beschreiben: Die Stadt liegt zwischen *Rotkohl* (norddeutsch) und *Blaukraut* (süddeutsch), also im mitteldeutschen Kompromissgebiet *Rotkraut.* Mal entscheidet sie sich für die eher norddeutsche *Möhre* (statt für die nördlichere Mohrrübe oder die süddeutsche *Gelberübe*), mal für die eher süddeutschen *Erdäpfel* (statt für die norddeutschen *Kartoffeln*). Die *Jungen* sind hier norddeutsch, die *Mädchen* oder *Mädle* süddeutsch. Hier wird eher *gesprochen* als *geredet.* Die Tage der Woche sind *Wochentage* und nicht *All-* (norddeutsch) oder *Werktage* (süddeutsch). Und am Wochenende ist eher *Sonnabend* als *Samstag.* Blechschmiede heißen *Klemp(t)ner* und nicht *Spengler* oder *Flaschner*, Topfwarenhersteller sind *Töpfer* und nicht norddeutsch *Pötter* oder süddeutsch *Hafner*, Holzbearbeiter heißen nord- wie süddeutsch *Tischler*, nicht wie westdeutsch *Schreiner*, Fleischverarbeiter sind *Metzger* und nicht *Schlachter* oder *Fleischer*, ein Pferd ist in erster Linie ein *Pferd* und nicht ein *Gaul* oder ein *Ross.* Ein Hahn ist ein *Hahn* oder *Göker* und kein *Gockel*, ein Huhn ist eine *Henne.* Hier sagt man *viertel sieben* (weniger *viertel nach sechs*), norddeutsch *gucken* (nicht süddeutsch schauen), norddeutsch *Boden* (nicht süddeutsch *Bühne*), mitteldeutsch *Schlot* (nicht norddeutsch *Schornstein* oder *Esse* oder süddeutsch *Kamin*), *Semmel* (nicht *Brötchen*, seltener *Wecken*), *Frühstück* (nicht *Brotzeit* oder *Jause*), *kehren* (nicht *fegen*), *Guten Tag* (nicht *Grüß Gott*)[28].

Kurz: Suhl liegt ziemlich genau im Gebiet des *Rotkrauts*, im Schnittgebiet der *Möhren* und *Erdäpfel*, der *Jungen* und *Mädchen*, der *Klemp(t)ner*, *Töpfer*, *Tischler* und *Fleischer*, der *Hähne* oder *Göker*, *Hennen* und *Pferde*, des *Schlots*, des *Frühstücks*, der *Semmel* und des *Guten Tags.* Wenn also einer in einer Gegend ist, in der er alle diese Wörter hört, so ist er in Suhl, unwiderruflich – oder in Hamburg oder München, wenn er dort zufällig einen Suhler trifft, und die gibt es ja in der ganzen Welt.

Man unterschätze aber die Suhler nicht, sie kennen auch die anderen Wörter und erkennen daran den Fremden. Eine kleine Schwierigkeit gibt es dennoch: Das ist die etwas eigenartige Aussprache, aber auch sie mischt Norddeutsch mit Süddeutsch und hat überdies mitteldeutsche Eigenheiten. In *Aerdäffel* sind unschwer die *Erdäpfel* zu erkennen. Wenn es jetzt noch Zweifel gibt, so achte man auf das Wort *Doesäu*, das existiert wirklich nur in Groß-Suhl, wie Julius Kober herausgefunden hat[29]. Dieses Wort eignet sich glatt zum Test. Wer es kennt und auch noch richtig ausspricht, der ist wirklich ein echter „Sühler“. *Doesäu* ist für Suhl das, was das Wort *Scheveningen* für die Holländer ist: ein Testwort eben.

Seit 1000 bis 1200 etwa – die Quellen widersprechen sich da[30] – gibt es die Ansiedlung Suhl. Urkundlich wird sie 1318 zum ersten Mal im Kontext mit

[28] König 1996
[29] Kober 1962: Tafel 16
[30] Kober 1962: 3

Suhlerneundorf erwähnt: Nuwendorff by Sule[31]. Für die Entstehung des Namens gibt es mehrere Theorien. Am Ort der Ansiedlung wurde Sole (Salzwasser) gefunden, diese könnte – theoretisch – Namensgeber gewesen sein. Obwohl nach wie vor eine Solequelle existiert, hat es zu „Bad Suhl“ allerdings nicht gereicht.

Eine zweite Theorie besagt, dass man beim Bearbeiten des Bodens mit einem Pickel auf eine Schuhsohle gestoßen sei, die dabei durchlöchert wurde, aber inzwischen ist diese Version verworfen worden (aber wieso eigentlich könnte es nicht die Sohle eines Kelten gewesen sein, der hier vor unserer Zeitrechnung aufkreuzte, um sich Eisenerz zu holen, oder die eines „Ureinwohners“, der dem Kelten das Eisenerz bereitstellte?). Das Bild von Pickel und Sohle scheint dennoch nach wie vor im Suhler Wappen enthalten zu sein. Neuere Forschungen aber haben ergeben, dass es sich nicht um Pickel und Sohle, sondern um eine für die Erzförderung typische Keilhaue und eine Erzmulde (Erztrog) handelt.

Eine dritte Theorie führt den Namen auf das Suhlen der Schweine im Morast zurück, der an diesem Ort angetroffen wurde. Keiner weiß es genau, aber sehr wahrscheinlich stimmt das nicht. Im Wappen erscheint auch eine Henne auf einem Berg, Zeichen dafür, dass Suhl einst zur Grafschaft Henneberg gehörte.

Bild 15
Suhler Wappen

Sehr wahrscheinlich aber rührt der Name doch von der Sole her. Salzgewinnung war wohl auch der erste Erwerbszweig. Eine weitere Erwerbsquelle war der Eisenerzabbau, der die Grundlage für die Waffenfabrikation bildete, die über viele Jahrhunderte hinweg bis in die Neuzeit eine wichtige Rolle spielte.

Schmidde flaissig Wehr on Waffe
Nu schue über taused Johr,
Homm in alle Welt geliefert,
Boas sü mache, iß gut Wor. [32]

Das ist wohl etwas übertrieben, aber 700 Jahre mögen es schon gewesen sein.

Suhl lieferte Waffen – Kriegs- und Jagdwaffen – in vieler Herren Länder und wurde als Waffenstadt weltweit bekannt. Das Waffenmuseum am Herrenteich zeigt die Entwicklung bis heute.

[31] AUTORENGEMEINSCHAFT CHRONIK SUHL 2004: 18. Für das Kapitel „Meine Heimatstadt Suhl“ hat die Broschüre „Historisches Leitbild der Stadt Suhl“ mehrfach Pate gestanden.

[32] JULIUS KOBER 1963: Ueber Suhl, doe gähtt doch niß

1437 oder 1527 – auch da widersprechen sich die Quellen – wurde Suhl Stadt. Zu diesem Zeitpunkt bevölkerten sie gut 1000 Einwohner. Wirtschaftlich gab es ein Auf und Ab. Die Eisenerze wurden rar. Der Domberg wurde kreuz und quer, von der Seite und von oben her in eigens dafür angelegten Stollen und Schächten nach Erzen durchsucht, irgendwann lohnte sich die Suche nicht mehr. Eisen musste sogar eingeführt werden, um weiter Waffen produzieren zu können.

Weitere Erwerbszweige, die Barchentweberei und die Porzellanindustrie, kamen zur Salzgewinnung und Waffenfertigung hinzu. Damit stand Suhl auf mehreren Beinen. Suhl hat es immer verstanden, sich auf die neuen Gegebenheiten und Notwendigkeiten einzustellen und Rückschläge wie Kriege, Seuchen, Brände, Stürme und Hochwässer zu überstehen. Mal gehört es zu Sachsen (ab 1583), mal zu Preußen (ab 1815), mal zu Thüringen (ab 1945).

1910 hatte Suhl 14500 Einwohner. Die Arbeiter waren linksorientiert. Diese Haltung verschärfte sich nach dem Ersten Weltkrieg. Suhl galt als „rote Stadt". Während des Kapp-Putsches vom 13. bis 17. März 1920 kämpften die Arbeiter gegen die Rechtsradikalen, die einen Umsturz herbeiführen wollten. Sie beteiligten sich am Generalstreik, den die nach Stuttgart geflohene Reichsregierung ausgerufen hatte, und feuerten auf das Rathaus, um die reaktionären Aufständischen, die sich dort verschanzt hatten, zu vertreiben. Dieser historische Augenblick wurde in einem Spruch auf der Fassade des Rathauses verewigt:

Im grünen Wald die rote Stadt,
die ein zerschossen Rathaus hatt'.

Bild 16
Suhl: Das „Rote Rathaus"
und der Waffenschmied
über dem Marktbrunnen

Im gesamten 20. Jahrhundert waren die Zeiten für Suhl schwierig. Inflation und Weltwirtschaftskrise setzten Suhl sehr zu, aber die Industrie überstand diese kritische Zeit. Die Weimarer Republik fand 1933 ihr Ende, sie wurde durch das unselige Dritte Reich, auf das zuerst so viele Menschen ihre Hoffnung gesetzt hatten, abgelöst.

Im Zweiten Weltkrieg mussten viele Suhler ihr Leben lassen, es gab Zerstörungen am Ende des Kriegs.

Es folgten schlimme Nachkriegsjahre, die Not war groß. Die Sowjets räumten die Betriebe leer, sie verfrachteten die Maschinen in ihr eigenes Land. Die Suhler Industrie kam mit neuen Produkten wie mechanischen Rechenmaschinen, Haushaltsgeräten, Kinderfahrzeugen und -spielzeugen, Fahrrädern, Koffernähmaschinen und so fort nur langsam wieder auf die Beine. Auch Waffen wurden wieder hergestellt, insbesondere Jagdwaffen, die ebenfalls zu einem großen Teil als Reparationsleistung[33] an die Sowjetunion oder als Devisenbringer in den Westen gingen. Wenige Jahre nach Kriegsende gab es in Suhl wieder viele Betriebe mit Tausenden von Arbeitern.

Suhl hatte – aus der persönlichen Sicht unserer Familie – kurz nach Kriegsende das Pech, von den Amis, die es erobert hatten, wieder verlassen und von den Russen besetzt zu werden. Basis für den Gebietstausch mit Teilen Berlins, der Thüringen, Teile von Sachsen, und Mecklenburg und Teile der Provinzen Sachsen-Anhalt und Brandenburg[34] betraf, war das – nach Konferenzen in Teheran und London – im Februar 1945 in Jalta und im Juli/August 1945 in Potsdam zwischen den Siegermächten getroffene Abkommen.

Suhl lag also nun in der Sowjetischen Besatzungszone (SBZ). Hier hatte einzig die SMAD das Sagen: „Das zentrale Herrschaftsorgan in der SBZ war die sowjetische Militärverwaltung, zu deren Oberstem Chef Stalin am 7. Mai 1945 Marschall Georgi K. Schukow ernannte.“[35] Ende Juni 1948 gab es die Währungsreform mit der Einführung der Kuponmark (die alte Reichsmark mit aufgeklebten Kupons, im Volksmund „Tapetenmark“ genannt), und einen Monat später erfolgte der „Binnenwährungsumtausch“ der Kuponmark in die Deutsche Mark der Deutschen Notenbank (DM-Ost oder „Ostmark“)[36].

Am 7. Oktober 1949 wurde die „DDR“ ausgerufen, 1952 wurde die alte Länderstruktur beseitigt und die DDR mit ihren drei Ländern und zwei Provinzen in 15 Bezirke (einschließlich Ost-Berlin) aufgeteilt. Gründe dafür könnten in der dadurch bedingten Stärkung der Zentrale, in der landesfremden Besetzung der Po-

[33] Nach dem Zweiten Weltkrieg beanspruchten die Sowjets als Entschädigung Reparationsleistungen in Form von Demontagen, Beschlagnahmung von Auslandsguthaben, Lieferungen aus der laufenden Produktion, Einsatz von deutschen Arbeitskräften in der SBZ/DDR und in der Sowjetunion, Gründung von Sowjetischen Gesellschaften (SHGs, SAGs) in der SBZ/DDR, z.B. die SAG Wismut, die den Abbau des Uranerzes in Sachsen und Thüringen betrieb (s. KOWALCZUK / WOLLE 2001: 57, 67, 73); s.a. KARLSCH/LAUFER 2002: 35; BUCKOW 2003: 114)

[34] ZIMMER 1989: 6

[35] WENTKER 2001: 26 (SMAD – Sowjetische Militärverwaltung in Deutschland).

[36] ERMER 2000: 115 f., 121, 151

sitionen und in der Verdreifachung der „Funktionärsstellen ... mit zugehörigen Gehältern und Privilegien und zugehörigem Leerlauf“[37] gelegen haben. Aus Thüringen entstanden die Bezirke Erfurt, Gera und Suhl, Suhl wurde so Bezirksstadt und unterstand damit direkt der Regierung in Ost-Berlin. 1955 hatte die Stadt etwa 25000 Einwohner, eine Zahl, die sich nach der politischen Aufwertung der Stadt rasch steigerte (bis 1988 auf ungefähr 56000).

In diesem grünen roten Suhl lebte ich bis 1955. Das war meine Mutterstadt – vom Vater habe ich ja kaum je was gehabt, als dass ich Vaterstadt sagen könnte. Hier ging ich in den Kindergarten (im ehemaligen Gesellschaftsgarten) am oberen Ende des Kirchenwinkels, hier besuchte ich die achtstufige Hohelohschule oberhalb der Kreuzkirche, versah bis 1950/51 die Laufstelle beim Zethe Max, der zusammen mit zwei Mitarbeitern in seiner Werkstatt, zu der ein Winkel hinführte, der von der Judithstraße ausging, „Büchsen“ herstellte, und hier besuchte ich auch die Oberschule in der Friedensstraße bis zum Abi 1955.

[37] Stefan Heym 1984

Schwere Zeiten zwischen den Kriegen

Die Geschichte meines Vaters

Ernstthal ist ein kleines Dorf bei Lauscha im Thüringer Wald (fast) am Ende (oder am Anfang?) des Rennsteigs. Glasbläser aus Lauscha, die ursprünglich aus Böhmen kamen, haben es zu Beginn des 18. Jahrhunderts gegründet. Es war Herzog Ernst von Coburg, der ihm, als er dort jagte, den Namen gab. Und es war die Glasbläserei, die über Jahrhunderte die Existenzgrundlage der Müllers, Böhmes und Greiners bildete.

Dort wurde unser Vater, Erich genannt, am 28. Dezember 1903 als erstes Kind des Glasbläsers Kuno Müller und seiner Frau Ida geboren. Später folgten Schwester Irma und Bruder Paul. Das Ende seiner achtjährigen Volksschulzeit fiel in den Ersten Weltkrieg. Zu Beginn des Kriegs hatte sein Vater Kuno noch, nachdem er zu Hause harmlos gestürzt war, seiner Frau im Scherz zugerufen: „Ida, ich bin gefolle", worauf sie sagte: „Mal nur den Teufel an die Wand!" Kurz darauf wurde er eingezogen, und er fiel wieder, diesmal allerdings ein für allemal.

Bild 17
Großelternhaus in Ernstthal

Bild 18
Ida Müller, rechts Paul Müller, 1932

Schwere Zeiten für die Familie. Vater war ein guter Schüler, und so wurde ihm empfohlen, nach Sonneberg auf die Oberrealschule zu gehen. Zu gehen – im wahrsten Sinne des Wortes. Es gab keinen Bus, der ihn zur Schule hätte bringen können, und so blieb ihm weiter nichts übrig, als den weiten Weg zu Fuß zurückzulegen. Für einen ausgemergelten Jungen von 14 Jahren mitten im Krieg waren aber täglich – mit einem Marmeladenbrot zum Frühstück – 25 Kilometer hin und 25 Kilometer zurück zu viel. Nach wenigen Wochen musste er aufgeben – für ihn eine große Enttäuschung.

Was nun? Glasbläser wollte oder sollte er nicht werden, das war – vor allem in Kriegszeiten – ein gar zu kümmerlicher Beruf. Tante Lina in Coburg nahm sich seiner an, sie beherbergte ihn und besorgte ihm eine Fahrradmechanikerlehrstelle ab 3. März 1919 in einer Nähmaschinen- und Fahrradwerkstatt in der Judengasse. Sein Onkel ließ ihn hungern, sodass sein Magen zusammenschnurrte. Nach Abschluss der Lehre am 3. Juni 1922 wollte er keinen Tag länger in Coburg bleiben. Und wieder stand er vor der Frage: Was nun?

Bild 19
Erich Müller, 1921

Zella-Mehlis und Suhl waren als Industriestädte bekannt, und so suchte er und fand dort auch eine Beschäftigung, zunächst als Mechaniker bei Mercedes in Zella-Mehlis und dann ab Oktober 1922 als Zusammensteller bei der Metallwarenfabrik Kober in Suhl. Vater und Mutter lernten sich beim sonntäglichen Mittagstisch bei ihren Adoptiveltern kennen – in unserm Häusle. Der Adoptivvater schlug ihn für die Meisterposition vor, aber er starb, und so konnte er ihn nicht fördern. Anfang der zwanziger Jahre hatte sich die wirtschaftliche Lage in Deutschland zugespitzt, Arbeit war knapper geworden, Inflation drohte. Vater machte sich hoffnungsvoll auf den Weg nach Amerika. Zu Mutter sagte er noch: „Andere Städtchen, andere Mädchen.“

Bild 20 Bild 21 (1925)
Laura Kreiß in Suhl

Aber er kam nur bis Hamburg. Was andere schafften, nämlich die Ausreise in die USA, das gelang ihm nicht. Als man ihm im Arbeitsamt riet, er solle doch am besten nach Thüringen gehen, da gäbe es noch am ehesten Arbeit, sagte er enttäuscht, dass er doch gerade von da komme. Entmutigt durch die scheinbar unüberwindlichen Schwierigkeiten, die sich vor ihm auftaten, kehrte er nach Suhl (und zu seinem „Mädchen“) zurück, wo er – wieder bei Kober – arbeitete. Was mag damals wohl in ihm vorgegangen sein?

Irgendwie überstanden Suhl, unser Vater und sein „Mädchen“, das bei Simson („Beim Jud'“, wie Vater sagte) arbeitete, die darauf folgenden Jahre und die Weltwirtschaftskrise 1929. Auch die Jahre danach waren sehr schwer. Immerhin gehörte er nicht zu denen, die wegen der schlechten Auftragslage entlassen wurden – und das war die Hälfte der Belegschaft –, aber er unterlag der Kurzarbeit, und das bedeutete, dass er nur 24 Stunden pro Woche – von Mittwoch bis Freitag – arbeiten gehen konnte und entsprechend wenig verdiente. Die Situation verschlimmerte sich durch Lohnkürzungen und Steuerhöhungen. An Heirat war nicht zu denken, dann hätte seine Frau ihre Arbeit verloren, und es hätte für sie beide noch viel schlechter ausgesehen.

Bild 22
Laura Kreiß und Erich Müller, 1933

Seinem Bruder Paul schreibt er im Oktober 1931: „Ich glaube, dass die Wirtschaft in Deutschland bald vollends den Bach runtergeht, und ich hoffe, dass dann aus dem Schlamassel heraus mit neuen Führern ein neuer Anfang gemacht wird“. Die „neuen Führer“ sieht er in der nationalsozialistischen Bewegung. Diese Hoffnung beginnt auch in Suhl zu wachsen.

Das zeigt nach seiner Auffassung das Ergebnis der Wahl in Suhl zum Preußischen Landtag im April 1932, bei der die Nationalsozialistische Deutsche Arbeiterpartei, kurz NSDAP, die Oberhand gewinnt: Die NSDAP erhält 3714 Stimmen, die KPD 2434, die SPD 1804, die Deutsch-Nationalen 430, die Deutsche Staatspartei 246, die Deutsche Volkspartei 236, die Wirtschaftspartei 156, der Volksdienst 99, die Volksrechtspartei 58, die Landvolkpartei 32 und die Junge

Rechte 18 Stimmen, zusammen 9297 Stimmen. „Du siehst“, schreibt er Paul am 26. April 1932, „daß sich das rote Suhl allmählich anders besinnt und immer stärker nationalsozialistisch wird“.

Mit Hitler kam also Zuversicht auf, mit ihm galt Deutschland wieder etwas in der Welt. Dessen Buch „Mein Kampf“, das in jeder deutschen Familie vorhanden war[38], mit „seiner menschenverachtenden Voraussage“[39], hatte Vater entweder nicht gelesen oder nicht verstanden. Und so trat er 1932 hoffnungsfroh der NSDAP und der SA bei, was ihm später als „Altem Kämpfer“ zugutekam und noch später als „altem Nazi“ zum Verhängnis wurde. Er erhoffte sich, politisch blind, durch diesen Schritt Bildungs- und Aufstiegschancen. 1933 begann das Dritte Reich. Es gab bald wieder geregelte Arbeit. 1934 konnten Vater und Mutter endlich heiraten.

Bild 23 und 24 Trauung 1934 in der Kreuzkirche: Laura und Erich Müller

Mein Bruder Wolfgang wurde 1935 geboren. 1936 wechselte Vater zu den Gustloff-Werken Suhl, vormals Simson Suhl, weil die Firma Kober ihm einen weniger fähigen Kollegen als Meister vor die Nase gesetzt hatte. (Die Simsons waren Juden, deshalb wurde das Werk, der nationalsozialistischen Ideologie entsprechend, 1935 „arisiert“ und in Gustloff-Werke[40] umbenannt.)

Ich wurde 1937 geboren und meine Schwester Edeltraud 1938, gerade mal ein Jahr danach. Empfängnisverhütung war damals ein großes Problem, Abtreibung war ein Mittel gegen Kinderreichtum. Edeltraud war Opfer des Versuchs, sie vor der Geburt loszuwerden. Ein Arzt hatte Mutter Pillen empfohlen und verschrieben, die aber nicht die gewünschte Wirkung zeitigten. Sie kam mit einem körperlich

[38] S. BECHER, in KLEINDIENST 1999: 97: „ein Buch, das in jeder deutschen Familie zu finden gewesen war – wenn es auch keiner gelesen haben wollte –, denn es wurde bei der Eheschließung zusammen mit dem Familienstammbuch überreicht“.

[39] LATTMANN 1985: 91

[40] Wilhelm Gustloff, *1895 in Schwerin, †1936 ermordet, Landesgruppenleiter der NSDAP-Auslandsorganisation in der Schweiz, nach ihm wurde auch der KdF-Passagierdampfer benannt.

bedingten Sprachfehler zur Welt. Mutter, überzeugt, dass es da einen Zusammenhang gab, machte sich deswegen große Vorwürfe, ohne indes daraus zu lernen.

Bild 25
Laura Müller mit (von links) Hans-Georg, Edeltraud und Wolfgang, 1938/39

In der Reichskristallnacht, am 9. November 1938, wurde die 1905/06 erbaute Synagoge in Suhl angezündet. Das sprach sich schnell herum. Viele Suhler eilten zur Brandstätte, unsere Eltern aber mochten an diesem „Schauspiel" nicht teilhaben und blieben zu Hause. Sie hatten nichts gegen Juden, im Gegenteil, sie kauften gern bei ihnen ein.

Am 1. September 1939 begann der Polenfeldzug. An diesem Feldzug und an der Besetzung Polens nahm unser Vater von September 1939 bis Dezember 1940 teil. Während dieser Zeit war ja „Hartmut" gezeugt worden. Tochter Ursula, sollte den Scheidungsgrund für meine Mutter vereiteln. In ihrer Verzweiflung nahm sie wieder die gleichen Pillen ... mit dem gleichen Misserfolg und dem gleichen Effekt wie zuvor bei ihrer Tochter Edeltraud. Zeitlebens hat Mutter darunter gelitten. Auf das Mutterkreuz hätte sie nur zu gerne verzichtet.

Zu diesem Bild hat Mutter, die gern auch mal fabulierte, geschrieben:

Hans-Georg, dieser kleine Wicht,
wenn er nicht will, dann will er nicht:
„Ich bin ein Müller! Und da wird gemacht,
was immer ich sage, es wär' ja gelacht!
Ich lasse mich von niemand zwingen,
so mach' ich es in allen Dingen."

Bild 26
Hans-Georg in der Kleinen Kelberstraße, 1940

Bild 27
Wolfgang und Hans-Georg
auf dem Weg in den Kindergarten

Vater bekam ab Mitte 1941 Aufgaben von der Partei zugesprochen. Seine Tätigkeit als Mechaniker bei den Gustloff-Werken in Suhl-Heinrichs legte er nieder und begann als Verwalter neu eingerichteter Ostarbeiterlager in Suhl und Umgebung. Dabei tat er sich hervor, sodass man ihn damit beauftragte, selber neue Lager, später auch für Westarbeiter und Deutsche, einzurichten. Der Gauleiter Fritz Sauckel in Weimar zeichnete ihn für seinen vorbildlichen Einsatz aus. Das also war die Karriere unseres Vaters im Dritten Reich.

Etwa zur gleichen Zeit besuchte uns mein Patenonkel Paul, Vaters jüngerer Bruder, geboren Heiligabend 1913. Er ging mit mir aus und führte mich ins Stadtcafé am Steinweg. Ich werde gefragt, was ich trinken möchte. Da ich nicht gleich antworte, schlägt mir die Kellnerin Kaffee vor. Ich lehne ab und sage:

„Nein, Kaffee haben wir zu Hause, ich möchte Kakao."

Den bekam ich dann auch.

Ich mochte „meinen" Onkel Paul; noch bevor ich vier Jahre alt war, sagte ich: „Der Onkel Paul gehört mir ganz allein, denn er ist ja auch *mein* Pate."

Bild 28
Onkel Paul Müller im Kriegswinter 1940/41

Onkel Paul war zehn Jahre jünger als mein Vater, er konnte, obwohl die Zeiten immer noch schlecht waren, das Gymnasium besuchen und ein Lehrerstudium absolvieren. In seiner Examensarbeit befasste er sich mit den Thüringer Sagen. Er war nicht lange Lehrer, da musste er in den Krieg ziehen.

Maikäfer, flieg!
Der Onkel ist im Krieg,
die Tante sitzt allein zu Haus,
hoffend, dass der Krieg bald aus,
Maikäfer flieg!

Bruder Wolfgang kam 1941 in die Schule. Bei seinen Hausaufgaben war er nicht immer ganz bei der Sache. Das bekam ich mit, und ich riet meiner Mutter: „Mutti, hau ihm doch eine runter, wenn er nicht aufpasst!" Onkel Paul schrieb sie am 9.10.1941 mit übergroßem Stolz: „Ja, dein Patchen fürchtet sich nicht vor Wolfgang, er nimmt es mit ihm auf. Er ist viel besonnener als sein großer Bruder."

Unter anderem betreute Vater ein Lager in Schlotheim. Anfang Dezember fuhr meine Mutter mit mir per Eisenbahn dorthin, um ihn zu besuchen. Der Zufall wollte es, dass wir beide in unserm Wagen die einzigen Zivilisten inmitten von lauter Soldaten waren.

Natürlich stand ich als aufgeweckter Knirps noch in einem ganz anderen Sinn im Mittelpunkt des Geschehens. Vielleicht spürte ich, dass sie unterhalten werden wollten, denn ihr Interesse war ganz auf mich gerichtet. Oder wollte ich mich, von ihnen herausgefordert, produzieren? Aus heutiger Sicht denke ich, dass sie dafür dankbar waren, von ihren Gedanken an das todbringende Ziel im Osten abgelenkt zu werden.

Ich tat mein Bestes. Schließlich hatte ich im Kindergarten eine Menge Lieder gelernt. Und so schmetterte ich ein Lied nach dem andern herunter. Mutter war stolz und ließ mich gewähren. Ich begab mich von Soldat zu Soldat, setzte mich auf ihre Schöße und erzählte ihnen, was einem Vierjährigen so einfällt.

Auf einmal soll ich gesagt haben:

„Meine Augen, meine Nase, meinen Mund – alles habe ich von meinem Vater." Worauf einer der Soldaten fragte:

„Und was hast du von deiner Mutter?" Und ich, ohne lange zu überlegen:

„Das Mäntelchen."

In der Tat hatte meine Mutter mir das Mäntelchen, das ich trug, mit eigener Hand geschneidert. Zwar hatten wir trotz Zuteilung ausreichend Lebensmittel, aber Kleidung war Mangelware – sie war streng kontingentiert –, und so hatte sie es für mich aus einem alten Stück Stoff angefertigt.

Onkel Paul war auf Fronturlaub. Er hatte schon an mehreren Fronten gekämpft und mehrere Verwundungen erlitten. Aber er fühlte sich verpflichtet, immer wieder in den Krieg zu ziehen. Einmal hatte er einen Kopfschuss bekommen. Während eines Besuchs bei ihm zu Hause in Ernstthal zeigte er mir den Stahlhelm, der zwei Löcher aufwies. Die Kugel war ihm direkt unter der Schädeldecke durchgeschlagen. Und er zeigte mir auch die Wunden am Kopf. Auch diese schwere Verwundung hielt ihn nicht davon ab, wieder zu seiner alten Kompanie zurückzukehren. „Ich kann doch meine Kameraden nicht im Stich lassen!“, begründete er seine Entscheidung.

Bei schweren Kämpfen südlich von Cassino in Italien bekommt er, Oberleutnant Paul Müller, seine siebte Verletzung, einen Schuss in die Lunge, und stirbt – „für Führer, Volk und Vaterland“ „auf dem Feld der Ehre“ – am 15. November 1943.

„Enfant perdu ... Der eine fällt, die andern rücken nach.“ Was für eine fürchterliche Zeit!

Maikäfer, flieg!
Noch immer gibt's kein' Sieg,
noch dreimal kommt der Onkel heim,
zeugt pflichtgemäß drei Mägdelein,
Maikäfer flieg!

Maikäfer, flieg!
Der Onkel ist im Krieg,
im Süden macht ein Lungenschuss
seinem jungen Leben Schluss,
Maikäfer flieg!

Bild 29 Friedhof in Cassino, Italien

Bild 30 Onkel Pauls Grab

(Aufgenommen 1963)

Er hinterlässt Frau – unsre Tante Lotte – und drei Töchter. Alle leben heute in Heubisch bei Sonneberg, beziehungsweise in Jena in Thüringen.

Bild 31
Von links nach rechts:
Reinhilde (*1940),
Sigrid (*1941),
Helgard (*1938)

Außer meinem Patenonkel Paul hatte ich noch eine Patentante, wir nannten sie Pate Käthe. Sie wohnte wie wir im Aspen. Als ich knapp ein Jahr alt war, erkrankte ich an einer Mittelohrvereiterung. Pate Käthe Gutberlet kümmerte sich rührend um mich und entlastete damit meine Mutter, die bereits mit Edeltraud hoch schwanger ging. Mutter machte es mir zur Pflicht, alle Jahre wieder meine Patentante an ihrem Geburtstag zu besuchen. Dann sollte ich das Sprüchlein aufsagen: „Ich gratuliere dir zu deinem Geburtstag und wünsche dir alles Gute." Auf dem kurzen Weg zu ihr übte ich es ein, um es an ihrer Haustür, die mir nach zögerlichem Klingeln aufgetan wurde, stockend und verlegen loszuwerden. Eine Weile saß ich steif in ihrem Wohnzimmer, bekam wohl auch ein Stückchen Kuchen und war froh, als ich wieder heimgehen konnte. Eine so innige Beziehung wie zu meinem Onkel Paul entwickelte sich nie.

In Suhl gab es gegen Kriegsende etwa 8000 ausländische Arbeiter; für sie waren Arbeitslager eingerichtet worden. Eines befand sich keine hundert Meter von unserm Häusle entfernt. Es bestand aus einer Reihe Baracken, dort wohnten die Arbeiter aus Ost- und Westeuropa. Sie wurden in den heimischen Industriebetrieben zur Produktion von Waffen eingesetzt. Deutsche standen ja dafür kaum zur Verfügung, sie brauchte man an der Front. Verpflegt wurden die Arbeiter in der unmittelbar benachbarten Turnhalle.

Ich erinnere mich, dass sie für das Mittag- und das Abendessen jeweils in zwei Schichten aufgeteilt waren. Zuerst waren die Arbeiter aus Westeuropa an der Reihe, ihr Essen endete mit einem Nachtisch. Danach kamen die Arbeiter aus Osteuropa dran, sie mussten ohne Nachtisch auskommen. Inwieweit es noch andere Unterschiede in der Behandlung gab, ist mir nicht bekannt. Jedenfalls bekamen sie Lohn, hatten persönliches Eigentum, durften sparen, Geld nach Hause schicken, Urlaub in ihrer Heimat machen, konnten sich frei bewegen, und davon machten sie auch regen Gebrauch.

Zu einem Tschechen besaß ich ein besonderes Verhältnis. Wenn er von der Arbeit „nach Hause" ging, kam er bei uns vorbei, ich erwartete ihn vor unserm

Häusle und begleitete ihn ins nahe Barackenlager. Dort führte er mich zu seinem Schlafplatz. Er „bewohnte" ein eisernes Stockbett in einem Saal mit vielen anderen doppelstöckigen Schlafplätzen und besaß einen Spind, den er das eine oder andere Mal öffnete, um mir seine Briefmarken zu zeigen: An der Innenseite des Spinds klebten lauter rote Hitler-Marken, die er von den Postkarten und Briefen aus seiner von uns Deutschen besetzten Heimat Böhmen und Mähren abgelöst hatte. Einige Briefmarken schenkte er mir. Er besaß auch einen Fotoapparat. Es existiert immer noch ein Bild von mir mit der Zuckertüte im Arm, das er bei meinem Schuleintritt gemacht hat. Meine Mutter wusste von dieser besonderen Beziehung und fand nichts Unrechtes daran. Es waren ja Menschen („fast") wie wir.

Einen kleinen Unterschied machte sie dennoch. Ein Russe, er hieß Iwan oder wurde von uns einfach so genannt – alle Russen waren für uns ja „der Iwan", so wie alle Sowjets für uns „Russen" waren, ja, wir sagten sogar nur „der Russe" – brachte uns regelmäßig einen Sack Tannen- oder Fichtenzapfen, die wir in den kalten Jahreszeiten Herbst bis Frühling – in Suhl war es ja meistens kalt – verheizen konnten. Er beförderte den Sack voller Zapfen über die schmale, steile Holztreppe auf den Boden, wo er ihn ausschüttete. Belohnt wurde er mit Butter, von der wir ja vor 1945 reichlich hatten, und mit einem Essen, das er in unserer Küche einnahm. Dazu reichte ihm Mutter eine Gabel mit einem Griff aus einem kunststoffartigen, bernsteinähnlichen Material, das auf der Rückseite gesprungen war. Das war die „Iwan-Gabel". Wir besaßen noch weitere fünf dieser Gabeln ohne Schlitz, die reichten für unsere Familie, Vater war ja kaum da. Dieser Schlitz war die kleine differentia specifica zwischen uns und Iwan, dem Russen.

An diesen Beispielen kann man erkennen, dass die ausländischen Arbeiter keine Gefangenen waren – sie konnten sich ziemlich frei in der Stadt und deren unmittelbaren Umgebung bewegen. Aber letzten Endes waren viele unter ihnen Zwangsarbeiter, die man hierher verbracht beziehungsweise verschleppt hatte, damit sie zur Entlastung der Deutschen in der Rüstungsindustrie arbeiteten. Diejenigen, die freiwillig gekommen waren, fühlten sich in Deutschland wohl, besser als in ihrem Heimatland, nahmen nach dem Krieg tränenreich Abschied von den Deutschen und gingen zum Teil unfreiwillig in ihre Heimat zurück, wo sie nicht selten in Sibirien wieder in Lagern unter ungleich schlechteren Bedingungen landeten.

1942 wurde Schwester Ursula, das vierte Kind unserer Eltern, geboren. Mutter kümmerte sich um die Familie, Hilfe bekam sie nun von Pflichtjahrmädchen Erika und später von Inge. Vater war beruflich meistens unterwegs.

Bild 32
Pflichtjahrmädchen Erika
mit Edeltraud an der Hand
und Ursula auf dem Arm

Ich kam 1943 in die Schule. In der ersten Klasse hatten wir den sehr gestrengen Lehrer Hahn. Schnell war er mit seinem Bambusstöckchen bei der Hand, wenn er mit irgend jemand nicht zufrieden war. Mit ihm schlug er bevorzugt auf die Rückseite der Hand, was sehr schmerzhaft war. Auch ich ging nicht ganz leer aus, was mich aber nicht davon abhielt, auf ihn zuzugehen, wenn ich ihn mit seinem Melonenhut und seinem Spazierstock außerhalb der Schule zufällig traf. Dann nahm er mich bei der Hand und ließ sich von mir ein Stück begleiten.

Bild 33
Hans-Georg zur Schuleinführung, 1943

Ich weiß nicht mehr, wen wir als Lehrer in der zweiten Klasse hatten – es muss eine Lehrerin gewesen sein –, aber das zweite Schuljahr war ohnehin verkorkst. Wegen des Kriegsendes hatten wir von April bis zum Herbst keine Schule.

Der Rote Terror schlägt zu

Vater wird endgültig verhaftet

In der dritten Klasse hatten wir, wie gesagt, „Itzich“ als Klassenlehrer, er hinterließ aus dieser Zeit, außer dass er mir streng und bissig vorkam, keine wesentlichen Erinnerungen.

Bild 34 Hohelohschule, Klasse 3, 1945/46, mit Klassenlehrer Fritz Wagner („Itzich“), rechts daneben Hans-Georg (mit hellem Gesicht)

1946 kam ich in die vierte Klasse. Von da an war Herr Schott unser Klassenlehrer, an den ich gern zurückdenke. Besondere Erinnerungen an dieses Schuljahr habe ich sonst nicht.

Vater wurde 1947 zwei weitere Male verhaftet und verhört, jedoch jedes Mal nach wenigen Tagen wieder freigelassen. Einmal war er von einer Familie Weiß aus der Großen Kelberstraße, deren Vater im Konzentrationslager (KZ) gesessen hatte, denunziert worden, weil er angeblich einen Zettel mit Beschimpfungen an ihrer Haustür angebracht hätte. Bei der Untersuchung kam heraus, dass diese Familie jenen Zettel selber an die Tür geheftet hatte, um es dann unserm Vater in die Schuhe zu schieben. Eine Nachbarin gegenüber hatte es bemerkt, eine Schriftprobe brachte Gewissheit. Vater wurde wieder entlassen.

Mutter erzählte später, dass sie immer wieder auf Vater eingeredet habe, um ihn zu bewegen, in den Westen zu gehen. Aber es war nichts zu machen, er blieb in Suhl. „Du weißt doch“, sagte er, „drüben bekomme ich keine Arbeit, ohne Arbeit keine Wohnung, ohne Wohnung keine Aufenthaltsgenehmigung, und deinen Schwestern kann ich nicht ewig auf der Tasche liegen. Hier aber habe ich Arbeit, und hier haben wir dein Häusle. Außerdem mache ich mich, wenn ich verschwinde, erst verdächtig, dann habt *ihr* darunter zu leiden. Nein, ich gehe nicht weg."

Vater hatte inzwischen – am 9. Juni 1947 – in der Tat wieder eine geregelte Arbeit als Fahrradmechaniker bei Simson Suhl-Heinrichs, den ehemaligen Gustloff-Werken, die wieder zurückbenannt worden waren, gefunden. Und das Häusle hatte Mutter von ihren in den zwanziger Jahren verstorbenen Adoptiveltern geerbt. Alles – Heim und Heimat – hätte sie aufgegeben, wenn Vater nur ihrem dringenden Rat gefolgt wäre. Sie hat ihn gewarnt:

„EinesTagesholensiedichundlassendichnichtmehrfreiduweißtdochwensieallesver haftethabenundwernichtzurückgekommenistunddieLeutesindallesamtunschuldig." Mit geballten Fäusten hat sie vor ihm gestanden und zu ihm gesagt: „Du Narr, du wirst noch an meine Worte denken!"

Am 16. September 1947 passiert es. Es war die vierte Phase der Verhaftungen nach dem Krieg im Rahmen der Entnazifizierung durch die Sowjets[41]. Russen und Deutsche als Vollstreckungsgehilfen holen Vater mittags aus dem Heinrichser Betrieb ab und bringen ihn nach Hause. Wir sind alle – bis auf Wolfgang – daheim anwesend. Ich spüre den Ernst der Situation.

Unauffällig gehe ich die Treppe nach unten und hole die von mir hinter der letzten Stufe versteckten Pistolenrohlinge, die wir Jungen in einer der stillgelegten Fabriken gefunden und mit denen wir gespielt haben, hervor, verberge sie unter meiner Jacke und bringe sie fort, um mögliche Beschuldigungen *gegen* meinen Vater und etwaigen Schaden *von* ihm abzuwenden. Ein Spielkamerad sieht, wie ich sie von dem nahen Brückchen aus in die Lauter werfen will, und fragt, ob er sie haben könnte. Ich gebe sie ihm, kehre aber nicht – ich weiß nicht, warum nicht – nach Hause zurück. Ich glaube, ich habe mich geschämt, meinem Vater Lebwohl zu sagen.[42]

Später erfahre ich, dass er noch einige Sachen packen und sich von seiner Familie verabschieden konnte. Schwester Edeltraud erzählt, das sei nicht ohne Komplikation vonstatten gegangen. Sie stand am Gärtle, einer der Russen hielt sie von Vater zurück, dann aber bedeutete ihm einer der Deutschen, man solle dem Vater doch die Möglichkeit geben, sich von der Familie zu verabschieden, was

[41] KOWALCZUK / WOLLE 2001: 80 f.: 1. Phase (bis Juli 1945): unsystematische Entlassung ehemaliger Nazis.
2. Phase: systematische Entlassung der ehemaligen Nazis.
3. Phase (Dez. 1946 bis Aug. 1947): „Tausende NSDAP-Mitglieder standen nun zum zweiten oder dritten Mal vor einer der insgesamt 262 Entnazifizierungskommissionen. "
4. Phase (Aug. 1947 bis 26. Febr. / 10. Apr. 1948): SMAD-Befehle Nr. 201 und 35.

[42] Vielleicht ist es mir damals ähnlich ergangen wie der kleinen Heidi Bechler, als ihre Mutter Margret Bechler verhaftet wurde: „fühle ich mehr als daß ich es sehe, wie Heidi ganz still aus dem Zimmer geht" (BECHLER 2001: 42).

schließlich „großzügig“ gestattet wurde. Ich aber wurde vergebens im Haus gesucht.

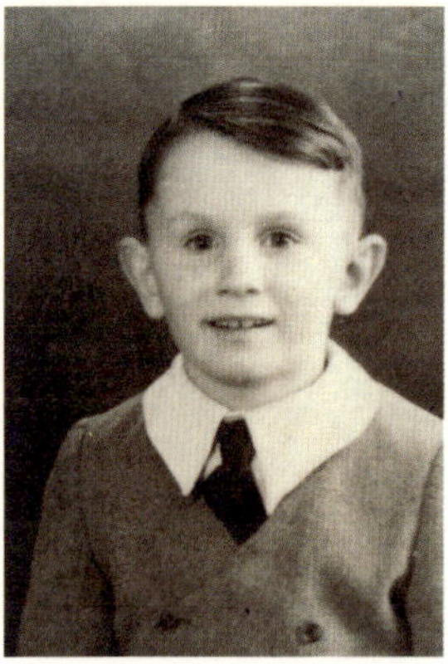

Bild 35
Hans-Georg, 1946/47

Einige Tage oder Wochen danach kommt mit einem Lastwagen ein Trupp, um einen Teil unserer Möbel, die wiederum zu einem Teil Mutter mit in die Ehe gebracht hatte, und Anzüge unseres Vaters abzuholen. Mit Mühe wuchten sie den schweren eichenen, dunkelbraun gebeizten Schreibtisch die schmale Treppe hinunter, dann kassieren sie die dazu passende, schöne, klangvolle Standuhr, die zwei Sessel und ein Bettgestell. Und sie durchsuchen, wonach auch immer, das Haus von oben bis unten, ohne indes etwas sonst Mitnehmenswertes oder etwas Verdächtiges zu finden.

Mutter wird kurze Zeit später in Gotha oder Weimar verhört. Ein Russe fragt: „Mann hoch Partei, Frau nix Partei?“ Worauf unsere Mutter sagt: „Ich nix Partei, ich vier Kinder.“ Glücklicherweise gehört unser Häusle ihr, sonst hätten sie es uns auch noch genommen.

Auf dem Häusle lag eine Hypothek, für die jeden Monat Zins fällig war. Nutznießerin war eine alte, taubstumme entfernte Verwandte, Tante Else, aus einer unterhalb der Simson-Villa gelegenen Villa am Domberg, die gelegentlich kam, um den Zins bar abzuholen. Wir hatten Mitleid mit ihr und sie mit uns. Wenn sie sah, wie schlecht es uns ging, verzichtete sie hin und wieder auf die Zahlung. Später – in den 1970-er Jahren – hat man diese alte, arme, hilflose Frau aus ihrem hübschen Haus vertrieben.

Als Vater nicht zurückkommt, begibt sich Mutter zu Bürgermeister Dr. Engel, der von den Amis unmittelbar nach ihrem Einrücken nach Suhl eingesetzt worden war. Sie kennen sich. Er war schon in den zwanziger und dreißiger Jahren Bürgermeister von Suhl gewesen, bis ihn die Nazis abgesetzt hatten.

„Man hat meinen Mann geholt, und ich weiß nicht warum“, klagt sie.

Der Bürgermeister sagt ihr im Vertrauen:

„Ihr Mann wurde von Nachbarn denunziert. Ihm wird vorgeworfen, er sei im Besitz eines Lebensmittellagers noch aus der Nazizeit.“

Er verrät ihr sogar, wer es gewesen ist.

Die Denunzianten wohnen in einem Winkel kurz hinter dem Platz, wo die Kleine und die Große Kelberstraße zusammentreffen, in dem Winkel, durch den wir die großen runden Kuchenbleche zum Bäcker tragen. Es sind bekannte Kommunisten, die nun ihre Zeit für gekommen sehen, uns eins auszuwischen. Sie sind überdies neidisch, weil wir immer mal wieder mit Kuchen bei ihnen vorbeilaufen, von denen sie nicht wissen, wie sie in dieser schweren Zeit haben zustandegebracht werden können. Offenbar haben sie gelegentlich Mutter mit einem prall gefüllten Rucksack nach Hause kommen sehen und daraus geschlossen, dass sie die Sachen aus einem entfernten heimlichen Lager, angelegt noch im Dritten Reich, herbeigeholt hätte.

Mutter erklärt dem Bürgermeister, was es mit den vollen Rucksäcken auf sich hat. Er zeigt dafür volles Verständnis, kann aber in Sachen Vater nichts bewirken.

„Die Russen haben ihn in der Mangel, ich kann nichts machen."

Unverrichteter Dinge und voll Kummer kehrt sie nach Hause zurück.

Über zweieinhalb Jahre sollten wir nichts, aber auch gar nichts von ihm hören. Und ein Wiedersehen, abgesehen von den wenigen Malen, als Mutter ihn später in den Haftanstalten besuchen durfte, gab es erst nach über achteinhalb Jahren.

Der Aspen, das Nest im Nest

Mutter und ihr klei' Häusle

Es wird Zeit, etwas über unsere Mutter Laura zu erzählen.

Sie wurde am 11. Juli 1908 in Coburg als vorletztes von zehn Kindern des Handarbeiters Johann Sünkel und seiner Frau Wendeline Friederike geb. Siller geboren. Drei der Kinder, Karl, Fritz und Auguste, waren bei der Geburt oder kurz danach gestorben. Übrig geblieben waren Berta, Ernst, Frieda, Hans, Otto, Laura und „Paulchen“. Mutter Wendeline soll eine stolze, hübsche Frau gewesen sein. Aus Eifersucht erschoss der 15 Jahre ältere, trunksüchtige Vater Johann sein Weib und sich. Die Kinder wurden auf diverse Heime, unter anderem in Schweinfurt, verteilt. Laura kam dreijährig in ein Waisenhaus nach Hildburghausen, wurde dann von einer Familie aus Eisenach adoptiert, aber nach der unerwarteten Schwangerschaft ihrer Adoptivmutter wieder in ein Waisenhaus in Schwarza zurückgegeben. Mit vier Jahren wurde sie von dem kinderlos gebliebenen Ehepaar Gustav Heinrich und Emilie Bertha Kreiß aus Suhl erneut adoptiert. Pflegevater Gustav war Büchsenmacher. Erkrankt an einer Rippenfellentzündung, verstarb er leider allzu früh, und so war sie mit 15 Jahren wieder ohne Vater. Pflegemutter Emilie erkrankte und starb an Unterleibskrebs, sie lebte nur sieben Jahre länger als ihr Mann. Mit 22 Jahren war Laura – zu diesem Zeitpunkt Verkäuferin von Textilien in einem Geschäft in der Langen Brücke – wieder ganz allein. Sie erbte das Häusle im Aspen in der Kleinen Kelberstraße 1, in das die Pflegeeltern im Ersten Weltkrieg eingezogen waren.

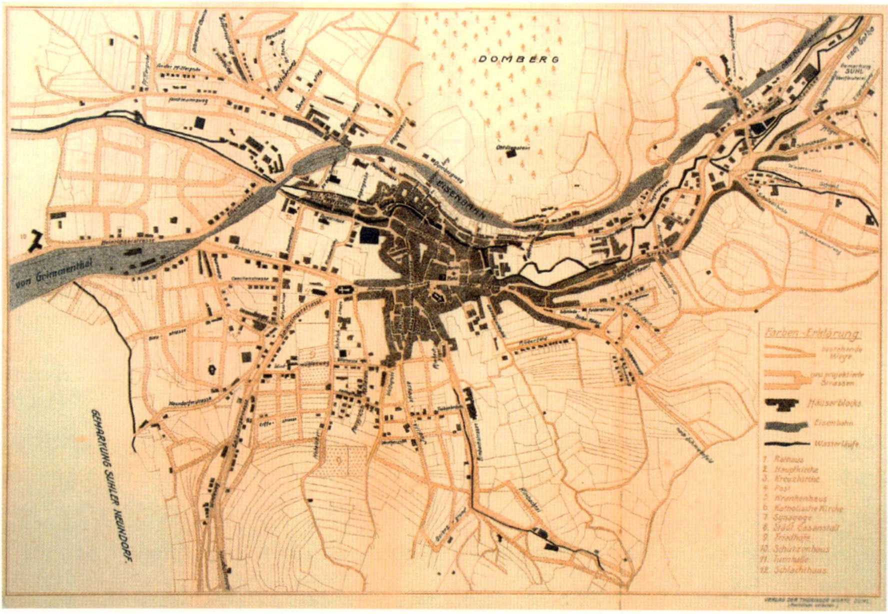

Bild 36 Suhl in Thüringen mit dem Domberg im Norden

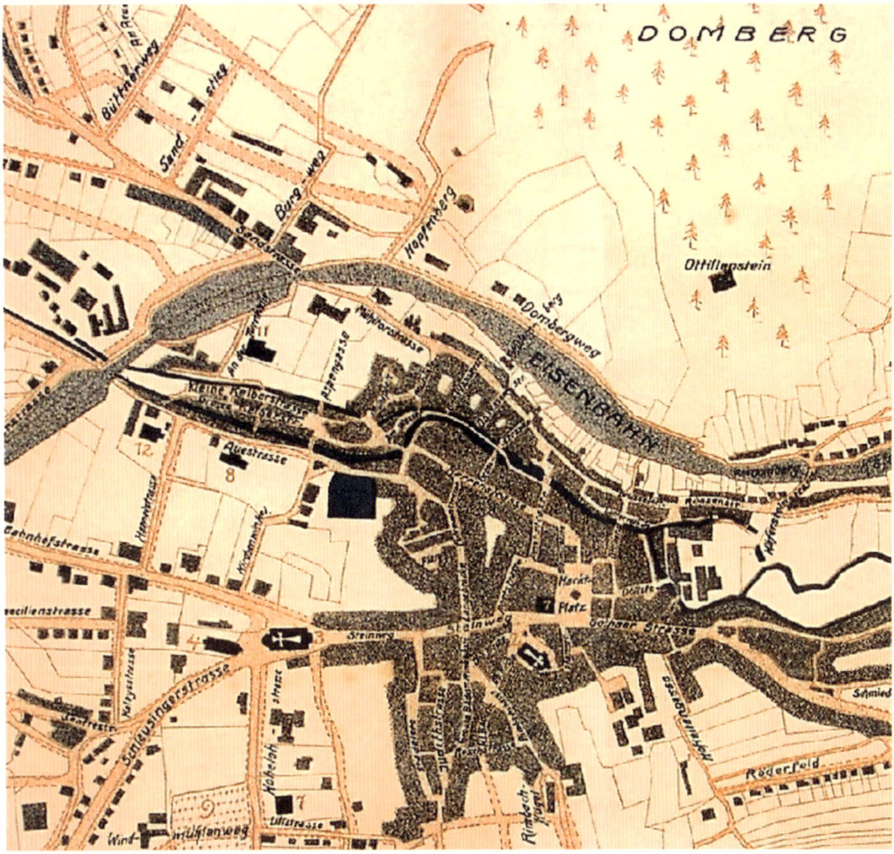

Bild 37 Suhl. Links Mitte: Kleine Kelberstraße, schwarzes Quadrat in der Mitte: Herrenteich, gegenüber an der Lauter das Malzhaus, heute Waffenmuseum

Das Häusle maß etwa zehn auf sechs Meter und war ohne den Dachboden viereinhalb Meter hoch. Links neben dem Haus befand sich ein schmaler Winkel, über den man die Abortgrube – zwecks Leerung durch den „Strotzewagen“ – erschloss, und durch den man vorbei an dem Gegenhaus in die Parallelstraße, die Große Kelberstraße, gelangte.

Es gab etliche solcher Winkel zwischen den beiden Straßen, was uns Kindern Versteckeles, Fangeles, Räuber und Gendarm, Schnitzeljagd und andere Spiele besonders interessant machte.

Rechts lehnte sich das Häusle an ein Nachbarhaus an. Erbaut war es auf einem Sandsteinmauerwerksockel, die Wände waren aus Holzfachwerk mit Ziegelstein- beziehungsweise Schwemmsteinausmauerung, wie es in der Baubeschreibung des Architekten heißt.

Vorne zur Straße hin und im Winkel hatte es einen ortsüblichen Schieferbehang, das Dach war ziegelgedeckt. Böden und Treppen waren aus Holz, wenn man darüber lief, quietschte und querzte es durchs ganze Haus. Wenn man zur

Haustür hereinkam, ging es gleich rechts in den kleinen Vorraum der Parterrewohnung, der in zwei hintereinander gelegene Zimmer führte.

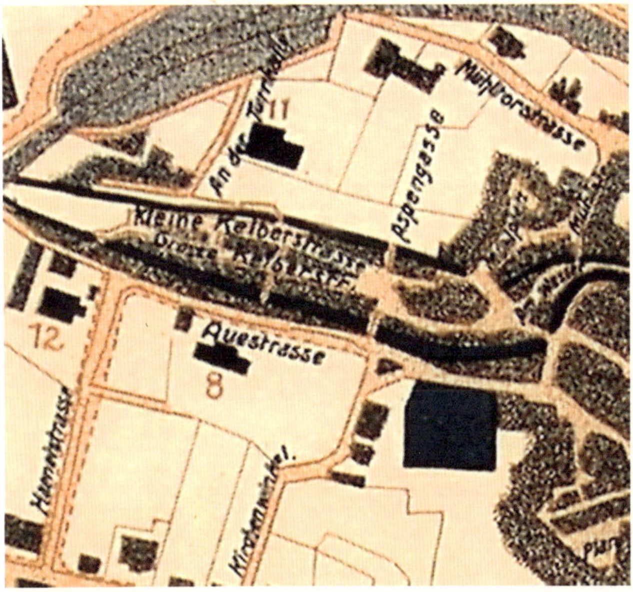

Bild 38
Suhl.
Aspen und Umgebung.
Kleine und Große Kelberstraße, Lauter und Mühlbach,
Turnhalle („11“) mit Turnhallenplatz,
Gasanstalt („8“) und Schlachthof („12“)

Da wohnten ab 1945 unsere Zwangsmieter und ein paar Jahre später mein Bruder und ich. Am Ende des Gangs, in den man durch die Haustür gelangte, befand sich das Plumpsklo, rechts davon die Waschküche und in der Fortsetzung – also auch ebenerdig – der Kartoffel-, dann der Kohlenkeller. Der Kartoffelkeller diente früher als Stall für zwei Ziegen. Im Kohlenkeller hatten wir den Einmarsch der Amis nach Suhl im April 1945 erlebt. Gegenüber der Haustür ging es die elfstufige Treppe zum Obergeschoss hoch. Die Zimmer waren sehr niedrig, aber wir waren alle klein, so dass wir damit kein Problem hatten, und zu uns kam auch kein Großer, die waren ja damals in der Minderheit.

Bild 39
Kleine Kelberstr. 1

Im Obergeschoss gelangte man zunächst über einen kleinen Flur rechts in die Abstellkammer, ein Kabuff, das im Krieg auch als Pflichtjahrmädchenzimmer diente und nach dem Krieg als Schlafzimmer für meinen Bruder und mich.

Dann gab es links eine Tür zur Küche mit Gasherd und Backofen, an dessen Klappe ich gern saß und morgens mein halbes Frühstücksbrot und abends mein „Kartoffel und Tipptipp" aß, wenn am Küchentisch nicht genügend Platz war. Mittags war immer Platz am Tisch, weil wir zu unterschiedlicher Zeit aus der Schule kamen und nicht gemeinsam unser Mittagessen einnahmen.

Von der Küche, aber auch vom Flur aus gelangte man ins Wohnzimmer, in dem unter anderem bis zum Herbst 1947 der schwere eichene Schreibtisch, die schöne Standuhr und die zwei Sessel standen, die sämtlichst nach der Verhaftung unseres Vaters von Deutschen und Russen abgeholt worden waren. Das Wohnzimmer wurde in kalten Zeiten nur sonntags beheizt, dann saßen wir alle um den zentralen Tisch herum und aßen „Sühler Hütes", eine Unterart von Thüringer Klößen, unser Lieblingsgericht, das Mutter mit viel Zeit- und Kraftaufwand zubereitete. Wie heißt es im Sühler Hüteslied?

Off'n Sonntig gitt's Hütes
Mit Flaisch on mit Brüh;
Uehne Hütes kai Sonntig
Doe gähtt halt niß drü.[43]

So gute Klöße gab es später nur noch bei Edeltraud. Beim Stampfen des Gemischs aus der Pressmasse roher, geriebener Kartoffeln und kochend heißem Kartoffelbrei, der in mehreren Schüben darüber gegossen wurde, mussten wir mit anpacken. Die „Brüh" schmeckte, aber das wenige „Flaisch", vermutlich Freibank (bedingt taugliches, minderwertiges, direkt vom Schlachthof billiger verkauftes Fleisch), das es zu den Klößen gab, war nahezu ungenießbar. Heimlich hoben wir Kinder es bis zum Schluss auf, hielten es im Mund versteckt und spuckten es nach dem Essen ins Klo beziehungsweise in den Abort, wie unser Klo ja offiziell hieß.

Suhl hatte außer den Hütes noch weitere Spezialitäten: Huller (in Speck und Zwiebeln aufgebackene Kartoffelstampfkügelchen), Daitscher oder Dätscher (Kartoffelkuchen), Puffer, Zammete (Bratkartoffelschnitzel mit Speck, Zwiebeln und Kümmel), Zwübbelkuche (Zwiebelkuchen), Kachelwuascht (gebackene Blutwurst), Knoetsch (Kartoffelstampf) und Grommelch (saure Milch), aber das alles konnten wir uns nur selten leisten.

Vom Wohnzimmer aus kam man ins Schlafzimmer, das sich hinter ihm und der Küche quer durch den ganzen ersten Stock zog. Dort spielten sich die schlimmen Dinge ab, die unser erstes Pflichtjahrmädchen mit meiner Schwester Edeltraud und mir trieb. Vom Obergeschossflur aus führte eine schmale Treppe hoch zum Boden

[43] Julius Kober 1963: Sühler Hüteslied

(für schwäbische Leser: „zur Bühne“), in dem wir unser Holz lagerten, die Wäsche zum Trocknen aufhängten und auf einer selbst gebastelten Schaukel schaukelten.

So weit also das Häusle auf 60 Quadratmetern „brutto“, dazu kam noch das Gärtle davor mit etwa 17 Quadratmetern, offiziell – euphemistisch – „Vorgarteneinfriedung“ genannt, und ein Plätzle von drei Quadratmetern vor der Haustür, zusammen hatte das Grundstück also eine Fläche von 80 Quadratmetern. 1914 betrug der „Friedenszeitwert“ 3740 Mark, 1960 wurde der Verkehrswert mit rund 5400 (ostdeutschen) D-Mark beziffert. Das war unser Nest im Nest.

Erschlossen war das Häusle über eine enge Straße, in einem alten Gutachten – ebenfalls schönfärberisch – als „gute Verkehrsverbindung“ bezeichnet, die eine Kleinpflasterstraßendecke besaß, auf der die Pferde vor dem Fuhrwerk immer wieder ausrutschten, das der „Fressdeggert“, Faktotum der Stadt, möglichst rasch, mit der Peitsche auf diese eindreschend und uns Kindern, weil wir ihm nachliefen und ihn zum Ärger bei seinem Spitznamen riefen, mit derselben drohend, durch das Sträßle trieb. Ein kleiner Lastwagen, der Kohle auslieferte oder unsere konfiszierten Möbel abholte, passte gerade eben hindurch. Ein etwas größerer musste rangieren, wenn er sich in diese hohle Gasse verirrte.

Noch so ein Faktotum war der ein paar Meter weiter oben in Richtung Aspenplatz wohnende Schirmmacher Schön. Kamen Leute vorüber, die ihn vor seinem Häusle antrafen, wo er gerade einen alten Schirm reparierte, gab er sich ihnen gegenüber als Künstler aus. Die Leute, verwundert über diesen dermaßen sicher und stolz vorgebrachten Anspruch, meinten, die Schirmmacherei sei doch wohl keine Kunst und somit könne er sich auch nicht gut als Künstler bezeichnen, bekamen die lapidare, alle Kritik und jeglichen Zweifel tötende Antwort: „Ja, machen Sie doch mal einen!“ Da blieb den betroffenen Passanten die Spucke weg.

Bild 40
Suhl, Kleine Kelberstraße,
links das erste Haus trägt die Nummer 1

Zur näheren Umgebung des Häusles ist noch zu sagen, dass parallel zur Kleinen Kelberstraße hinter der gegenüberliegenden Häuserreihe ein alter, von der Lauter einst abgezweigter Mühlgraben für die alte Mühle am unteren Ende der Straße

– später eher ein *Müll*graben – floss. Dort tummelten sich die Ratten. Alles Mögliche, aller Unrat wurde hineingeworfen.

Aber nicht nur Unrat. Mein Bruder hat als kleiner Junge alles, dessen er im Haushalt habhaft werden konnte – Teller, Tassen, Töpfe, Topfdeckel und so weiter –, hineingeschmissen und der Mutter begeistert gemeldet: „Mutti, es swimmt, Mutti, es swimmt.“ Und da ist sie auch schon gerannt. Sie musste überhaupt immer rennen. Bei vier kleinen Kindern hieß es fortwährend: „Mutti, bibi, Mutti 'a'a, Mutti Rotz!“

Bild 41
Blick vom Häusle zur Turnhalle (links), im Hintergrund der Domberg

Dies war also das Häusle aus dem Jahre 1914, das meiner Mutter gehörte, jedenfalls bis zu ihrer „Republikflucht“ im Jahre 1956, längstens aber bis zu dem Bescheid 1963.

Bild 42
Kleine Kelberstraße 1

Bescheid des Rates der Stadt Suhl vom 25. Januar 1963 an Bruder Wolfgang:

> *Da Ihre Eltern nach der uns vorliegenden polizeilichen Bestätigung die Deutsche Demokratische Republik im Jahre 1956 verlassen haben, ist es gesetzlich nicht zulässig, daß eine andere Person die Verwaltertätigkeit ausübt. Da dieses Hausgrundstück umgehend in die Treuhandverwaltung des Rates der Stadt Suhl übergeht, benötigen wir den lückenlosen Nachweis über die Mieteinnahmen und Ausgaben des Grundstückes, und zwar seit der Republikflucht Ihrer Eltern. Wir bitten Sie deshalb, diese Aufzeichnungen in zweifacher Ausfertigung bis zum 9. Februar 1963 bei uns einzureichen. Weiterhin bitten wir Sie, eine namentliche Aufstellung über die im Hause wohnenden Mieter zu geben, da die Mieten ab sofort an den Rat der Stadt Suhl – Staatl. Eigentum – als Verwalter des Hausgrundstückes zu entrichten sind. Wir bitten um eine termingerechte Erledigung.*

Seit dem 11. Juni 1953 gab es in der DDR offiziell den Begriff der „Republikflucht". Meine Eltern hatten es „versäumt", bei ihrer „Übersiedlung" in den Westen ihren Personalausweis abzugeben. Das war ein kriminelles Delikt, das die DDR kraft eigener Gesetze und Verordnungen berechtigte, Personen, die dagegen verstießen, zu bestrafen und sich ihres zurückgelassenen Eigentums zu bemächtigen. Verschärft wurde diese Bestimmung durch das Gesetz zur Änderung des Passgesetzes vom 11. Dezember 1957.[44]

Diejenigen, die sich Ressourcen aus der alten Ordnung, dem Dritten Reich, hatten herüberretten können, besaßen Vorteile. Unser Häusle war, wenn auch verschuldet, unser Glück in allem Unglück, es war unsere einzige und wichtige Ressource. Aber Nahrung brachte es uns nicht. „Denn wovon lebt der Mensch?" Wie sollten wir nun ohne Vater durchkommen?

[44] KOWALCZUK / WOLLE (2001: 91): „Seit Mitte der fünfziger Jahre galt ‚Republikflucht' als ‚Verrat'. Strafrechtlich geahndet wurde sie aber bereits seit 1950, obwohl sie erst 1957 direkt unter Strafe gestellt werden sollte."

Lausige Zeiten brechen an

Kampf ums Überleben

Wir sind wieder im Jahr 1947. September.

Schlimme Zeiten standen uns nach Vaters Verhaftung bevor. Es war eine abenteuerliche Zeit. Herbst und Winter standen vor der Tür, vor einer Familie mit vier kleinen beziehungsweise halbwüchsigen Kindern ohne Vater. Es gab kein Einkommen, keinerlei Unterstützung von außen, kein bisschen Geld. Wie sollte sie ihr Leben fristen? Bei vier Kindern konnte Mutter nicht arbeiten gehen, abgesehen davon, dass sie, wenn sie sich bemüht hätte, wahrscheinlich keine Arbeit bekommen hätte. Aber sie war voller Ideen und ein Energiebündel. Sie konnte doch nicht zusehen, wie ihre Kinder verhungerten. Wollte man uns aushungern? Die Jahre 1947 bis 1950 waren für uns die schlimmsten Hungerjahre.

Während des Kriegs hatte Mutter ein wenig schneidern gelernt. Sie versuchte nun in ihrem Bekanntenkreis Kunden zu finden, die bei ihr etwas nähen lassen würden. Allmählich sprach es sich herum, dass sie nähte. Was sie dafür bekam, reichte nicht hinten und nicht vorne. Oft saß sie bis in die Nacht hinein an der Nähmaschine. Manchmal half ich ihr, Schnittmusterbogen zu enträtseln. Sie kämpfte mit der Materie, und nicht immer gefiel den Leuten, was sie machte. Sie war ja keine ausgebildete Schneiderin, aber das wäre ihr Traumberuf gewesen.

Lebensmittel und Kleidung waren rationiert, das hielt übrigens bis weit in die fünfziger Jahre an. Abgewickelt wurde die Zuteilung, wie schon im Krieg, mittels so genannter Lebensmittel- beziehungsweise Kleiderkarten. Erstere bestanden aus kleinen Märkchen mit Gewichtsangaben wie zum Beispiel 100 Gramm oder 1000 Gramm für Brot oder andere Nahrungsmittel, letztere aus Märkchen mit Punkten für Kleidung. Was eine fünfköpfige Familie bekam, war zwar billig, aber viel zu wenig. In ihrer Not begann Mutter die Lebensmittelmärkchen zu fälschen. Indem sie unter Zuhilfenahme von Lupe, Schere und Leim und mit meiner Unterstützung eine zusätzliche Null an 100 klebte, verzehnfachte sie die Ausbeute. Das ging natürlich nicht lange gut. Als es in der Bäckerei auffiel, musste sie damit aufhören.

Die „Kreiße Laura", wie sie seit ihrer Kindheit immer noch genannt wurde – Kreiß war ihr Adoptivname –, kannte und kannten in Suhl Gott und die Welt. Wenn sie in die Stadt ging, um Wege zu erledigen, „knoatschte" sie unterwegs fast mit jedermann und jederfrau. War ich dabei, konnte ich ganz schön ungeduldig werden.

Aber diese Gespräche hatten eine wichtige Funktion. Damit hielt sie früher geknüpfte Kontakte lebendig, pries ihre eigenen Leistungsmöglichkeiten und die ihrer Kinder an. So verschaffte sie sich und uns Gelegenheitsarbeiten. Die Unterhaltungen bestritt sie in gutem „Sühlerisch", mit uns Kindern aber sprach sie leicht dialektal gefärbtes Hochdeutsch, damit wir bloß nicht, geschädigt durch einen „merkwürdigen" unterostfränkischen Dialekt, in der Schule und bei einer etwaigen späteren Karriere Nachteile hätten. Das war für die Jungen wichtig, für die Mädchen jedoch nicht so sehr, sie würden später eh heiraten und in ihrem Haushalt *auf*gehen. Wenn Edeltraud mal mit einem Schulproblem auf sie zukam, meinte sie: „Das brauchst du nicht für den Kochtopf!“, womit sie sie sehr verärgerte. Mutter war bei all ihrem Weitblick immer noch ein Kind ihrer Zeit. Sie realisierte nicht, dass man als Frau im Haushalt auch *unter*gehen kann.

Kam Edeltraud mit einer Schulfrage zu mir, sagte ich ihr schon mal, sie solle sich nicht so anstellen, und riet ihr, in der Schule besser aufzupassen, womit wiederum ich sie vor den Kopf stieß. Brüder sind manchmal hart zu ihren Schwestern.

Im Laufe der auf 1947 folgenden Jahre versah Mutter bei etlichen Familien Stundendienste. Sie wusch, nähte, stopfte, putzte, kochte und buk für alle möglichen Leute, die „besseren“. Auch ich wurde oft eingespannt, wenn Holz oder Kohle in den Keller oder über mehrere Stockwerke hinweg auf den Boden geschleppt werden musste. So haben wir uns manche Mark verdient.

Insbesondere war sie für eine Berliner Familie Meyer im Steinweg längere Zeit tätig. Herr Meyer war ein Spitzenorganisator, ein Meisterschieber. Woher er seine Ware herbeischmuggelte – vom Schwarzen oder Grauen Markt, also schwarz gekauft oder gegen andere Naturalien getauscht –, war uns unklar, aber er beschaffte die seltensten Dinge. In Erinnerung sind mir vor allem die golden glänzenden, leckeren geräucherten Bücklinge geblieben. Mutter holte sie, wenn er mit dem Zug wer weiß woher eintraf, am Bahnhof ab und verscherbelte sie unverzüglich innerhalb ihres großen, auf Bücklinge heißhungrigen Bekanntenkreises, wobei auch für sie etwas abfiel. Dieser Handel wiederum war *ihre* Stärke.

Eines Tages lässt Frau Meyer sie Krapfen, gefüllt mit Marmelade, für ihre eigene Familie und uns vier Kinder backen. Bevor wir der Einladung Folge leisten, schärft uns Mutter ein, nicht auch noch den allerletzten Krapfen aufzuessen, das sei unhöflich, sagt sie, man müsse immer, wenn man als Gast geladen sei, zumindest etwas übrig lassen, damit nicht der peinliche Eindruck entstehe, es sei zu knapp aufgetischt worden und man sei nicht satt geworden.

Wir sitzen also zusammen mit Familie Meyer, Vater, Mutter und Sohn Ulrich, um den Tisch herum, essen Krapfen, und prompt bleibt einer auf dem Teller zurück. Keiner traut sich, obwohl noch hungrig, zuzulangen. Wir sind ja gut erzogene Kinder und folgen unserer Mutter. Da meint Frau Meyer: „Wolfgang, nimm du doch noch den Krapfen!“ Er aber schüttelt den Kopf und sagt, er könne nicht mehr. An mich gewandt, stößt Frau Meyer ebenfalls auf Ablehnung, desgleichen bei Edeltraud und Ursula. Schließlich schlägt sie vor: „Wolfgang, teile doch den Krapfen mit Hansi, zusammen werdet ihr es schon schaffen.“

Wolfgang nimmt zögernd das letzte, sehnsüchtig beäugte Stück und tut so, als wolle er es auseinanderbrechen. Scheinbar gelingt es ihm nicht. Alle schauen auf seine vergeblichen Bemühungen. Da sagt er: „Es geht nicht!“ und isst es – mit einem Blick des Bedauerns – alleine auf. Artig bedanken wir uns nach dem Krapfenessen bei Familie Meyer, so wie es uns Mutter aufgetragen hat.

Mein Bruder hat schon immer gewusst, wie er sich Vorteile verschaffen konnte. Von den Kuchen, die Mutter uns buk, zweigte er abends oder nachts gar manches Stück ab, versteckte es irgendwo und aß es am nächsten Tag heimlich.

Einmal habe ich, als ich Mutter beim Abtrocknen und Einräumen des Geschirrs half, ein von ihm verstecktes Ei in einer Tasse im Küchenschrank entdeckt. Mutter meinte, ich könne es ja wie ein Osterei ausblasen, mit Wasser füllen, wieder zukleben und zurück in die Tasse legen. Gesagt, getan. Tatsächlich muss er kurz darauf das gewässerte Ei in die Pfanne geschlagen und die Bescherung wahrgenommen haben. Gesagt hat er nichts, aber das wassergeschwängerte Ei war auf einmal verschwunden.

Nicht nur beim Geschirrspülen half ich Mutter. Ich musste ihr auch immer im Verein mit Edeltraud in der Waschküche beistehen. Der gesamte Waschvorgang zog sich über Tage hin. Im großen Kessel wurde die Wäsche erst eingeweicht, dann gekocht. In der dampfgeschwängerten Atmosphäre konnte man sich kaum sehen. Die Wäsche wurde auf dem Waschbrett gerubbelt, bis sie sauber war. Und dann folgte der schwierige Akt des Mangelns. Edeltraud oder ich drehten im Wechsel die Mangel. Nach dem Trocknen im Dachboden halfen wir beim Geradeziehen der Bettwäsche, das sich wie Tauziehen ausnahm.

Im Sommer sind wir häufig „in die Beeren" gegangen. Eimerweise schleppten wir Heidelbeeren nach Hause. Entweder aßen wir davon noch am selben Abend – besonders lecker war heiße Milchsuppe mit Heidelbeeren –, oder sie wurden eingeweckt oder sogar verkauft. Nach dem starken Windbruch 1946 gab es noch jahrelang im zerstörten Wald viele schwer zugängliche Stellen, wo Heidelbeeren massenweise zu holen waren. Da kam nicht jeder hin, denn man musste unter den abgebrochenen Stämmen und Ästen umständlich umherkraxeln, um an die Sträucher mit den großen, saftigen Beeren heranzukommen. Wir Kinder schafften das. Andere, leichter zugängliche Stellen waren „ratzekahl leer gefressen".

Kilometerweit sind wir gelaufen nach der Melodie „Und so geht der Bayerische Marsch, Marsch, Marsch, und so geht der Bayerische Marsch, Marsch, Marsch, einundzwanzig, zweiundzwanzig, drei-, vier-, fünf-, sechs-, sieb'nundzwanzig, achtundzwanzig, neunundzwanzig, drei-ei-ßig" und so weiter bis „hu-un-dert" mit dauerndem Dacapo, bis wir entweder an die heidelbeerträchtigen Stellen oder wieder nach Hause kamen.

Ein anderes Lied, das wir auf dem Hin- beziehungsweise Heimweg sangen, war: „Auf einem Baum ein Ku-u-kuck saß, simsalabimbamba-saladusaladim, auf einem Baum ein Ku-u-kuck saß."

Oder: „Stand ein Baum am Berge, o fiderallala, stand ein Baum am Be-er-ge, fiderallala. An dem Baum, da war ein Ast, au Junge, war das ein Ast, Ast am Baum, Baum am Berg ..." Am Ast war ein Zweig, am Zweig ein Nest, im Nest ein

Ei, im Ei ein Vogel, am Vogel eine Feder, an der Feder eine Laus, ich glaube, dann war's aus.

Jedes von uns größeren Kindern hatte beim Beerenpflücken einen Becher, den wir dann in den Eimer entleeren sollten, wenn wir ihn mit Beeren gefüllt hätten. Die kleine Ursula war davon ausgenommen, sie durfte die Beeren, die sie pflückte, gleich in den Mund stecken. Wolfgang hatte so seine eigene Methode. War sein Becher etwa zu 80 Prozent voll, legte er seine Hand darüber, kippte ihn und sorgte so für eine lockere Füllung, die hundert Prozent vortäuschte. Vorgabe für die Entleerung in den Eimer war ja die Anzahl voller Becher gewesen. Im Französischen nennt man das „se débrouiller". Die Russen haben dafür das Wort *tufta* (Scheinarbeit, Scheinleistung zur Vortäuschung der Normerfüllung, wenn das Leistungssoll nicht erfüllt ist, man schwindelt, man tuftiert[45]). Ja, sich durchmogeln, das konnte er. Später hat er bei seinem Sohn das Verfahren der „Schiebewurst" aufgedeckt. Der Apfel fällt nicht weit vom Birnbaum.

Irgendwann hatte er pfeifen gelernt. Von da an pfiff er fast ununterbrochen den lieben, langen Tag hindurch und schaute mich, wenn er mich, der diese Fähigkeit noch nicht besaß, sah, triumphierend an. Es gab natürlich auch Kämpfe zwischen uns, er war bei weitem der Stärkere, so dass ich immer das Nachsehen hatte, aber ich kuschte nicht. Notfalls schrie ich, bis er von mir abließ.

Wolfgang musste natürlich auch mit anschaffen. Er übernahm eine Laufstelle bei einem Büchsenmacher (Sühlerisch: Büssemacher), das war der „Zethe Max" in der Judithstraße, ein Halbbruder des stadtbekannten Arztes „Zethe Fritz", dessen kleines Denkmal heute im Steinweg steht. Dort trug er die Büchsen (mit gezogenen Rohren) und Flinten (mit gebohrten Rohren) drei Stunden täglich, fünfmal die Woche für zehn Mark zu allen möglichen Unterlieferanten in ganz Suhl aus. Das Geld hatte er zu Hause abzugeben, damit es für den Lebensunterhalt verwendet werden konnte. Bald schon wechselte ich mich mit ihm ab, und es dauerte nicht lange, da war es allein mein Job. War morgens Schule, versah ich die Laufstelle nachmittags, war nachmittags Schule, ging ich vormittags „laufen".

Irgendwie war Wolfgang, als er noch „lief", an Patronen für Jagdgewehre herangekommen. Neugierig leerte er einige der Patronen auf einen feuchten Holzklotz und versuchte, das Schießpulver anzuzünden. Als es nicht gleich zündete, beugte er sich hinab, um das Feuer anzublasen. Auf einmal explodierte es, und das Feuer verbrannte ihm das Gesicht. Glücklicherweise geschah seinen Augen, die sich gerade noch rechtzeitig schlossen, nichts, aber Lider und Brauen waren verkohlt, seine Wunden eiterten danach, und sein Gesicht war noch auf lange Zeit fleckig gebräunt.

Meinem Bruder passierten noch mehr „so Scherze". Während eines Manövers auf einer Eisscholle auf dem Herrenteich rutschte er ins eiskalte Wasser. Mit

[45] S. LEONHARD 1983: 106

langen hakenbewehrten Stangen der Burgbrauerei, die das Eis für Kühlzwecke in Schollen geteilt hatte, wurde er herausgefischt.

Ein andermal rutschte das Messer aus, mit dem er ein zusätzliches Loch in den Ledergürtel stechen wollte, die Messerspitze geriet in die Pulsader des Arms, mit dem er den Gürtel hielt, und hoch auf spritzte das rote, rote Blut. Er schrie auf, Mutter stürzte aus dem benachbarten Zimmer herbei, umwickelte geistesgegenwärtig den lädierten Arm mit einem Handtuch und eilte mit ihrem leichtsinnigen Sohn zum Zethe Fritz, der sogleich das Notwendige tat und beruhigend auf Mutter und Sohn einredete.

Auch ich musste einmal dessen Heildienste in Anspruch nehmen. Ich war beim Spielen barfuß den Bahndamm hinuntergerannt, dabei in ein Loch getreten und hatte meinen Fuß verstaucht. Mit Mühe konnte ich noch nach Hause humpeln, aber mein Fuß schwoll mehr und mehr an und schmerzte sehr, sodass Mutter den Zethe Fritz verständigte, er möge doch danach schauen. Er kam, sah sich die Schwellung an, verordnete essigsaure Tonerde für einen Verband und verpasste mir freundschaftlich und aufmunternd einen Klaps auf die schmerzende Stelle. Während ich aufschrie, verließ er lachend das Zimmer. Ja, er war „eine Mischung aus polterndem Grobian und mitfühlend zarter Seele“, wie ihn der Suhler Peter Fischer, der ihn aus eigener Anschauung kannte, in seinem Roman „Der Schein“ treffend beschreibt[46].

Beim Sportunterricht hatte sich ein Klassenkamerad, als er in der Turnhalle von der schräg gestellten Leiter rutschte, einen Spreißel ins Bein gefahren. Der saß senkrecht unter der Haut, die dadurch kegelartig nach außen gestülpt war. Die Lehrerin schickte mich mit ihm zum Zethe Fritz, der ihm eine Tetanusspritze verabreichte und den Spreißel zog – oder war es in umgekehrter Reihenfolge? Dann entließ uns – vom Spreißel befreit – der freundlich dreinblickende Arzt mit einem aufmunternden Wort.

In der Werkstatt von Zethe Max wurde an den Rohlingen gefeilt, gebohrt und gedreht. Außer dem Chef waren noch zwei Mitarbeiter damit beschäftigt, aus den Rohlingen Büchsen herzustellen. Da die Spezialisierung bei der Büchsenmacherei weit fortgeschritten war, mussten einzelne Arbeiten nach draußen gegeben werden. Meine Aufgabe bestand darin, die unfertigen Büchsen und Flinten zum Fräser, Rohrmacher, Einsetzer, Beschießer, Schäfter, Brünierer, Graveur, Polierer und die fertigen doppelläufigen Jagdwaffen in Schutzbezügen zum Einschießen zu bringen. Oft waren es gleichzeitig mehrere Stücke, die zu transportieren waren.

Für mich als zartes Bürschlein war das nicht immer eine leichte Arbeit. Gar manches Mal bin ich mit drei fertigen Büchsen zugleich vorsichtig, um ja keine Beschädigungen zu verursachen, zur Beschussanstalt nach Suhl-Heinrichs gelaufen, das war eine Entfernung von immerhin fünf Kilometern. Und es kam sogar

[46] P. FISCHER 2004: 8

vor, dass ich an einem Tag den Weg zweimal gehen musste, das bedeutete 20 Kilometer Fußmarsch neben den kleineren Strecken, die außerdem noch zu bewältigen waren. Das verursachte (natürlich unbezahlte) Überstunden. Eine andere Beschussanstalt – der Mefferts-Schießstand – befand sich, ebenfalls einige Kilometer entfernt, genau entgegengesetzt.

Es war anstrengend, aber ich machte die Laufarbeit nicht ungern. Ich konnte gelegentlich zuschauen, wie die Büchsen hergestellt wurden, das interessierte mich. Wenn Vesperpause war, legten Chef und Mitarbeiter ihre Brote zum Erwärmen auf den Ofen, weil sie ihnen geröstet besser schmeckten. Dann erhielt ich mal von dem einen, mal von dem andern eine halbe Käseschnitte. Darauf brannte ich heiß, aber mein Heißhunger wurde dadurch nicht gestillt.

Wenn ich die Löhne an die Unterlieferanten auslieferte, sprang immer mal – vor allem vor Weihnachten – ein kleines Trinkgeld heraus.

Um mir beim Laufen die Zeit zu vertreiben, trieb ich einen kleinen Stein oder einen sonstigen runden Gegenstand wie zum Beispiel eine Kastanie, einen Zapfen oder eine Büchse mit den Füßen vor mir her. Während ich Büchsen trug, spielte ich mit Büchsen. Das war ein Ersatz für das Fußballspielen, mit dem sich meine Klassenkameraden die Zeit vertrieben und an dem ich, eingespannt wie ich war, höchst selten teilnehmen konnte.

Den Wochenlohn von zehn Mark, und zum Teil auch das Trinkgeld, gab ich zu Hause ab. Der Chef war zufrieden mit mir, denn er konnte sich auf mich verlassen.

Nach der endgültigen Verhaftung unseres Vaters waren all diese Tätigkeiten wichtiger als zuvor. Der Ideenreichtum unserer Mutter kannte keine Grenzen, sie war eine echte Überlebenskünstlerin. Ich hackte Holz, schleppte für andere Leute Kohlen, half bei Umzügen, klopfte Teppiche.

Schwester Edeltraud und ich gingen mit dem Handwagen zum Bahnhof, um das Gepäck der dort mit dem Zug ankommenden Leute nach Hause zu bringen, das brachte jedesmal ein paar Groschen ein. Taxen gab es nicht, und wer hätte sich schon eine leisten können.

In der Suhler Schweiz sammelte ich Erika, machte daraus Sträußchen und bot diese, auf einer Stufe am Steinweg sitzend, aus einem großen Wäschekorb heraus den Passanten für 50 Pfennig das Stück an.

Während ich – neben diversen Hausarbeiten – vor allem „Außendienste", also Dienste für andere Leute versah, um Geld zu verdienen, war Schwester Edeltraud eher für den „Innendienst" zuständig. Das brachte zwar kein bares Geld ein, aber sie half natürlich auf diese Weise Mutter, die dann mehr Zeit fürs Nähen hatte. Sie putzte, wischte und bohnerte Boden und Treppe, reinigte das Treppengeländer, half beim Abwasch, wusch und stopfte unsere Socken, insbesondere Wolfgangs vom Fußballspielen stark verschmutzte und ramponierte Strümpfe, trug Kohlen und Kartoffeln in den Keller, half beim Kochen, kaufte ein und stand Schlange.

Ansonsten traf sie sich mit ihren Freundinnen und nahm regelmäßig am außerschulischen Turnen teil.

In die Beeren, Pilze und „Knüppele"gingen wir meist gemeinsam. Zum Beerensammeln liefen wir zum Sehmar, von wo – quer zum Hasel- und Lautertal – die Amis wie weiland – 1634 – überraschend die Kroaten gekommen waren[47], zum Friedberg, bis nach Hirschbach oder fuhren mit dem Zug nach Oberhof, dort gab es die größten Beeren.

Als wir einmal nicht wissen, wo genau wir uns in der Gegend von Hirschbach befinden, schickt mich Mutter zu einem im Tal gelegenen Dorf, um dort herauszufinden, wie es heiße und wie wir gehen müssten, um zurück nach Suhl zu gelangen. Es war Altendambach. Die Leute im Dorf, die ich frage, geben mir, dem schmächtigen, kleinen Jungen, eine Kanne Milch mit, die wir sogleich leertrinken. Wir füllen die Kanne mit Heidelbeeren, ich bringe sie so zu den Leuten zurück. Sie freuen sich.

Wir sammelten also auch Pilze. Dazu mussten wir ebenfalls kilometerlange Wege zurücklegen. Oft ging ich alleine. Einmal fand ich dabei im Wald weit hinter der Roten Erde eine offenbar von einem Soldaten am Ende des Kriegs weggeworfene Pistole, die ich mit spitzen Fingern aufhob und in einem Baumstumpfloch versteckte, später aber fand ich das Versteck nicht wieder.

Ich kannte ein paar pilzreiche Stellen in der Nähe von Hirschbach. Der kürzeste Weg war das Schienengeleis von Suhl-Neundorf aus. Züge kamen selten, Angst, vom Zug überfahren zu werden, hatte ich nicht, ich war ja Karl-May-erfahren. Mit dem Ohr auf der Schiene konnte ich das Nahen eines Zuges rechtzeitig wahrnehmen.

Eines Tages begegnet mir auf dem Heimweg – die Geleisschwellen hatte ich schon verlassen – ein Mann auf einem Fahrrad. Er hält mich an und fragt, ob er die Pilze in meinem Korb haben könnte, er würde sie mir auch gut bezahlen. Er bietet mir acht Kuponmark. Das Angebot kommt mir so hoch vor, dass ich nicht widerstehen kann. Freudestrahlend bringe ich meiner Mutter, die die Pilze schon für das Abendbrot erwartet hat, das Geld.

Statt sich mit mir zu freuen, ist sie enttäuscht. Sie sagt: „Morgen, am 24. Juli 1948, erfolgt im Rahmen der Währungsreform der Geldumtausch in die neue Ostmark, das Kopfgeld 40 Kuponmark[48] habe ich von Bekannten bekommen. Die acht Kuponmark für die Pilze sind für uns so gut wie nichts wert." Der Mann auf dem Fahrrad hat mich unwissendes Kerlchen von nicht ganz elf Jahren reingelegt. Woher konnte ich wissen, was eine Währungsreform, was Kopfgeld und Geldumtausch ist.

Nach wie vor gingen wir mit oder ohne Mutter in die „Knüppele", sammelten also stärkere Zweige und Äste, die im Wald herumlagen. Wir schlugen freigegebe-

[47] GÜNTHER 2005: 54
[48] A. SETZEPFAND, in KLEINDIENST 1999: 106

nes und auch nicht-freigegebenes Holz, letzteres war Raubholz. Mit dem vollbeladenen Handwagen keuchten wir von der Finsteren Erle über Berg und Tal nach Hause, wo wir völlig kaputt ankamen. Vor unserm Häusle – es existiert längst nicht mehr – befand sich nach Norden hin jenes winzige Gärtle. Dieses lag ständig im Schatten, anbauen konnte man da nichts. Hier lagerten wir das Holz, die Äste hackten wir zu Knüppele klein, dickere Äste ließen wir vom Nachbarn maschinell sägen und hackten die Teile dann in ofengerechte Stücke.

Der Mensch heizt nicht von Holz allein. Jedes Jahr bestellten wir Kohle, die wir in unsern Keller einlagerten. Aber meist reichte sie für die kalten Jahreszeiten nicht – in Suhl gab es deren drei. Die Lösung des Problems war „Fringsen“ (nach dem Erzbischof von Köln und Kardinal Frings) – diesen Ausdruck lernte ich später im Westen –, das ist augenzwinkernd christlich genehmigter Kohlenklau. Am Güterbahnhof waren immer mal wieder oben offene „kohlenhaltige“ Waggons abgestellt, die wir im Interesse eines gerechten Verteilungssystems ohne Gewissensbisse „enterten“. Das System funktionierte zunächst gut. Spät abends zogen wir mit Rucksäcken los, kletterten auf die Wagen, füllten die Rucksäcke mit Briketts und brachten sie nach Hause. Aber schon bald wurden nachts die Züge bewacht. Nicht immer waren Wächter zugegen, sie mussten sich ja auch selber versorgen. Solche Überwachungslücken passten wir ab. Einer von uns stand Schmiere. Wurde man uns gewahr, mussten wir, den schweren Rucksack auf dem Rücken, flüchten. Einmal fliehe ich eilends über die Schwellen, stolpere, stürze hin, der Rucksack fliegt mit unaufhaltsamem Schwung über mich hinweg, einige Kohlen fallen heraus, mühsam erhebe ich mich wieder und eile, ungeachtet des unfreiwilligen Schwunds, weiter, geschnappt werde ich nicht. Ich bin flink.

Man musste einfach wissen, wo was wann wie zu holen war.

Wir Kinder klauten auch Äpfel. Als wir einmal auf der Jungswiese erwischt wurden, bekam der Älteste – im Rahmen der Selbstjustiz des Besitzers – Hiebe mit einer Rute. Dabei war es doch nur Mundraub durch ausgehungerte Kinder.

Am Hang des Dombergs entdeckte ich eines Tages mitten im Wald einen Wildkirschbaum, die Kirschen waren klein, schwarz und zuckersüß. Ich kannte den Domberg so gut, dass ich diesen Baum alle Jahre wiederfand. Wie oft bin ich den Berg in der Falllinie hinaufgekraxelt und in den alten, steil nach unten verlaufenden Hohlwegen, in denen früher Erz oder Holz zu Tal befördert wurde, hinuntergerutscht!

Waren wir „unmoralisch“, als wir wie die Raben klauten? Georg Büchner lässt Woyzeck tautologisch sagen: „Moral, das ist, wenn man moralisch ist.“ Damit kommt man nicht weiter. Es klingt ein bisschen wie: „Bimsstein ist, wenn man keinen hat, nimmt man Seife.“ Weiter kommt man mit Brecht/Weill, sie lassen Mackie Messer in seiner Dreigroschenoper singen: „Erst kommt das Fressen, dann kommt die Moral. ... Denn wovon lebt der Mensch?“

Wir befanden uns in einer außergewöhnlichen Situation, und außergewöhnliche Situationen erfordern außergewöhnliche Reaktionen. Wir waren nicht einfach nur arm, hatten nicht einfach nur weniger als andere, nein, wir hatten einfach fast nichts, es ging ums Überleben. So gesehen empfanden wir uns nicht als „unmoralisch", allenfalls als außermoralisch, vormoralisch, extramoralisch. Regeln der Moral galten innerhalb der Familie, keiner durfte sich Vorteile gegenüber den anderen verschaffen oder unbegründet Sonderbehandlungen beanspruchen.

Wenn wir uns „unmoralisch" verhielten, dann nach außen, aber dann auch nicht gegenüber konkreten Personen, sondern vis-à-vis einer Anonymität. Wir klauten „anonyme" Kohlen, „anonymes" Holz, „anonyme" Äpfel. Wir beklauten die anonyme Gattung Amerikaner, auch wenn es den Einzelnen betraf, der uns leichtfertig den Zugriff ermöglichte, aber der war für uns ebenfalls anonym. Bei den Russen war allerdings nichts zu holen.

Manchmal jedoch kam ich ganz regulär zu einem oder auch zu mehreren Äpfeln. Wir hatten einen Nennonkel, Onkel Berkes, einen alten, weitläufigen Verwandten unserer Mutter. Den traf ich gelegentlich in der Stadt. Jedesmal zauberte er für mich einen Apfel aus einer seiner Jackentaschen. Dann rannte ich nach Hause, um ihn stolz meiner Mutter zu zeigen. Einmal nahm er mich mit in seinen am Hang des Lautenbergs gelegenen Garten. Am Eingang war ein Schild mit der Warnung „Achtung, Fußangeln!" angebracht. Ich fragte ihn, was eine Fußangel sei, und er erkärte mir, das sei ein Eisen mit Spitzen nach oben, das in den Boden gerammt ist und das vor Dieben schützen soll. „Hast du keine Angst, selbst mal aus Versehen da hineinzutreten?", fragte ich ihn. „Nein, nein", meinte er lächelnd, „ich habe gar keine Fußangeln ausgelegt, das Schild soll nur die Diebe abschrecken." Ohne Angst vor Fehltritten folgte ich ihm in den Garten. Mit reichlich Äpfeln und Birnen, die er für mich von den Bäumen pflückte, lief ich freudestrahlend nach Hause. Auch meine Geschwister profitierten hin und wieder von diesen, wenn auch seltenen Begegnungen und Segnungen.

Unterhalb der Jungswiese befand sich der Jungsgarten, in dem die Boxer allwöchentlich abends ihr Training absolvierten. Ich ging eine Zeit lang regelmäßig hin, um zuzuschauen und mir die Boxkniffe zumindest theoretisch anzueignen. Vielleicht weil ich ein mageres, unscheinbares Bürschchen war, forderte mich niemand auf, selber einmal zu boxen, für meine kleinen Fäuste hätte es ohnehin keine Boxhandschuhe gegeben. Aber mich faszinierte der Sport, und ich fand nichts dabei, mich lediglich in der Zuschauerrolle zu befinden. Man weiß nie, ob man nicht doch einmal von diesem theoretischen Wissen Gebrauch machen kann oder muss, dachte ich. Tatsächlich rempelt mich eines Tages während der großen Pause auf dem Hohelohschulhof ein Junge an, der größer und stärker ist. Er schiebt die Schuld an dem Zusammenprall mir zu und macht Anstalten, auf mich loszugehen. Sofort nehme ich eine Boxerhaltung ein, worauf er zurückweicht. Er sagt nur noch halb verächtlich, halb beeindruckt: „Boxer!" und lässt von mir ab. Dieses Erlebnis stärkte natürlich mein Selbstvertrauen.

Mutter nahm eine ältere Dame, eine alte Bekannte, auf, deren Tochter Lieselotte unmittelbar nach dem Krieg nach Holland geheiratet hatte. Wir nannten sie Tante Alma. Es war eine Art Symbiose. Tante Alma kümmerte sich ein wenig um den Haushalt und um uns Kinder, und sie wiederum war auf diese Weise in eine Familie eingebettet, also nicht einsam. So konnte uns Mutter auch mal allein lassen. Allerdings ging das nicht lange gut. Tante Alma begann allmählich unter dem Einfluss ihrer Arteriosklerose wirr und wirrer zu werden, jedem unserer Besucher zeigte sie bei jedem der Besuche die Fotos ihrer Tochter in Haarlem und ihrer inzwischen geborenen Enkelin, ihr Gedächtnis ließ nach, sie legte Topflappen auf den heißen Herd und wurde so immer mehr zu einer Gefahr für uns alle. Schließlich musste Mutter sie in ein Heim geben.

Bild 43
Hintere Reihe von links nach rechts: Wolfgang, Mutti, Hans-Georg, vordere Reihe von links nach rechts: Edeltraud, Tante Alma, Ursula, 1949

Immer häufiger stellte sich der Besuch einer papageienhaft gekleideten, alleinstehenden Frau aus dem Hexenhäusle beim Malzhaus bei uns ein. Um sie mit etwas Nützlichem zu beschäftigen, drückte ihr Mutter unsere löchrigen Strümpfe in die Hand, die sie zu unserem Horror genauso papageienhaft, wie sie aussah, stopfte. Keiner konnte sie leiden, aber Mutter hatte einerseits Mitleid mit ihr und schien andererseits bei ihrer eigenen Näherei selber etwas Unterhaltung zu schätzen.

Als sie einmal den Schlüssel in ihrem schmucken Häusle vergaß, musste ich eine Leiter organisieren und durch ein offenes Fenster im ersten Stock klettern, um es von innen zu öffnen.

Ihre Besuche in unserem Wohn-Näh-Zimmer hörten auf, als eines Tages Flöhe aus dem Nähkasten hüpften, die sie möglicherweise zu uns absichtlich oder unabsichtlich – Mutter glaubte eher Ersteres – eingeschleppt hatte. Wenn es heute in Suhl noch Hexenverfolgung und Hexenprozesse wie im 17. Jahrhundert gäbe, wäre sie wahrscheinlich eine potenzielle Kandidatin.

Wir Kinder allerdings hielten es für wahrscheinlicher, dass es sich um Flöhe des Hundes handelte, der uns zugelaufen war und den wir kurzzeitig, bis zu seinem Tod durch ein Auto, in das er hineinlief, bei uns aufgenommen hatten. Die „Papageiin“ jedenfalls verfiel der Ächtung, wogegen wir Kinder angesichts unserer kunterbunt gestopften Strümpfe nichts einzuwenden hatten.

Gute Bekannte in Suhl hatten ihre Verwandten in den USA auf unsere missliche Situation aufmerksam gemacht und sie so veranlasst, uns ab 1948 gelegentlich ein privates „Care-Paket“ zu schicken. Offizielle Care-Pakete gelangten ja nur in den Westen. Wie erfreut waren wir jedesmal, wenn solch ein großes Paket mit allerlei Köstlichkeiten bei uns ankam. Weil die Pakete lange unterwegs waren, kam es vor, dass das Obst – meist Apfelsinen – verdorben war. Manchmal enthielten sie auch Kleidung, ich erinnere mich an die vielen Gummiüberschuhe, die im verregneten Suhl gute Dienste leisteten.

Zweimal war ich in jener Zeit in einem Erholungsheim, eines – 1948 – war südlich von Bad Sachsa, aber noch „im Osten“ dicht an der Grenze, wie ich mich erinnere. Ich weiß noch, dass wir da viele Lieder sangen, eines handelte von der Sonntagsruh’, die zum einen das Gretel, als der Hans sie küssen wollte, veranlasste, sich das Mäulchen zuzuhalten, zum andern den Feuerwehrmann bewog, die Wasserspritze zuzuhalten, obwohl just am Sonntag die Meierei brannte, und zum dritten sogar die Kuh animierte, sich beim sonntäglichen Melkversuch das Euter zuzuhalten.

Im Heim gab es ausreichend zu essen, ich nahm zu, aber die Aufpäppelung hielt nicht lange vor.

Mein zweiter Erholungsaufenthalt war im Juli 1949 in Schöneberg bei Treffurt. Dort waren wir angehalten worden, sogleich nach der Ankunft eine Postkarte nach Hause zu schicken. Damals schrieb ich:

> *Schöneberg, den 20.7.49. Liebe Mutti! Nachmittags kamen wir am selben Tage um vier Uhr hier an. Wir mußten eine Stunde laufen, ehe wir im Heim anlangten. Dort wurde schon auf uns gewartet. Wir tranken Bohnenkaffee mit Marmeladenbrot. Auch wurden wir noch einmal gewogen. Ich wog 25 kg. Für heute genug. Weiteres im nächsten Brief. Es grüßt Dich Dein Hansi. Viele Grüße an Tante Alma, Wolfgang, Edeltraud und an die kl. Ursula.*

Mit fast zwölf Jahren wog ich also nur 25 kg. Leider gibt es kein Dokument, aus dem hervorgeht, wieviel ich bis zum Ende des Erholungsaufenthaltes zugenommen hatte.

In der freien Zeit spielte ich mit einem etwa gleichaltrigen hellblonden Mädchen aus Schleusingen Fangen. Als wir die Heimfahrt antreten mussten, war ich ob der notwendig gewordenen Trennung sehr traurig. Sie hatte wohl in mir erste „zarte Gefühle“ geweckt. Ich besitze noch ein Gruppenfoto, auf dem ich sie erkenne. Die Erinnerung hielt vor, die Erholung nicht. Bald war ich wieder so dürr wie vorher.

Bild 44 Erholungsheim 1949. Oben: Dritter von links: Hans-Georg.
Von oben: zweite Reihe, Sechste von rechts: das hellblonde Mädchen aus Schleusingen

Eine Zeit lang gab es Schulspeisung, aber es war eher eine Schultränkung, denn sie bestand zumeist lediglich aus einem Viertelliter Magermilch täglich, der in der Schule in ein mitgebrachtes Behältnis, in meinem Fall ein blechernes, verbeultes Essgeschirr, ausgegeben wurde.

Ohne jegliche Sentimentalität, weil am eigenen Leib erlebt, kann ich sagen: Arm an allem, schwach am Körper und krank an der Seele, so schleppten wir uns mühsam dahin. Wir hungerten und froren, und wir vermissten unsern Vater, von dem wir nicht wussten, ob er noch lebte und falls er noch lebte, wie es ihm ging und ob er je wiederkäme.

Zwischen Herbst 1947 und Frühjahr 1951 gab es parallel zu all jenem Geschehen noch eine ganz andere Weise, einen Beitrag zum Lebensunterhalt der Familie zu leisten. Es waren unsere beziehungsweise meine Grenzgänge.

Grenzerfahrungen

Die ersten Grenzgänge in den Westen

Kurz nach Vaters Verhaftung wusste sich Mutter nicht anders zu helfen, als mit einer Nachbarin über die Grenze in den Westen zu gehen, um Essbares anzuschaffen. Wir vier Kinder blieben alleine zu Hause zurück. Auf dem Rückweg wurden sie von zwei patrouillierenden Russen geschnappt, die sie vergewaltigten. Während sie danach Mutter wegen ihrer vier Kinder freigaben, behielten sie die junge attraktive Nachbarin bei sich. Später einmal erzählte uns Mutter diese schreckliche Geschichte und sprach von ihrer Angst vor einer Schwangerschaft. Sie ging nie wieder über die Grenze. Von nun an sollten mein Bruder und ich die Grenzgänge übernehmen.

Wenn man von Suhl aus über die Grenze in den Westen gehen wollte, fuhr man am besten mit dem Zug nach Meiningen und stieg dort in den Zug nach Rentwertshausen um. Entweder versuchte man von Rentwertshausen aus schwarz

Bild 45 Grenzgebiet Thüringen /Bayern zwischen Suhl und Königshofen im Grabfeld, Gitter: Ostzone, weiß: Westzone, schwarze Linie: Zonengrenze

über die Grenze zu kommen, oder man stieg abermals um und zwar in den Zug nach Römhild. Zwischen Rentwertshausen und Römhild lagen die Bahnstationen Queienfeld, Wolfmannshausen, Westenfeld und Haina. Nach anderthalb bis zwei Stunden Zugfahrt von Suhl aus war man nur noch wenige Kilometer von der Grenze entfernt.

Von all diesen Dörfern und von Römhild aus bin ich in jenen Jahren – zunächst einige Male mit einem gleichaltrigen Nachbarsjungen, der am Herrenteich wohnte, Rüdiger Heinrichs, oder mit meinem Bruder, dann aber ab Mitte 1948 fast immer allein – gut drei Dutzend Mal über die Grenze in den Westen gegangen, um zu hamstern. Ich war nicht der einzige Grenzgänger, aber gewiss der kleinste.

Meinen ersten Grenzgang unternehme ich im Herbst des Jahres 1947 – kurz nach Vaters letzter Verhaftung – mit Rüdiger. Eigentlich hatten sein und mein Bruder mitgehen sollen, aber aus irgendwelchen Gründen war das nicht möglich.

Also ziehen wir alleine los. Rüdiger geht nicht zum ersten Mal, er ist mein Führer, er weist mich in die Grenzgängerei ein. Wir haben jeder einen kleinen leeren Rucksack und eine Tasche bei uns und fahren in aller Herrgottsfrüh mit dem Zug über Meiningen nach Rentwertshausen und von da zum etwas außerhalb gelegenen Bahnhof von Wolfmannshausen. Rüdiger kennt den Weg über die Felder und durch den Wald in den Westen. Wir achten darauf, nicht gesehen zu werden, denn an der Grenze patrouillieren Russen, die uns zurückschicken oder gar mitnehmen würden, wenn sie uns bemerkten. Wir nähern uns der Grenze, die zu jener Zeit nur an wenigen Grenzpfählen zu erkennen ist.

Plötzlich hält mich Rüdiger an und flüstert:

„Pass auf, dort hinter dem Busch steht ein Russe!“

Wir legen uns hinter einem Bäumchen auf den Boden und beobachten die Szene. Der Russe trägt sein Bajonett geschultert, dann geht er eine Weile auf und ab. Kurz darauf verschwindet er, die Luft scheint rein zu sein. Sicherheitshalber bleiben wir noch etwas liegen.

Als wir denken, dass die Gefahr vorüber ist, machen wir um den Ort, wo der Russe zu sehen gewesen war, einen großen Bogen. So gelangen wir nach einem Marsch von acht Kilometern schließlich über die Grenze nach Rothausen.

Zuerst gehen wir gemeinsam von Haus zu Haus, um nach einem freundlichen „Grüß Gott!“ um Brot zu betteln. Bei den meisten Bauernhäusern haben wir Erfolg. Man schneidet uns von dicken, runden Laiben eine halbe, zur Mitte hin dünn auslaufende Scheibe ab. Wir danken mit „Vergelt's Gott!“ Jetzt weiß ich, wie man in Bayern bettelt.

Im nächsten Dorf – Aubstadt – bietet man uns mittags praktisch in jedem Haus eine Art salziger Grießsuppe an, aber die kann man ja nicht mit nach Hause nehmen. Die Bauern denken, sollen die Burschen sich doch satt essen. Wir sind schnell satt und müssen ihnen nun begreiflich machen, dass wir nicht nur gekommen sind, uns satt zu essen, wir wollen auch etwas mit nach Hause nehmen.

Dann trennen wir uns für ein paar Stunden (nicht ohne einen Treffpunkt ausgemacht zu haben), um jeder für sich von Haus zu Haus zu gehen. Am späten Nachmittag begeben wir uns ins nächste Dorf, nach dem etwa drei Kilometer entfernten Irmelshausen, und setzen dort unsere Brotbettelaktion fort.

Am Abend sind unsere Rucksäcke und Taschen gefüllt, und wir machen uns auf den Rückweg. Es fängt an zu dunkeln. Wir müssen uns vor zwei Westgrenzern hinter einem Busch verstecken. Ohne entdeckt zu werden, kommen wir spät abends in Wolfmannshausen an.

Bei einem früheren Grenzgang hat Rüdiger in diesem Dorf eine Familie kennengelernt, wo wir übernachten können. Mit dem ersten Zug um sechs Uhr fahren wir über Rentwertshausen und Meiningen zurück nach Suhl. Mein erster Grenzgang ist erfolgreich gewesen.

Zu Hause freuen sich alle über das viele Brot. Vor allem freut sich Mutter über meine Rückkehr, denn sie war nicht ohne Angst gewesen. Während meiner Abwesenheit hat sie die ganze Zeit gedacht, hoffentlich passiert dem Jungen nichts.

Rechtzeitig komme ich zur Schule, ich habe lediglich einen Tag gefehlt. Man kann ja mal krank gewesen sein. Ein Fehltag in der Schule machte mir nichts aus. In Rechnen und Russisch, das wir von 1947 an hatten, war ich sehr gut. Zwischen russischer Besatzung und russischer Sprache wusste ich zu unterscheiden. Unser Missverhältnis zu den Russen lastete ich nicht ihrer schönen Sprache an.

In Russisch hatten wir den Lehrer Lindenlaub, der mit „mama doma“ (die Mutter ist zu Hause) seinen Unterricht begann. Seltsam erschien mir damals, dass die Russen teilweise andere Buchstaben hatten und dass in diesem russischen Satz weder ‚die‘ noch ‚ist‘ noch ‚zu‘ explizit vorkam, aber als Kind nimmt man das unkritisch hin, denn es kommt von den Erwachsenen. Man sollte nicht zu sehr insistieren, mit „Warum?“ bringt man sie nur in Verlegenheit.

Herrn Lindenlaub passierte im Schwimmbad ein schmerzhaftes Missgeschick. Als er einen kleinen schwarzen „Ball“ die Wiese hinunterrollen sah, wollte er ihn zum Ausgangspunkt zurückschießen. Er trat heftig dagegen ... und schrie fürchterlich auf. Es war eine Eisenkugel, wie man sie beim Kugelstoßen verwendet. Damit war er eine Zeit lang außer Gefecht gesetzt.

Es folgen weitere Grenzgänge. Einmal ist mein Bruder mit von der Partie. Von Römhild aus überqueren wir mit Abstand an Milz vorbei die Grenze nach Herbstadt, wo wir um Brot betteln. Einige Bauernjungen verfolgen uns, einer macht uns darauf aufmerksam, dass Grenzer im Dorf sind, und schickt uns ... direkt in deren Arme.

Die beiden westdeutschen Grenzsoldaten nehmen uns mit auf die Wache und durchsuchen unser Gepäck, aber da finden sie nur Brot. Nachdem sie uns nach Alter, Herkunftsort und Absicht unseres Grenzgangs befragt haben, schicken sie uns zur Grenze zurück. Sie sagen: „Lasst euch bloß nicht mehr blicken!“

Sobald wir sie nicht mehr sehen, biegen wir in den Nachbarort Ottelmannshausen ab und betteln dort weiter, bis unsere Rucksäcke und Taschen mit Brot gefüllt sind. Ohne geschnappt zu werden, gelangen wir nach Hause zurück.

Ähnliches wie in Herbstadt passiert uns auch von Rentwertshausen aus in Rappertshausen, von Wolfmannshausen aus in Rothausen und von Westenfeld aus in Irmelshausen.

Im Laufe unserer Grenzgänge machen wir so die Erfahrung, dass es nicht ratsam ist, in den grenznahen Westorten zu betteln, da ist das Risiko zu groß, von Westgrenzern erwischt zu werden. Von ihnen hat man zwar weiter nichts zu befürchten, aber man wird zurückgeschickt und dabei unter Umständen noch ein Stück begleitet, auf dass man bloß nicht auf den Gedanken käme umzukehren. Besser ist es, weil mit weniger Risiko verbunden, tiefer in den Westen einzudringen.

In Zukunft meiden wir möglichst die grenznahen Orte und ziehen die weiter entfernten vor, das sind vor allem Gollmuthhausen, Waltershausen, Aubstadt, Königshofen, Eyershausen, Großeibstadt und Merkershausen. Das bedeutet natürlich längere Wege und größeren zeitlichen Aufwand: 15 Kilometer hin, 15 Kilometer zurück, je drei Stunden, abgesehen von den Wegen, die wir noch zwischen den Westdörfern zurücklegen. Rüdiger und ich sind einmal an einem Tag von früh bis in die tiefe Nacht hinein über 50 Kilometer gelaufen.

Und wir machen eine zweite Erfahrung: Um an der Grenze nicht so leicht erwischt zu werden, ist es besser, sie nachts zu überqueren. Allmählich kennen wir uns an der Grenze aus, wissen, in welche Richtung wir gehen müssen, orientieren uns an Sternen und Mond, erkennen die nachtdunklen Dörfer an ihren Silhouetten auch aus der Ferne. Wir müssen mit dem Zug abends anreisen, im Halbdunkel uns der Grenze nähern und sie im Dunkeln passieren. Kommen wir dann zum Beispiel in Ottelmannshausen nachts an, müssen wir versuchen, ein Haus mit von innen beleuchteten Fenstern zu finden. Vielleicht lässt man uns ein und dort auf einer Ofen- oder anderen Sitzbank oder im Stall übernachten. Klappt das nicht, gehen wir halt noch drei, vier Kilometer weiter und versuchen es in Aubstadt.

Und schließlich machen wir eine dritte Erfahrung: Betteln ergibt nur Brot, allenfalls mal etwas Mehl, selten auch Eier oder Schinken. Wir müssen eine adäquate Gegenleistung erbringen. Oder umgekehrt: Wir müssen etwas, was in der Sowjetischen Besatzungszone erhältlich und den Bauern im Westen nützlich ist, anbieten – verscheuern – und dafür höherwertige Lebensmittel eintauschen. Aus der Bettelei kann so im Laufe der Zeit ein Tauschhandel werden.

Später, nach der Währungsreform, werde ich, dann alleine, dazu übergehen, meine Waren zu verkaufen, um in der kleinen Stadt Königshofen – noch ohne „Bad" – Lebensmittel einzukaufen. Ich werde mit Perlonstrümpfen, Schuh- und Kleiderbürsten, Briefumschlägen und Glühbirnen handeln und dafür Mehl, Schinken, Wurst und Eier erhalten. Wer keinen Bedarf an meinen Waren hat, gibt mir wenigstens eine Scheibe Brot. Ein Tag reicht erfahrungsgemäß aus, um alles Mitgebrachte loszuwerden und Rucksack und Tasche voll zu bekommen.

Woher hatte ich das Geld, um mit der Bahn von Suhl an die Grenze und zurück zu fahren, und wovon konnte ich die Tauschwaren bezahlen? Es gab da einen Kreislauf. Wir sammelten Beeren und Pilze und verkauften sie zum Teil, wir versahen vielerlei Hilfsdienste für fremde Leute und verdienten dabei ein paar Mark, da gab es die Laufstelle, die etwas Geld einbrachte, unsere Mutter nähte, putzte, wusch für andere und bekam neben Naturalien auch Geld. Nun könnte man denken, dass wir von diesem bisschen Geld Lebensmittel hätten einkaufen können. Aber man erhielt diese ja nur auf Lebensmittelkartenbasis, und das reichte absolut nicht aus. Die ab 1948 geschaffene Handelsorganisation, in der es Waren ohne Lebensmittelkarten zu kaufen gab, verlangte für alles, insbesondere für Esswaren, stark überhöhte Preise; dort einzukaufen, konnten wir uns partout nicht leisten. Also besorgten wir uns erschwingliche Tauschgegenstände wie Bürsten und so weiter. Noch als Dreizehnjähriger fuhr ich mit dem Zug verbilligt als vorgeblich Zehnjähriger; die Fahrkartenpreise waren zudem sehr niedrig. Für die Tauschwaren erhielt ich im Westen wesentlich mehr Lebensmittel, als wir im Osten für das „erwirtschaftete" Geld hätten bekommen können, oder – nach der Währungsreform – Westgeld, mit dem ich die im Westen relativ billigen Esswaren kaufen konnte. So schloss sich der Kreislauf.

Unsere Grenzgänge waren reich an Erlebnissen. Meine Mutter hatte eine große Tasche mit Doppelboden genäht. Zwischen die Böden versteckte ich die Ware. Würde ich im Westen erwischt und müsste meine Tasche vorzeigen, brauchte ich nur darauf zu achten, dass kein Grenzer sie in die Hände bekäme. Am Gewicht würde er ja erkennen, dass darin irgendwo irgendwas versteckt war.

In Irmelshausen werden wir tatsächlich mal wieder von Westgrenzern erwischt, auch diesmal müssen wir zu ihrem Standort mitgehen. Dort zeige ich meine „leere" Tasche vor und lege sie auf eine Pritsche, dann öffne ich meinen Rucksack, darin sind ein paar Brotscheiben und noch einige andere Lebensmittel. Die rühren sie nicht an. Aber meinem Kamerad Rüdiger, der seine Tauschwaren nicht versteckt hat, nehmen sie die mitgebrachten Utensilien ab.

Bevor ich es verhindern kann, nimmt einer der Grenzer meine auf der Pritsche abgelegte Tasche auf, um sie mir zurückzugeben, und merkt dabei, dass sie relativ schwer ist. Er schüttelt sie, es klappert, er schaut hinein, sieht aber nichts, greift mit einer Hand von unten an die Tasche und merkt, dass da was darin sein muss, kurz: Der Schwindel fliegt auf. Nun nehmen sie kopfschüttelnd auch mir alle meine Waren ab. Schließlich schicken sie uns mit der Warnung, uns nicht wieder blicken zu lassen, an die Grenze zurück, wir aber kratzen irgendwo wieder die Kurve, um in Aubstadt Brot zu erbetteln. Es hatte sich ja „ausgehandelt".

Einmal gehen mein Bruder und ich mitten im Winter bei tiefem Schnee nachts über die Grenze. Da wir Wege und Straßen meiden müssen, stapfen wir durch

Wälder und über Felder durch den Schnee. Wir kommen kaum voran. Matsch und Schnee sammeln sich an unseren Schuhen und in unseren langen Hosen an, mir platzt eine Hosennaht der Länge nach von unten bis oben auf. Es ist kalt, aber infolge der Anstrengung schwitzen wir eher.

Nach etwa 15 Kilometern Marsch, wozu wir fünf Stunden, also viel mehr Zeit als gewöhnlich brauchen, kommen wir völlig erschöpft in Aubstadt an. Aubstadt ist relativ grenzfern, wir kennen dort inzwischen eine Bauernfamilie, die uns sicher auch in der Nacht freundlich aufnehmen wird. Das Haus ist ganz und gar dunkel, wir klopfen dennoch an die Tür. Wir werden eingelassen, ziehen Schuhe und Hosen aus und stellen sie an den warmen Kachelofen in der Wohnstube. Ich schlafe auf der Ofenbank, mein Bruder auf der Sitzbank am Ecktisch. Es ist weit nach Mitternacht. Wir schlafen sofort ein. Am Morgen sind unsere Sachen einigermaßen trocken. Die Bäuerin näht die aufgeplatzte Hose, während wir frühstücken.

Der Tauschhandel kann losgehen. Nach erfolgreichem Abschluss unserer „Geschäfte“ brechen wir abends in Richtung Grenze auf, überqueren sie im tiefen Schnee, steuern das uns bekannte Haus in Wolfmannshausen an, das wir glücklich, wenn auch mühsam, am späten Abend erreichen. Auch hier werden wir freundlich aufgenommen. Wir schlafen in der warmen Wohnstube. Die Leute haben uns den Wecker auf fünf Uhr gestellt. Immer noch sehr müde, stehen wir, als der Wecker klingelt, auf, gehen zu der etwas entfernten Bahnstation und mischen uns unter die Wartenden. Noch vor Schulbeginn kommen wir zu Hause an. Wir haben nur einen Tag Schule versäumt. Mein Bruder hat von der Strapaze die Nase voll und sagt: „Nie wieder!“

Eine Bauernfamilie hat mir ein Stück Schinken für Verwandte in Zella-Mehlis mitgegeben. Am Nachmittag nach der Schule fahre ich mit dem Zug die sieben Kilometer nach Zella, laufe zwei, drei Kilometer nach Mehlis, werde unterwegs von einer Schneedachlawine in die wasserführende Gosse gestoßen, aus der ich mich völlig durchnässt und erschrocken erhebe, ohne ansonsten größeren Schaden genommen zu haben, und gelange endlich zu der Zielfamilie, der ich den Schinken übergebe.

Während meine Kleidung getrocknet wird, erzähle ich meine Erlebnisse. Die Frau will von mir hören, was mich zu den Grenzgängen bewegt. Als sie hört, dass man vor kurzem erst unsern Vater verhaftet und danach noch einen Teil unserer Möbel abgeholt hat, lässt sie sich die Möbelstücke beschreiben. Wenige Tage zuvor, sagt sie, habe sie nämlich beobachtet, wie schräg gegenüber Möbel angeliefert worden seien. Aufgrund meiner Beschreibung kommt sie zu der Erkenntnis, dass es sich exakt um eben diese von mir beschriebenen Möbel handelte. So erfahre ich, wo sie gelandet sind: bei deutschen Kommunisten in Zella-Mehlis.

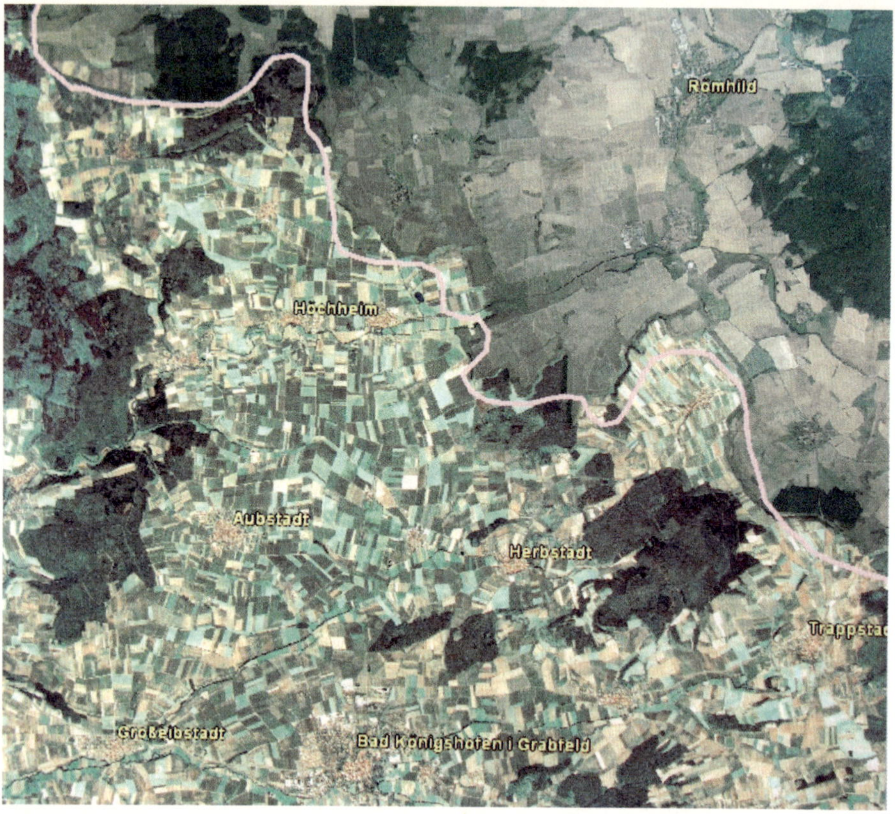

Bild 46 Grenze zwischen Ost- und Westdeutschland vor der Wende 1989
zwischen Römhild im „Osten" und (Bad) Königshofen im „Westen"

Wieder einmal war ich mit Rüdiger nachts unterwegs. In der Nähe der Grenze stoßen wir auf einmal auf im Gras grün leuchtende Pünktchen. Sie sind in einer unregelmäßigen Reihe angeordnet. Wir halten es für möglich, dass es sich um einen elektrischen Warndraht mit kleinen leuchtenden Lämpchen handelt und haben Angst, mit den Leuchtpunkten in Berührung zu kommen. Ich warne Rüdiger: „Fass es nicht an! Pass auf, geh nicht so dicht heran! Es könnte gefährlich sein." Mit gehörigem Anlauf und Respekt überspringen wir die Stelle, die wir für eine Falle halten, und laufen ins nächste Westdorf. Den Rest der Nacht verbringen wir in einer Scheune.

Am nächsten Morgen klären uns Bauersleute auf: Es kann sich nur um Glühwürmchen gehandelt haben. Glühwürmchen hatten bisher nicht zum Biologieunterricht gehört, oder da habe ich gerade in der Schule gefehlt.

Ein andermal überqueren Rüdiger und ich abends bei starkem Regen die Grenze. Vor Rothausen halten uns zwei Westgrenzer an und leuchten mit einer Taschenlampe in unsere Gesichter. Sie sagen uns, was sie sagen müssen: „Geht in den Osten zurück!" Wir kehren um, laufen bis zum Wald und legen uns dort unter einen Baum, der den Regen abhält. Aber es ist kalt, wir zittern vor Kälte, an Schlaf ist nicht zu denken. Vielmehr denken wir, dass eigentlich auch die Grenzer das Wetter für unangenehm halten müssten und dass sie sich sicherlich in ihre warme Wache begeben haben.

Also brechen wir wieder auf und laufen erneut schnurstracks auf Rothausen zu. Am Eingang des Ortes befinden sich ein paar mehrere Meter hohe nasse Strohdiemen. Mit viel Mühe kraxeln wir, uns gegenseitig helfend, auf eine von ihnen hoch, aber kaum sind wir oben, rutschen wir in ein tiefes Loch inmitten der Dieme, es war für uns ein richtiges molliges Nest. Wir decken uns mit Stroh zu und schlafen auch gleich ein.

Ich weiß nicht, wie lange ich geschlafen habe, als ich durch ein Rascheln an unserer Dieme aufwache. Ich wecke vorsichtig Rüdiger, und wir harren der Dinge. Dann hören wir leise Stimmen. Jemand klettert die Dieme hoch. Und auf einmal trifft uns der Strahl einer Taschenlampe. Beinahe wäre der Grenzer in das Loch auf uns drauf gerutscht. „Nanu, wer ist denn da? Ihr seid es schon wieder! Es ist aber doch die Höhe!“, ruft er verblüfft. Mittlerweile ist auch der zweite Grenzer oben angekommen. „Es ist die Höhe!“, ruft auch er völlig perplex aus. Wir haben ihnen für diese Nacht die Schlafstatt streitig gemacht und rühren uns nicht. Vielmehr hoffen wir, nicht wieder weggeschickt zu werden. Die beiden Grenzer zeigen Einsicht und sagen nur noch: „Lasst euch morgen früh bloß nicht im Dorf blicken!“ Dann ziehen sie ab.

Am frühen Morgen schleichen wir um das Dorf herum und laufen nach Aubstadt. Die Grenzer hatten uns eine Chance gegeben, und wir haben die beiden nicht noch einmal in Verlegenheit gebracht.

Bei der Heimkehr bleiben wir einmal im geheizten Zug aus Römhild in Rentwertshausen sitzen, um auf den Zug nach Meiningen zu warten. Auf einmal fährt der Zug los. Weil wir glauben, dass es zurück nach Römhild geht, stürzen wir, ich und hinter mir Rüdiger, zum Ausgang des Wagens, ich springe in Fahrtrichtung des Zuges ab, taumele, falle auf den Bahnsteig, haarscharf an einem Mast vorbei, dabei überschlage ich mich, der Rucksack fällt über mich hinweg, die Tasche macht sich selbständig.

Ich sehe noch das angstverzerrte Gesicht von Rüdiger, er traut sich nicht, mir hinterherzuspringen – schließlich ist ja der Zug inzwischen schneller geworden.

Mir ist weiter nichts passiert. Ein Bahnschaffner sagt mir, dass der Zug lediglich wegen der Reinigung aus dem Bahnsteig herausgefahren ist und in etwa einer halben Stunde wieder zurückkommt. Ich bin beruhigt, denn wir werden nun den Zug nach Meiningen nicht versäumen. Eine halbe Stunde später fährt der gereinigte Zug tatsächlich wieder ein, Rüdiger grinst mir zu. Er hat die ganze Zeit im warmen Zug verbracht, während ich auf dem kalten Bahnsteig ausgeharrt habe. So wird Mut manchmal (nicht) honoriert.

Kinderleben in der DDR

Meine Kindheit bis 1951

„Auferstanden aus Ruinen“, wurde Ostdeutschland am 7. Oktober 1949 zur Deutschen Demokratischen Republik (DDR) „als erstem wahrhaft demokratischen und friedliebenden, einzig rechtmäßigen Staat auf deutschem Boden“ gekürt, „nachdem die Feinde der deutschen Nation, die deutschen und ausländischen Imperialisten, mit Gründung eines westdeutschen Separatstaates die Spaltung Deutschlands vollendet hatten“ (wie es in einem ostdeutschen Lexikon aus dem Jahr 1957 heißt[49]). Vieles von dem, was vorher in Russenhand gelegen hatte, ging nun allmählich in die Hände der deutschen Sozis beziehungsweise Kommunisten über.

Für unsere Familie änderte sich nichts. Nach wie vor ging es uns schlecht. Wir wussten nichts über das Schicksal unseres Vaters. Die Sorge ums Überleben hielt unverändert an. Die Zeit meiner Grenzgänge erreichte ihren Höhepunkt.

Alle Schüler, so auch ich, wurden Junge Pioniere, kurz JP. Wahrscheinlich wäre ich im Dritten Reich auf ähnliche Weise Pimpf geworden und hätte damit zum so genannten Jungvolk gehört mit dem Unterschied, dass ich mangels negativer Erfahrungen möglicherweise Pimpf mit Begeisterung gewesen wäre, was für den Jungen Pionier absolut nicht galt.

Neben der Schule war ich vor allem mit Anschaffen von Geld und Essen, meinem Beitrag zum Erhalt der Familie, befasst und hatte deshalb kaum Zeit zum Fußballspielen, was ich sehr bedauerte. Während meine Kameraden sommers ins Schwimmbad gingen und winters im Thüringer Wald Ski fuhren, schwitzte oder fror ich auf den oft langen Wegen meiner Laufstelle. So lernte ich erst viel später schwimmen und nie Ski fahren. Einziges Wintervergnügen war Schnee schippen vor dem Häusle und Schlitten fahren auf der Jungswiese. Ich beneidete meine Kameraden, aber ich war nicht unglücklich.

Die Jungswiese am Hang des Dombergs war wellig. Raste man von oben mit dem Schlitten hinunter, machte dieser bei jeder Welle einen Riesensatz. Kam man mit zu viel Schwung unten an, fuhr man gegen den Zaun. Aber der Zaun war alt und brüchig, zum Teil fehlten die Latten, und wenn man Pech hatte, landete man an einer Stelle ohne Latte und geriet mit der Hand in einen zurückgebliebenen kopflosen rostigen Nagel, was mir einmal passierte. Das Loch im Handballen war tief und zunächst blutleer, aber rasch trat Blut hervor, und noch lange danach eiterte die Wunde.

Mangels geeigneter Spielplätze sandelten wir im Nachschubsand der Mulden unter den Steinbrückenbögen am Bahndamm. Wie unter Jungen unseres Alters üblich, übten wir uns im Weitwerfen, Weitspucken und Weitpinkeln. Es wurden

[49] WAHRIG 1957: 365

regelrechte Wettbewerbe nach dem Motto „Wer kann am weitesten ...?“ ausgetragen. Wir stromerten in der Gegend umher und waren auf Abenteuer aus.

Wir machten auch allerlei Blödsinn. Angestachelt von Älteren, kippte ich auf dem nahen Bauhof am Herrenteich ein Fass mit frischem Teer um. Irgendeiner hat mich dann denunziert, und ich wurde auf die Polizei zitiert. Dort verwies ich auf die Älteren, die mich angestiftet hätten.

Für mich hatte das keine weiteren Folgen. Eingeschüchtert war ich dennoch durch die zwei Erfahrungen: zunächst bedenkenlos der Anstiftung durch die Älteren gefolgt zu sein und dann noch von ihnen verraten worden zu sein.

Wir Kinder hatten eine Geheimsprache. „Hatlefas dutlefu datlefa mitlefit watlefas zutlefu tutlefun gehablefat?“ Das hieß: „Hast du damit was zu tun gehabt?“ Oder: „Waslefeh machlefeh wirlefeh mitlefeh ihmlefeh?“ Das hieß: „Was machen wir mit ihm?“ Das bereitete uns Spaß, und man konnte damit gefangene Mitglieder von anderen Banden, gegen die man „Krieg“ führte, im Unklaren darüber lassen, wie man über sie beriet, oder Erwachsene austricksen. Waren wir einmal eines „Feindes“ habhaft geworden, so banden wir ihn an einen Baum, ohne Mitleid zu zeigen, wenn die Ameisen, statt weiter am Baumstamm entlangzukrabbeln, ihren Weg über seinen Körper wählten.

An Klassenfahrten und -ausflügen teilzunehmen war mir nur möglich, wenn ich einen Freiplatz im Bus oder Zug bekam. Auf diese Weise konnte ich mit nach Erfurt zur Dombesichtigung und nach Jena zum Tiergarten und zum Planetarium fahren.

Auch Theaterbesuche in Meiningen wurden mir so ermöglicht, in Erinnerung ist mir „Zar und Zimmermann“ geblieben. Fand ein Rummel auf dem benachbarten Turnhallenplatz oder in der Aue statt, schaute ich zumeist zu, vielleicht konnte ich gerade einmal Karussell fahren, zu mehr reichte es nicht. Der Beutel war leer, falsch, ich hatte und brauchte auch gar keine Geldbörse, denn wo nichts ist, hat der Kaiser sein Recht, der Karussellbetreiber seine Chance und der Beutel seine Daseinsberechtigung verloren. Insofern war ich immer Außenseiter.

Bild 47
Suhl: Blick auf die Aspen-Turnhalle und die Kreuzkirche

Auf einem billigen Instrument lernte ich Zither spielen.

Zitherspiel on lust'ge Lieder
Hürt me foast aus jeden Haus.[50]

In ihrer Kindheit hatte Mutter das Zitherspiel erlernen wollen, aber da starb gerade ihr Pflegevater. Nichts war's damit. Aber jetzt regte sie an, dass *ich* spielte. Und ich spielte gerne und lernte schnell. Sie hörte mir beim Üben zu, während sie im Wohnzimmer schneiderte.

Nach etwa drei Jahren Ausbildung spielte ich im Suhler Zitherorchester mit. Die Proben fanden im Schwarzen Walfisch in der Herrenstraße statt.

Bruder Wolfgang und Schwester Edeltraud lernten – ebenfalls auf einem alten, billigen Instrument – Geige, ersterer mit gutem Erfolg, doch stellte er den Geigenkasten lieber hinter den Baum, statt in die Geigenstunde zu gehen, und spielte Fußball, bis eines Tages der Geigenlehrer bei Mutter aufkreuzte und fragte, was denn mit Wolfgang sei.

Als meine Geschwister mit dem Geigenunterricht aufhörten, fing *ich* mit der Geige an. Wir hatten eine Katze, die uns zugelaufen und sehr anhänglich war (und übrigens auch nützlich, denn wir hatten Mäusle im Häusle). Wenn ich zum Geigenunterricht in die Stadt ging, folgte sie mir manchmal bis zum Haus des Geigenlehrers hinter dem Marktplatz. Sie fand den Weg nach Hause alleine zurück. Eines Tages wurde sie leider überfahren. Da stellten wir eine Mausefalle auf.

Den Unterricht bekam ich mangels Masse zeitweise umsonst. Was umsonst ist, wird oft nicht geschätzt. Das Üben machte mir keinen rechten Spaß. Oft genug kam es vor, dass mein Lehrer, während ich vorspielte, einschlief. Mit meinem Spiel konnte ich ihn offenbar nicht wach halten. Meinem Geigenlehrer muss ich allerdings hoch anrechnen, dass er mir seine Bratsche zur Verfügung stellte und mich auch im Bratschenspiel unterrichtete. Zwei Jahre später trat ich dem Schulorchester der Oberschule bei.

Mutter regte auch an, dass ich mich mit dem Sammeln von Briefmarken beschäftigte. Sie kannte auf dem Lautenberg jemand, der dieses Hobby pflegte und der mich in das Sammeln einführen konnte. Also pilgerte ich, wenn es die Zeit gestattete – meist am Sonntagmorgen –, zu diesem Bekannten, der mir nicht nur Briefmarken schenkte, sondern auch zeigte, wie man Briefmarken mit Lupe und Pinzette behandelt. Seine Sammelleidenschaft ging so weit, dass er sich Marken aus aller Herren Länder schicken ließ. Offenbar besaß er einige Sprachkenntnisse, weshalb ich ihn bewunderte. Noch heute werfe ich keine Briefmarken weg, ich hebe sie auf, löse sie ab und ordne sie.

Was mein Verhältnis zu Mutter generell anlangt, muss ich sagen, dass ich fast immer alles, sei es aus Anerkennung ihrer Autorität, sei es aus Einsicht in die Notwendigkeit, sei es aus Eigeninteresse oder aus Mitleid, gemacht habe, was sie

[50] JULIUS KOBER 1963: Ueber Suhl, doe gähtt doch niß

verlangte oder anregte. Ob es um das Sammeln von Beeren und Pilzen ging, um Hausarbeiten, um die Beschaffung von Holz und Kohle, um Hilfe oder Nachhilfe für andere, ums Hamstern, um Zither- und Geigenspiel, um das Sammeln von Briefmarken, ja um die Teilnahme an Gottesdiensten, die mich langweilten, oder um das Töten neugeborener Kätzchen, die ich von der Brücke in die Lauter werfen sollte („Ich kann es nicht", sagte sie flehenden Blickes), ich machte praktisch immer alles mit.

Eine Ausnahme bestand darin, dass ich nicht gleich folgte, wenn sie uns abends, wenn wir draußen mitten im Spiel waren, hereinrief.

Erst mit 18 Jahren löste ich mich von ihr, aber auch das hatte sie letztlich bei aller Sorge um mein Wohlergehen und mein Schicksal im Interesse meines fachlichen und sozialen Aufstiegs gewollt.

War ich damals eigentlich ein Kind oder ein kleiner Erwachsener, der in einem gewissen Maß die Vaterrolle zu übernehmen und die Familie mit durchzubringen hatte? Gewiss, ich musste einen ordentlichen Beitrag zum Erhalt der Familie leisten, schon in jungen Jahren erfuhr ich den Ernst des Lebens, für mich selber hatte ich wenig Zeit. Aber war ich darüber unglücklich? Lebte ich an meiner Kindheit sozusagen vorbei? Bedauerte ich mein Schicksal? Nein, wenn ich mich recht rückerinnere, kann ich aus guten Gründen sagen, dass es nicht so war. Einerseits machte ich vieles aus eigenem Antrieb. Andererseits hatte ich doch auch begrenzte Freiräume, die ich für mich persönlich nutzen konnte. Ich erfuhr das Leben nicht nur von der ernsten Seite her, es gab trotz allem auch andere Facetten, es gab viele fröhliche Momente, lustige Situationen und erquickliche Stunden, in denen ich ganz Kind war. Ich hatte Spaß am Spiel, am Lesen von Büchern, am Musizieren mit der Zither, am Zusammensein mit Freunden und Kameraden, an der Teilnahme an Festivitäten.

Jährliches Suhler Hauptfest war die „Pfingsthütte". Im großen Kreis tanzten Kinder um einen festlich geschmückten Maibaum herum, den Erwachsene auf vielen Suhler Plätzen in allen Stadtteilen tags zuvor aufgestellt hatten. In die Mitte begab sich „als Bauer" ein Junge, und man sang: „Es fuhr ein Bauer ins Holz, es fuhr ein Bauer ins Kirmsenholz, juchheisa viva Kirmsenholz, es fuhr ein Bauer ins Holz." Der Bauer nahm sich ein Weib, das heißt er holte sich ein Mädchen aus dem Kreis der um den Maibaum Herumtanzenden, beide „setzten sich zur Erd'" und klopften sich, auf ein Knie gestützt, im Rhythmus der Musik mit einer Hand wechselseitig die Schulter. Dann nahm sich das Weib aus dem Kreis ein Kind (das durch Schulterklopfen symbolisch gezeugt worden war?), das Kind eine Amme, die Amme eine Magd, die Magd einen Knecht, der dann wieder als neuer Bauer ins Holz fuhr, und das Ganze begann von vorn, bis durch das Erscheinen der Clowns, wir sagten „Klöne", dem Treiben Einhalt geboten wurde und alles um den Maibaum herum mit Gekreisch auseinanderstob und auf den umstehenden Bänken Platz suchte.

Die Klöne, nachmittags verkleidete, maskierte Jugendliche – abends übernahmen Erwachsene diese Rolle – führten lustige Sketche auf und verschwanden nach jedem Auftritt wieder in ihrer Umkleide, das war beispielsweise so ein Winkel zwischen benachbarten Häusern. Und wieder „fuhr ein Bauer ins Holz". Das Spiel zog sich stundenlang hin und zog uns alle an.

In Erinnerung ist mir der folgende Sketch unserer Aspenpfingsthütte geblieben: Ein Bauer begibt sich zu seinem Doktor und macht verlegen Anstalten, etwas zu sagen. Der Doktor, der sich mit irgendwelchen Unterlagen befasst oder die Zeitung liest, blickt ihn nur kurz an und sagt: „Ausziehn!" Brav entledigt sich der Bauer seiner Jacke, bevor er wieder versucht, dem Doktor etwas mitzuteilen: „Aber Herr Doktor, ..." Der Doktor lässt ihn nicht weiter zu Wort kommen und befiehlt ihm streng: „Ausziehn!" Nun zieht der Bauer seine Hose aus, und das Spiel setzt sich fort. Natürlich ist der Bauer ordentlich dick und noch dazu kunterbunt angezogen, so dass es eine Weile dauert, bis er unter dem Lachen der Zuschauer in der Unterhose dasteht. Erst in diesem Moment wendet sich der Doktor dem Bauern zu und schaut ihn, über seine Lesebrille blickend, fragend an. Und der fast nackte Bauer sagt ganz verzweifelt mit kläglicher Stimme: „Aber Herr Doktor, ich wollte doch nur fragen, ob Sie dieses Jahr wieder Kartoffeln haben wollen." Und beide – der Bauer mit all seiner Kleidung unterm Arm – eilen unter dem Gejohle der Zuschauer zurück in ihren Winkel.

Ein anderer Sketch beruhte auf einer Anleihe aus Wilhelm Buschs „Max und Moritz". Die beiden Lausbuben ärgern den Meister Böck mit „Schneider, Schneider, meck, meck, meck", bis dieser sie über eine Holzbrücke verfolgt, die die zwei zuvor angesägt haben. Prompt fällt der Schneider von der krachenden Brücke ins Wasser des Bachs. Um diesen Sketch aufzuführen, musste man natürlich einiges Busch-konform simulieren: Als Bach hielt eine mit Wasser gefüllte blecherne Badewanne her und als Brücke ein darüber gelegtes Brett. Der Schneider musste also mit einem unfreiwilligen Bad in einer knappen Badewanne anstelle eines Bades in einem vergleichsweise komfortablen Bach vorliebnehmen. Das aber tat dem Spaß der Zuschauer keinen Abbruch.

Auch das Einseifen eines Kunden durch den Friseur und das Anzünden einer Zeitung, die gerade einer las, lösten eine Gaudi aus.

An den Abenden führten, wie gesagt, Erwachsene Spiele vor. Der Platz war dann jedesmal rammelvoll, weil nun auch noch mehr Erwachsene zuschauten. Einer der Sketche bestand darin, dass zwei auf alt getrimmte, schwarz gekleidete und verschleierte, mit den gleichen Accessoires ausgestattete, auf Schwerhörigkeit programmierte Frauen Rücken an Rücken auf Stühlen saßen und zunächst einander nicht sahen. Schließlich wurde die eine die andere gewahr. Sie drehte sich nach ihr um und druckste eine Weile rum, bis sie sie schließlich ansprach.

Der Dialog der beiden ging etwa folgendermaßen vonstatten[51]:

Pause.

Frau A: „Wie hääßt'n du?“

Frau B: „Booas?“

Frau A, etwas lauter: „Wie du hääßt!“

Frau B: „Miine.“

Frau A: „Booas?“

Frau B, etwas lauter: „Miiine!“

Frau A, erstaunt: „Miiine? Iich häß aa Miine.“

Pause.

Die Frauen, jede kopfschüttelnd für sich, aber zugleich: „Komisch, baede hääße mer Miine un kenne uns net.“

Pause.

Frau A: „Boas hoast'n du doa?“

Frau B: „Booas?“

Frau A, lauter: „Boas das was du doa hoast!“

Frau B: „'n Paraplü.“ (Paraplü = „Rääschärm“)

Frau A: „Booas?“

Frau B, lauter: „'n Paraplü.“

Frau A, indem sie ihren Paraplü zeigt: „Iich aa.“

Pause.

Beide Frauen zugleich: „Komisch, baede hääße mer Miine, baede hammer 'n Paraplü un kenne uns net.“

Pause.

Und so geht es weiter. Sie haben jeweils auch einen Pompadour und weitere gleiche Sachen. Sie kommen darauf zu sprechen, dass sie beide um ihre verstorbenen Männer trauern, die auch noch den gleichen Namen tragen. Immer wieder finden sie es komisch, dass sie sich trotz der vielen Gemeinsamkeiten nicht kennen. Der mit „komisch“ beginnende Satz wird durch die Aufzählung der gemeinsamen Dinge und Eigenschaften immer länger. Der Gag besteht nun darin, dass sie auf einmal erkennen, dass es derselbe Mann ist, um den sie trauern. Da springen sie mit einer Geschwindigkeit, die man ihnen gar nicht zugetraut hätte, von ihren Stühlen auf, und laufen unter dem Gejohle der Zuschauer in verschiedene Richtungen davon.

An den Vorbereitungen, der Durchführung und den Nachbereitungen unserer Aspenpfingsthütte (auf dem Platz, wo die Kleine Kelberstraße auf die Große Kelberstraße traf – meistens trifft was Kleines auf was Großes, nicht umgekehrt, Ausnahme sind zum Beispiel Lauter und Hasel) war ich aktiv beteiligt. Zur Finanzierung der Festivität, insbesondere der Fichten- oder Birkenbäumchen

[51] Zur Aussprache von oa: langezogenes offenes o.

zwischen den Bänken, des Schmucks für Maibaum und Bäumchen und sonstiger Dinge – Girlanden, Papier für Rosen und so weiter –, sammelte ich im Verein mit anderen Kindern Geld im umliegenden Viertel, das den Bereich zwischen Aue(n)- und Mühltorstraße umfasste, und verwaltete die Kasse. Das alles ging ganz geordnet zu, das heißt unter Berücksichtigung buchhalterischer Gesichtspunkte, die ich von einem meiner Vorgänger gelernt hatte. Jeden Spender trug ich zusammen mit dem gespendeten Betrag in eine Liste ein, und jeder setzte seine Unterschrift dazu. Auf diese Weise konnte nicht gemauschelt werden.

Ich half Bänke, das heißt Bohlen auf Pfählen, und Bäumchen aufstellen, eine schwere Arbeit, denn der Boden, in dem sie verankert werden mussten, war außerordentlich hart und musste mit großen, schweren Pickeln aufgehackt werden – dabei stieß ich übrigens nie auf eine keltische noch sonstige Sohle. Ich half beim Getränkeverkauf und war auch sonst für dies und das verantwortlich. Als Clown trat ich allerdings nie auf. Ein Akkordeonspieler oder eine kleine Kapelle sorgte für die Musik.

Das Fest ging über drei Tage, Sonnabend, Pfingstsonntag und Pfingstmontag, an jedem Tag begann es um 14 Uhr und zog sich bis in den Abend hinein hin. Am letzten Tag veranstaltete jede der Pfingsthütten einen großen Maskenumzug in der Stadt, und noch lange danach wurde diskutiert, wer diesmal wohl den schönsten Umzug auf die Beine gestellt hatte. Unsere Aspenpfingsthütte schnitt eigentlich immer gut ab, doch auch die anderen strengten sich an. Die Liliplatzpfingsthütte war zwar räumlich klein, aber fein. Die Pfingsthütte am Plan war groß und famos.

Wir haben in Suhl als Kinder ein Spiel gespielt, das ich nirgends sonst habe spielen sehen: „Kipperles". Dazu braucht man lediglich zwei Stückchen Holz: ein kleines, wenige Zentimeter dickes, handlanges Rundholz, das an beiden Enden angespitzt ist, und einen etwa 50 Zentimeter langen Knüppel, mit dem man auf eines der Enden schlagen kann. Man legt zunächst das Rundholz, den „Kipper", so auf eine Steinstufe – etwa vor einer Haustür –, dass ungefähr ein Drittel über deren Kante hinausragt. Darauf schlägt man dann mit dem Knüppel derart, dass der Kipper davonfliegt. Während des Fluges kann man ihn, wenn man es geschickt anstellt, durch einen Zusatzschlag mit dem Knüppel möglichst weit befördern. Ist er auf dem Boden angekommen, schlägt man auf eines der Enden, so dass er hoch springt. Auch jetzt kann man seinen Flug wieder mit Hilfe eines Knüppelschlags verlängern. Je weiter man damit im Wettbewerb mit Spielkameraden kommt, desto besser hat man abgeschnitten und umso länger ist man an der Reihe. Abstände vom Ausgangspunkt misst man in Schritt- oder Fußlängen.

Dieses Spiel, dessen Utensilien wir von eigener Hand ohne Kosten herstellen konnten, hat uns immer viel Spaß bereitet. Für zufällig vorbeigehende Passanten konnte der fliegende Kipper allerdings gefährlich werden.

Mit Passanten stellten wir folgenden Streich an. Wir legten eine (leere) Geldbörse – wir sagten eher Portemonnaie –, an der ein einige Meter langer, kaum sichtbarer Bindfaden befestigt war, auf die Straße und versteckten uns mit dem anderen Ende des Fadens hinter einer Haus- oder Hoftür. Kam jemand vorüber und bückte sich nach der Börse, dann zogen wir sie am Faden zu uns her, so dass er ins Leere griff. Die meisten, die wir so gelackmeiert haben, verstanden diesen harmlosen Scherz. Auf solche Weise vertrieben wir uns die Zeit.

Unter uns Kindern war auch das „Spiel“ mit Kletten und Hagebutten beliebt. Die Kletten, mit denen wir uns gegenseitig bewarfen, blieben, wenn sie das Haar trafen, zäh hängen, und es bildeten sich Wichsel, die nur mit Mühe oder einer Schere herauszulösen waren; die Hagebutten halbierten wir und steckten die Hälften mit den behaarten Kernen anderen von hinten ins Hemd, wo es dann unangenehm juckte. Es traf vor allem die Mädchen, die das gar nicht lustig fanden. Auch Knallerbsen gehörten zu unserm Waffenrepertoire. Wir ließen Springkraut springen, fischten Kaulquappen, deren Entwicklung zu kleinen Fröschen wir beobachteten, schnitzten kunstvoll Muster in die Rinde von Stöcken aus Zweigen und dünnen Ästen, lasen Kastanien auf, die wir mit Steinen oder Knüppeln von den hohen Bäumen schossen und die wir mittels verbrauchten Streichhölzern – Streichhölzer waren Mangelware – zu Mensch- und Tierfiguren zusammensetzten, sammelten Maikäfer in alten, durchlöcherten, mit frischen Weißbuchenblättern gefüllten Tabakschachteln, tauschten untereinander deren Varietäten Kaiser, Müller, Schornsteinfeger, zählten die Pumpvorgänge, die sie benötigten, um starten zu können, bastelten Drachen, die wir im Wind möglichst hoch fliegen ließen, und „telefonierten“ von Baum zu Baum über lange, straff gespannte Schnüre, deren Enden in die Mitte von Membranen geknotet waren, die den Deckel runder, bodenloser, als Schallmuschel dienender Schachteln bildeten, wir bastelten Katapulte und Pfeil und Bogen und übten uns im Zielschießen. Alle diese Beschäftigungen kosteten kein Geld und machten uns dennoch – oder vielleicht gerade deshalb – Spaß.

Zu Hause spielten wir Karten, zumeist Rommé, Halma, Mensch-ärgere-dich-nicht und Mühle und Dame, lasen Märchen, Wilhelm Busch, den Struwwelpeter, Jules Vernes, halt das Übliche.

In einer größeren Runde spielten wir gern auch „Er – sie – trafen sich wo“. Dazu braucht man für jeden Teilnehmer einen Zettel mit folgenden Fragen, die in je einer Zeile, auf die als Platzhalter für die Antwort eine Leerzeile folgt, untergebracht sind: 1. Er? (hier ist der Name irgendeiner männlichen Person einzutragen, eines Anwesenden oder Bekannten oder Prominenten), 2. Sie? (entsprechender Eintrag des Namens einer weiblichen Person), 3. Wo trafen sie sich? (Eintrag irgendeines möglichst interessanten Ortes), 4. Was sagte er? (eine möglichst lustige Aussage), 5. Was sagte sie? (ebenfalls eine lustige Aussage), 6. Wohin gingen sie dann? (ein anderer spannender Ort), 7. Wen trafen sie dort? (irgend einen Dritten), 8. Was taten sie da? (irgendwas zum Lachen), 9. Warum taten sie das? (eine lustige Begründung), 10. Und was sagten sie nachher aus?

(lustige Schlussaussage). Jeder Teilnehmer trägt unter 1. einen Namen ein und faltet das Blatt so, dass seine Antwort überdeckt, die 2. Frage aber noch zu lesen ist. Nun geben alle den Zettel an den jeweils linken (oder rechten) Teilnehmer – also im oder gegen den Uhrzeigersinn – weiter, der auf die 2. Frage eine Antwort einträgt, die wiederum durch Überfaltung abgedeckt wird. Wiederum wird der Zettel nach rechts (beziehungsweise links) weitergegeben und so fort, bis alle Fragen von der Runde beantwortet sind. Keiner weiß, was der Vorgänger jeweils geschrieben hat. Die ausgefüllten Zettel werden untereinander ausgetauscht.

Der eigentliche Spaß beginnt nun, wenn jeder den zuletzt erhaltenen Zettel entfaltet und einer nach dem andern der Runde die Einträge auf seinem Zettel der Reihe nach vorliest. Bei diesem Spiel, das sich beliebig wiederholen lässt, können die quatschigsten Geschichten herauskommen, beispielsweise: Der Weihnachtsmann und Frau Holle trafen sich im tiefen, dunklen Wald, er sagte: ich habe kalte Füße, sie antwortete: ach, mir ist so wunderbar. Sie gingen ins Kino, wo sie den Schornsteinfeger trafen, sie liebkosten sich, weil ihnen nichts Besseres einfiel, und dann sagten sie zum Schluss: schön war die Zeit.

Das waren die Spiele meiner Kindheit. Später kamen Skat, Sechsundsechzig, Schafskopf, Doppelkopf und Schach dazu.

Die Schule bereitete mir mit einer Ausnahme keine Schwierigkeiten. Aufsätze zu schreiben, fiel mir am Anfang schwer, aber als mich Mutter auf den Trichter brachte, da hatte ich es auf einmal raus, und ich schrieb freiwillig einen Aufsatz nach dem andern.

Ich war nicht immer ganz brav in der Schule. Einmal zog mich ein Lehrer – ich weiß nicht mehr warum – an den Backen hoch, wobei er sie noch spiegelsymmetrisch zueinander drehte, das habe ich bis heute nicht vergessen. Ich werde schon irgendwelchen Blödsinn angestellt haben. Später avancierte dieser Lehrer auch noch zu einem entfernten Verwandten von uns, er war der Mann der Halbschwester der Frau, die mein Bruder 1956 heiratete.

Wegen meiner Grenzgänge habe ich insgesamt ziemlich oft in der Schule gefehlt – entschuldigt und unentschuldigt. Meine Zeugnisse von damals weisen es aus. Aber schlecht waren sie nicht.

Da ich in Russisch gut war, gehörte ich zu den „Auserwählten", die einer Einladung der russischen Stadtkommandantur folgen durften. Ich glaube, sie war in der Bahnhofstraße. Es gab Gebäck und irgendwas zu trinken. Russisch dürften wir kaum gesprochen haben. Es war die einzige Veranstaltung dieser Art, zu der ich eingeladen wurde.

Bis zur sechsten Klasse hatten wir Herrn Schott als Lehrer, wir mochten ihn alle. Einmal besuchte uns vorübergehend ein Junge aus Westdeutschland. Wie man auf dem Klassenfoto sehen kann, hob er sich von uns allen in Größe und Gewicht stark ab. Für uns verkörperte er im wahrsten Sinn des Wortes den „goldenen" Westen.

Bild 48 Hohelohschule, 1949. Klasse 6 mit Klassenlehrer Schott.
Vordere Reihe Dritter von rechts: Hans-Georg.
Vordere Reihe ganz rechts: zeitweiliger Gastschüler aus Westdeutschland.
Sieht man ihm nicht die Herkunft an?

Fräulein Heym hatte mich in der siebten Klasse in ihr Herz geschlossen, und ich sie in meines. Sie befand sich noch in der Ausbildung, war also eine Art Referendarin, und musste noch praktische Prüfungen über sich ergehen lassen. Obwohl sie sicher eine gute Lehrerin war, hatte sie offenbar Angst davor, sie nicht zu bestehen.

Sie bestellte mich eines Tages zu sich nach Hause ins Lauwetter und sagte mir, dass am nächsten Tag einige Leute in ihren Rechen- und Biologieunterricht, den sie unserer Klasse gab, kämen, um zuzuhören. Weil sie sich nicht sicher war, ob es ihr methodisch-didaktisch gelingen würde, den Rechenunterrichtsstoff so darzubieten, dass wir von selber auf den Clou kämen, verriet sie ihn mir und sagte, ich solle mich an der kritischen Stelle melden, sie würde mich dann drannehmen. Nur sollte ich diese Verabredung niemandem preisgeben.

Weil sie mich nun schon einmal bei sich hatte, türkte sie auch noch die Biologieprüfung. Wenn sie danach fragte, was man für die Bestimmung einer Pflanze an äußeren Bedingungen alles wissen müsse und aus der Klasse Antworten wie Standort, Sonnenempfindlichkeit, Auftreten in welcher Jahreszeit und so weiter kämen, sollte ich an der Tafel darauf achten, dass eine bestimmte Reihenfolge eingehalten würde.

Am folgenden Tag klappte im Rechenunterricht alles bestens, im Biologieunterricht aber wäre es beinahe schiefgelaufen, denn während sie sich bei den Schülerantworten flexibel zeigte, beharrte ich auf der einstudierten Reihenfolge der Kriterien, doch ich glaube, sie überspielte geschickt diese etwas kritische Situation.

Bild 49 Hohelohschule. 1949/50. Klasse 7 mit Klassenlehrerin Fräulein Heym, Hans-Georg in der zweiten Reihe von oben, Zweiter von rechts

Beliebt waren Klassenwanderungen. Dabei musste und konnte man immer etwas lernen. Die Lehrerin zeigte uns auf dem Waldboden und an den Bäumen Moose und Flechten der verschiedensten Art. Da war ich in meinem Element. Meine Liebe zur Biologie ging so weit, dass ich von dem mir spärlich zur Verfügung stehenden Geld Hefte über allerlei Tierarten kaufte, zum Beispiel über Ameisen und Termiten.

Man darf den Einfluss der Lehrer auf Interesse, Hobby und Berufswahl nicht unterschätzen. Aktionen aller Art, die zwar von der Schule ausgingen, aber doch nicht zum normalen Unterricht gehörten, waren immer sehr geschätzt, ob es um das Vermessen der Länge des Steinwegs ging – der Größte musste ihn mit seinen größten Schritten abschreiten – oder um den Besuch der Instrumentenvorführung eines Orchesters – war es das Meininger? – oder um Klassenfahrten.

In der letzten Volksschulklasse, der achten, hatten wir Fräulein (oder Frau) Reich als Klassenlehrerin.

Bild 50 Hohelohschule. 1950/51. Klasse 8 mit Klassenlehrerin Fräulein Reich,
oberste Reihe Erster von links: Hans-Georg

Mit ihr fuhren wir nach Erfurt, Weimar und Jena, um dort den Dom, das Goethe- und Schiller-Denkmal beziehungsweise das Planetarium und den Tiergarten zu besichtigen.

Bild 51 Hohelohschule, 1950/51, Klasse 8 mit Klassenlehrerin Fräulein Reich:
auf Klassenfahrt über Erfurt und Weimar nach Jena,
vordere Reihe Dritter von links: Hans-Georg

In einer Vertretungsstunde kam einmal ein für uns neuer Lehrer in die Klasse. Er hatte irgendein Thema drauf, das uns begeisterte. Aber er sagte auch etwas Politisches oder Regimetreues, das meinen Widerspruch hervorrief. Er bestellte mich für die nächste große Pause ins Lehrerzimmer, um von mir zu erfahren, weshalb ich ihm widersprochen hätte. Ich erzählte ihm vom Schicksal unseres Vaters. Er nahm es kommentarlos zur Kenntnis. Dieses Eisen war ihm offenbar zu heiß.

Im Sport war ich nicht schlecht. Zwar war ich der Kleinste und Schmächtigste der Klasse – beim Antreten im Sportunterricht stand ich immer ganz am Ende der Reihe, das änderte sich ein wenig erst gegen Ende der Oberschulzeit –, aber ich war geschickt und, wahrscheinlich bedingt durch meine langen Märsche beim Beeren- und Pilzesammeln, bei der Laufstelle und bei meinen Grenzgängen, körperlich und mental ausdauernd, drahtig und zäh. Spaß machte mir der Klassenausflug zur Lütsche-Talsperre, dort traten wir in zwei Gruppen gegeneinander an, von denen die eine die andere jagen sollte. Da konnte ich von meinen Karl-May-Kenntnissen profitieren: Tarnung und Anschleichen waren mein Metier.

Im Auftrag der Schule sammelten wir Arnika- und Lindenblüten sowie angeblich – so die offizielle Diktion – „vom Klassenfeind als biologische Waffe eingeschleuste Kartoffelkäfer, die unsere sozialistische Landwirtschaft sabotieren sollten“[52] – einen Pfennig gab es pro Stück –, oder klopften Steine bei der stillgelegten Gasanstalt und schichteten sie, damit sie wiederverwendet werden konnten. Das waren unsere „freiwilligen“ Arbeitseinsätze.

[52] s. MedPort-Lexikon im Internet unter „Kartoffelkäfer“: Amikäfer, Colorado-Käfer.

Geschnappt von den Grenzern

Solo-Grenzgänge

Für mich hatte das Leben etwas Abenteuerhaftes. Ich hatte viel aus den Karl-Mays gelernt. Bei meinen Grenzgängen konnte ich mich ohne allzu große Geräuschentwicklung fortbewegen; im Wald sprang ich in kritischen Bereichen von Moospolster zu Moospolster, sorgsam darauf achtend, nicht auf trockene Zweige zu treten. Ich kalkulierte, um nicht von Hunden gewittert zu werden, die Windrichtung ein. In der Nacht richtete ich mich nach Sternen und Mond, am Tag nach der Sonne. Ich tarnte meinen Rucksack mit Aststücken und Zweigen, als wäre ich auf der Suche nach Holz. Wenn man mich noch vor der Grenze entdeckt hätte, hätte ich sagen können, ich sammle Holz und habe mich verlaufen, oder ich würde ein Ostdorf wie Behrungen, Mendhausen oder Milz nennen, das ich nicht fände. Für den Fall, dass meine Fährte aufgespürt werden würde, ging ich im Schnee an kritischen Stellen – unter Vermeidung verräterischer Schleifspuren – rückwärts, um eine falsche Gehrichtung vorzutäuschen. Ich kroch und krabbelte, wenn es nötig war, auf dem Waldboden entlang. Der im Kleinkindalter mühsam erworbene aufrechte Gang war hier nicht unbedingt empfehlenswert. An manchen Stellen blieb ich minutenlang im Verborgenen stehen oder liegen, um die Lage zu sondieren, bevor ich weiterging oder -kroch. Stieß ich auf Grenzpatrouillen, hielt ich mich lange versteckt, bis ich sicher sein konnte, dass die Luft rein war. Kurz: Ich verhielt mich wie ein Indianer gegenüber feindlichen Weißen.

Wenn ich zu Hause davon erzählte, bekam Edeltraud Lust, mit mir über die Grenze zu gehen. Sie wusste ja auch, dass man sich drüben satt essen konnte, das allein war schon Anreiz genug, es mir gleichtun zu wollen. Aber das konnte Mutter nicht zulassen, es wäre für sie zu strapaziös und zu gefährlich gewesen. Natürlich stand Mutter auch um mich Ängste aus, wenn ich so allein unterwegs war, aber erstens war ich älter, zweitens ein Junge und drittens – jedenfalls in ihren Augen – am besonnensten. Und Wolfgang wollte ja nicht mehr mitkommen, geschweige denn alleine gehen.

Im Laufe der Zeit lernte ich die Gegend zwischen Römhild und Rentwertshausen im Osten und Königshofen im Westen immer besser kennen. Ich wusste, wie ich durch die Wälder gehen musste, kannte die Wege, erkannte die Dörfer von Weitem und steuerte immer wieder auf bestimmte Kirsch-, Apfel-, Birn- und Pflaumenbäume zu, um mich unterwegs an den Früchten zu laben. Ein Ananasapfelbaum unweit der Grenze auf westlicher Seite hatte es mir besonders angetan. Wenn ich tags unterwegs war, fand ich ihn genauso zielsicher wie schon zu Hause in Suhl auf dem Domberg den einzigen Wildkirschbaum. Ab Mitte 1948 traute ich mir ohne Weiteres zu, allein über die Grenze zu gehen, und das tat ich meistens auch, ja, ab 1949 ging ich *nur* noch allein.

Natürlich gab es kritische Momente, in denen ich Angst hatte, Angst, geschnappt zu werden, oder Angst vor den Wildschweinen, die nachts im Wald dicht an mir vorbeirannten. Es war so dunkel, dass ich sie nicht einmal sehen konnte, ich hörte nur ihr Quieken und Rennen. Um sie von mir fernzuhalten, pfiff ich – Pfeifen hatte ich inzwischen gelernt –, so laut ich konnte. Ich hätte nicht rasch noch auf einen Baum klettern können, welchen Baum hätte ich denn ohne ausreichende Sicht nehmen sollen? Glücklicherweise ging dieser Spuk an mir vorüber, ohne dass ich Schaden nahm. Oft stieß ich an Zweige und Äste, denen ich in der Dunkelheit nicht ausweichen konnte. Manchmal versank ich in einem morastigen Boden, in einer tiefen Schneewehe oder Pfütze.

Warum habe ich es mir eigentlich so schwer gemacht? Ich hätte doch auch in den Ostdörfern ohne diese Strapazen „fechten", also betteln, und hamstern können. Doch diese Dörfer waren von meinen Ostzonen- beziehungsweise DDR-Landsleuten überlaufen. Außerdem hatte ich schon vor Vaters Verhaftung bei unseren Hamsterfahrten im Osten mitbekommen, dass da nicht viel zu holen war. Im Westen *war* etwas zu holen.

Den Westbauern ging es wesentlich besser als den Ostbauern. Sie besaßen fruchtbareres Land, und jeder hatte mehr davon als die Ostbauern an weniger fruchtbarem in den engen, kargen, steinigen Tälern des Thüringer Waldes. Bauern waren, da es ihnen relativ gut ging, keine Care-Paket-Aspiranten, abgesehen davon, dass Care-Pakete nach Westdeutschland erst ab 1947/48 gelangten. Nach der West-Währungsreform am 20. Juni 1948 ging es nur im Westen stark aufwärts, der Osten war angesichts der hohen Reparationsleistungen an die Sowjetunion und ohne Marshallplan der Westmächte – aber nicht nur deshalb – von dieser Entwicklung ausgeschlossen.[53]

Nach Gründung der DDR wurde es immer schwieriger, die Grenze zur Bundesrepublik, kurz: in den Westen oder „nach drüben", zu überqueren. Vor der Grenze wurde eine Fünfkilometerzone eingerichtet, in die man als Unbefugter nicht eindringen durfte. Befugt waren nur die, die innerhalb dieser Zone lebten, und die, die für den Zutritt eine besondere Erlaubnis erhielten, zum Beispiel für gewisse Verwandtenbesuche oder bestimmte Arbeiten. Und längs der Grenze wurde ein Zehnmeterstreifen seines gesamten Grüns beraubt und umgepflügt und

[53] KARLSCH/LAUFER (2002: 26): „Weitgehend Konsens herrscht inzwischen in der deutschen Literatur darüber, daß der wirtschaftliche Ruin der DDR nicht primär auf die Nachkriegslasten zurückgeführt werden kann. Reparationen, Teilungsfolgen, Verstaatlichungen, Elitenflucht, Firmenabwanderung und zentrale Planung bildeten ein kaum entwirrbares Geflecht sich gegenseitig bedingender Abhängigkeiten, das die weitere Entwicklung der Wirtschaft der DDR belastete, aber nicht vollständig determinierte. Die entscheidende Barriere für die wirtschaftliche Entwicklung der DDR stellte letztlich die Wirtschaftsordnung dar. ... Erkenntnis ..., daß die DDR weniger an hohen Demontageverlusten und einem ‚schlechten Start' sondern vielmehr an ihrem ineffizienten Wirtschaftssystem gescheitert ist."

FRANK UWE SCHULZ in KARLSCH/LAUFER (2002: 427): „Eine der unmittelbaren Folgen der Demontagen war ein Prestigeverlust der Arbeiterparteien und die Frustration der Anhänger und Sympathisanten eines am sowjetischen Vorbild orientierten Sozialismus."

geeggt, so dass man verräterische Spuren hinterließ, wenn man ihn betrat. Kein Weitspringer schafft zehn Meter, und ich? Später, in meiner besten Zeit, packte ich kaum die Hälfte.

Solange noch kein Stacheldraht, kein Metallgitterzaun oder keine Betonmauer den Streifen säumte, keine Wachtürme aufgestellt und keine Minen oder Selbstschussanlagen verlegt waren, konnte man es wagen, den Streifen zu queren. Der Streifen war für die Streifen gedacht, das heißt der Zehnmeterstreifen war für die Grenztruppstreifen der Kasernierten Volkspolizei eingerichtet, die neben ihm zu Fuß mit ihren Hunden oder zu Pferde patrouillierten. Diese Grenzpolizisten hielten sich meist an strategisch günstigen Stellen auf, von wo aus sie die Landschaft, insbesondere ihren Grenzstreifen, gut beobachten konnten. Es bedurfte nunmehr ganz besonderer Vor- und Umsicht, unbemerkt in den Westen zu kommen. Es gelang mir dennoch viele Male. Im Herbst 1950 aber wurde ich zum ersten Mal von Ostgrenzern erwischt.

Ich breche anders als sonst am frühen Morgen von Suhl auf, fahre – immer noch mit einer Kinderfahrkarte, denn trotz meiner 13 Jahre nimmt man mir ab, dass ich zehn Jahre alt bin – mit dem Zug nach Wolfmannshausen und mache mich auf den Weg zur Grenze. Diese verläuft dort quer durch einen Wald. Ich befinde mich noch kurz vor dem Wald, da sehe ich in der Ferne am Waldrand rechts von mir eine Streife. Der Wind kommt von links.

Was tun? Die Streife in einem weiten Bogen rechts zu umgehen, wäre ungünstig, da müsste ich über viel freies Feld gehen und könnte leicht gesehen werden. Die Grenzer sind mit Fernrohren ausgerüstet und beäugen fortwährend die Gegend um sie herum.

Bleibt der Weg nach links. Das ist wegen des Windes, durch den mich etwaige Hunde wittern könnten, ebenfalls nicht ungefährlich. Ich pirsche mich vorsichtig, einen großen Bogen nach links machend, zum Teil in gebückter Haltung, zum Teil robbend möglichst geräuschlos an den Wald heran und dringe in das Gehölz ein. Ich komme nicht weit, da höre ich Hundegebell. Zuerst denke ich, dass es nicht mir gilt, und sage mir: „Jetzt haben sie wieder einmal einen erwischt.“

Dennoch laufe ich jetzt rasch los, indem ich, immer wieder Deckung suchend, möglichst auf Moospolstern von Baum zu Baum springe. Die Grenze muss ganz nah sein, vielleicht noch hundert Meter, hoffentlich schaffe ich es, unbemerkt hinüberzugelangen. Aber Hundegebell und Schritte kommen immer näher. Ich verstecke mich schließlich hinter einem auf dem Boden liegenden dicken morschen Baumstamm.

Es scheint nichts zu nützen. Ein Schäferhund kommt direkt auf mich zu gesprungen, einen bewaffneten Grenzer hinter sich herziehend. Der Grenzer, offenbar ganz außer Atem, ruft einem andern zu: „Hierher!“

Und schon sind sie da, Hund und beide Grenzer, und entdecken mich. Jetzt kann ich mich nur noch dumm stellen.

„Was machst du hier, wo willst du hin? Du willst wohl über die Grenze!“

Ich stammele: „Ich weiß gar nicht, wo die Grenze ist, ich will nach Mendhausen“, ein Ostdorf.

„Das glauben wir dir nicht, Mendhausen ist ganz woanders.“

Und ich: „Dann muss ich mich verlaufen haben.“

„Warum hast du dich hinter dem Baumstamm versteckt?“

„Ich hab' Angst vor dem Hund gehabt.“

„Zeig mal deinen Rucksack und die Tasche her!“

Ich zeige ihnen beides, ängstlich darauf bedacht, dass sie die Tasche mit dem Doppelboden nicht in die Hände bekommen. Sie entdecken die Ware nicht. Aber sie nehmen mir nicht ab, dass ich mich verlaufen hätte. Dass sie mir den rechten Weg nach Mendhausen zeigen, davon gehe ich natürlich nicht aus. Vielmehr fordern sie mich auf, ihnen zu folgen.

Ich begleite sie auf ihrem weiteren Streifzug, von Zeit zu Zeit bleiben sie stehen, um die Gegend mit ihren Fernrohren zu inspizieren, aber ich bleibe ihr einziger Fang. Ausreißen hat keinen Sinn, sie würden den Hund auf mich hetzen.

Nach einigen Kilometern kommen wir nach Westenfeld, wo schon zwei junge, erwachsene Männer, die vorher von anderen Grenzern erwischt worden sind, in einer Zelle des Grenzerhauses auf uns zu warten scheinen. Auch ich werde in diese Zelle gesperrt.

Nach einem mehrstündigen Aufenthalt in der Zelle führen uns zwei mit Gewehren bewaffnete Grenzer ohne Hund fort. Wir wissen nicht, wohin es geht. Ich muss mein Gepäck tragen, die gut 20 Jahre jungen, langgewachsenen und kräftigen Männer haben je einen Koffer in der Hand, die Grenzer haben ihr Gewehr geschultert.

Unterwegs bemerke ich, wie sich die beiden jungen Leute Blicke zuwerfen. In meiner Fantasie male ich mir aus, dass sie die Grenzer leicht überrumpeln könnten, wenn sie nur schnell genug wären. Jeder würde sich einen schnappen und unschädlich machen, dann wären wir frei und könnten fliehen.

Es liegt Spannung in der Luft. Einer der Männer lässt sich Feuer für seine Zigarette geben, er stellt dazu seinen Koffer ab und hat freie Hand. Der Grenzer ist mit seinem Feuerzeug beschäftigt und damit abgelenkt. Der andere Grenzer ist derweil, neben ihm der zweite Mann, ein paar Schritte weitergelaufen.

Jetzt wäre der Moment gekommen, wo die jungen Leute handeln könnten. Aber es geschieht nichts. Als die Zigarette angezündet ist, nimmt der erste Mann seinen abgestellten Koffer wieder auf, und alle laufen weiter. Dennoch liegt nach wie vor Spannung in der Luft.

Ich überlege, ob ich losrennen soll. Wir laufen im Wald, die Gelegenheit wäre günstig. Aber ich habe die nicht ganz leichte Doppelbodentasche mit den Tauschwaren in der Hand. Mit ihr so rasch zu laufen, dass ich den Grenzern entkomme, traue ich mir nicht zu, und zurücklassen will ich sie auch nicht.

Außerdem könnten sie auf mich schießen, wer weiß. Und so verwerfe ich den Gedanken an eine Flucht.

Neben jedem der Grenzer läuft jetzt einer der Männer. Ob doch noch etwas passiert? Sie haben die Möglichkeit, auf ein Zeichen hin zuzuschlagen. Es passiert nichts. Das nächste Dorf, Haina, rückt heran.

Das Dorf vor Augen, fragt einer der Männer lächelnd die beiden Grenzer: „Was hättet ihr gemacht, wenn wir euch überwältigt hätten und geflohen wären?“ Ich sehe, wie die Grenzer erbleichen, aber sie schweigen. Von Haina aus werden wir zusammen mit weiteren erwischten Grenzgängern in einem Lastwagen nach Römhild auf die Grenzpolizeiwache gebracht.

Das Haus liegt am Rand von Römhild, etwas abseits, es ist eine graue, mehrgeschossige Villa von nahezu quadratischem Grundriss mit einem ziegelgedeckten Walmdach.

Die jungen Männer und mich sperren sie in die gleiche Zelle im Kellergeschoss ein. Unser Gepäck müssen wir vorher abgeben, die jungen Männer auch ihre Gürtel.

Die Zelle ist etwa vier Meter breit und vier Meter tief. Der Tür gegenüber befindet sich über die ganze Breite der Zelle eine zwei Meter tiefe, nach hinten leicht nach oben angeschrägte Pritsche mit ein paar Decken. Offenbar ist das für die Nacht unsere gemeinsame Liegestatt. Über der Kopfseite der Liege befindet sich eine Luke. Öffnet man sie, zeigt sich ein vergittertes Fenster, das in einen Lichtschacht hinausgeht. Bei geschlossener Luke dringt kein Tageslicht herein. Elektrisches Licht gibt es nicht. Außer der Pritsche befindet sich kein Mobiliar in der Zelle. Zur außerhalb gelegenen Toilette wird man nach Anmeldung durch Klopfen geführt. In der Tür, die von außen verriegelt ist, befindet sich ein Spion.

Die jungen Männer sind sympathisch, sehen gut und sportlich aus, mit mir scherzen sie. Aber sie sind, das hat die Bemerkung des einen über eine mögliche Überwältigung der Grenzer wenige Stunden zuvor gezeigt, reichlich naiv. Dass sie mit solchen Reden ihre Situation gewiss nicht verbessern würden, war ihnen offenbar nicht klar.

Einzeln werden wir nacheinander aus dem Kellerraum herausgeholt und in einem im Erdgeschoss gelegenen Raum von zwei Grenzern verhört. Inzwischen sind sie hinter das Geheimnis der schweren Tasche mit dem Doppelboden gekommen. Ich leugne nach wie vor, vorgehabt zu haben, in den Westen zu gehen, aber man nimmt mir nicht ab, im ostzonalen Mendhausen gehamstert haben zu wollen.

Nachdem sie meine Personalien aufgenommen haben, fragen sie mich:

„Was wolltest du im Westen?“

Ich insistiere: „Ich wollte nach Mendhausen.“

„Was wolltest du in Mendhausen?“

„Hamstern.“

„Warum wolltest du hamstern?“

„Zu Hause haben wir nicht genug zu essen."

„Und dann musst *du* für Essen sorgen?"

„Wer denn sonst? Wir sind vier Kinder, da muss meine Mutter zu Hause bleiben, und der Vater ist ja nicht da."

„Wo ist dein Vater denn?"

„Wir wissen es nicht, die Russen haben ihn geholt."

„Warum haben sie deinen Vater geholt?"

„Das wissen wir auch nicht."

„Wann haben sie deinen Vater geholt?"

„Vor drei Jahren."

„Und wo ist er jetzt?"

„Das wissen wir nicht."

„Musst du nicht in die Schule gehen?"

„Doch, schon, aber wovon sollen wir leben, wenn ich nicht hamstere?"

„Bist du schon einmal über die Grenze gegangen?"

Ich falle nicht auf diese Fangfrage herein und sage: „Nein, ich hab' mich doch nur verlaufen."

Ich werde wieder in die Zelle zurückgeführt. Letzteres glauben sie mir nicht, vielleicht glauben sie alles andere auch nicht. Sie werden es nachprüfen. Das kann dauern. Noch erwartet mich meine Mutter nicht, noch bin ich nicht überfällig. Aber wenn sie wüsste? Und wenn *ich* nur wüsste, was mit mir jetzt geschieht!

Inzwischen wussten wir allerdings schon, wo unser Vater war, aber das hatte ich den Grenzern nicht erzählen wollen. Nach sage und schreibe zwei Jahren und acht Monaten Ungewissheit über sein Schicksal hatten wir im Mai 1950 eine am 11.5.50 in Bautzen geschriebene und am 19.5.50–13 in Bautzen abgestempelte Postkarte unseres Vaters des folgenden Inhalts erhalten:

> *Meine liebe Laura, meine lieben Kinder. Heute darf ich Euch ein Lebenszeichen von mir geben, ich befinde mich jetzt in den Händen der deutschen Regierung*[54] *und darf Euch alle 8 Wochen schreiben und Ihr mir auch. Pakete und Besuch ist nicht gestattet. Ich bitte Euch, schreibt mir umgehend, denn Ihr könnt Euch nicht denken, wie es mich bedrückt, daß Ihr so unter meinem Schicksal mit leiden müßt. Ich hoffe, daß Ihr alle gesund seid und grüße und küsse Dich und meine Kinder herzlich Dein Erich und Euer Vater. Gruß an alle Verwandten + Bekannten.*

[54] BECHLER (2001: 205): DDR-O-Ton: „Unsere Freunde, die siegreichen Sowjets, haben der Regierung der DDR vertrauensvoll die Kriegsverbrecher zur gerechten Aburteilung übergeben." BECHLER (2001: 207): „Am 14.1.1950 hatte die sowjetische Militäradministration die Auflösung der Konzentrationslager auf deutschem Boden bekanntgegeben. Alle Internierten [und Tribunaler, d. Verf.], die nicht entlassen wurden, übergab man zur Aburteilung oder weiteren Strafverbüßung den Behörden der DDR, die den gesamten Strafvollzug aus der Justiz ausgliederte und der Volkspolizei unterstellte."; BECHLER (2001: 208): Eine Strafgefangene zu einem russischen Wachtmeister: „Wir jetzt bei Deutschen, ... bei Deutschen alles gut." Darauf der Russe: „Hier gut – da nix lachen." [„da" bedeutete „Waldheim", d. Verf.]

Absender war: „Erich Müller 03, Bautzen i./Sa., Postfach 100." Der Stempel zeigte außer dem Ort, dem Datum und der Uhrzeit noch den Aufdruck „Deutsches Reich 1 2". Zu diesem Zeitpunkt existierte aber schon die DDR! Hatte man tatsächlich den Stempel aus dem Dritten Reich verwendet – und das fünf Jahre nach dessen Ende? Bedeutete die „03" hinter seinem Namen, dass er der „Erich Müller Nr. 3" war? Meiner Mutter hat man irgendwann gesagt, es gäbe sechs verschiedene Erich Müller in Bautzen und die habe man nach einem Fehler, einer Verwechslung durch die Haftanstaltsverwaltung, durchnummeriert. Vielleicht auch bedeutete „03" sein Geburtsjahr 1903. Um Verwechslungen mit anderen Häftlingen auszuschließen, bekam er später je nach Haftanstalt die Nr. 233–E beziehungsweise sein Geburtsdatum 28.XII.1903 oder auch beides in der Anschrift zugeordnet. Und „In Bautzen" hieß natürlich „Im Zuchthaus Bautzen", einem Lager für Internierte beziehungsweise politische Häftlinge der sowjetischen Geheimpolizei[55], dem wegen seiner Klinkerfarbe vom Volksmund genannten „Gelben Elend", Speziallager Nr. 4 der sowjetischen Geheimpolizei NKWD Bautzen I.[56] (Die Karte und die danach folgenden Briefe meines Vaters befinden sich in meinem Besitz.)

Abends gibt es in der Zelle ein karges Abendbrot. Die jungen Männer untersuchen später das Fenster daraufhin, ob man irgendwie hinausgelangen könnte. Man kann es zum Lüften öffnen. Dahinter befindet sich das Gitter. Der Mörtel der Backsteine, in die das Gitter eingelassen ist, erweist sich als brüchig, das ergibt eine Kratzprobe. Um das Haus herum patrouillieren regelmäßig Wachtposten. Zwischen ihren Umgängen verstreicht etwas Zeit, in der man versuchen könnte, die Backsteine zu lockern.

Die Männer machen sich daran, den Mörtel und einige der Steine zu entfernen, sie müssen dabei darauf achten, die weniger kritischen Zeiten zwischen den Umgängen zu nutzen. Entflammt von Abenteuerlust, beteilige ich mich eifrig an den Arbeiten. Begünstigt durch meine Behändigkeit und die geringe Körpergröße, schaffe ich geschickt Mörtel und Steine weit unter die Pritsche. Die Männer raten mir, ich solle, falls der Ausbruchsversuch aufgedeckt würde, sagen, ich hätte geschlafen und wüsste von nichts.

Schließlich ist so viel Mörtel weggekratzt und sind so viel Steine beseitigt, dass man das Gitter mühelos herausheben kann. Bei geschlossener Luke sieht man nichts Verdächtiges, innen sieht alles ordentlich aus, nichts deutet darauf hin, dass am Fenster manipuliert wurde. Und von außen dürfte man eigentlich auch nichts

[55] FINN 1989: 11 Bei Internierten „... handelt (es) sich hier um Deutsche, die nach dem Einmarsch der sowjetischen Truppen geradezu wahllos aufgegriffen und interniert wurden. Die erste Station für sie waren die Keller der sowjetischen Geheimpolizei, die sie äußerst brutalen Verhören unterwarf. Nach dem Abschluß der Vernehmungen wurde entschieden, ob der Verhaftete in ein Konzentrationslager eingewiesen oder verurteilt wurde. Freilassungen kamen äußerst selten vor. ... Hielt man für den Verhafteten eine Verurteilung für angebracht, wurde er vor ein sowjetisches Militärtribunal (SMT) gestellt und zu einer Freiheitsstrafe oder Todesstrafe verurteilt."

[56] HATTIG et al. (2004: 5): „eines der insgesamt zehn Speziallager in der SBZ".

Außergewöhnliches erkennen. Ein erwachsener Mann konnte nach Einschätzung der jungen Leute nach Entfernung des Gitters gut durch das Fenster und den Lichtschacht nach außen gelangen. Ich könnte später in der Nacht mit ihnen ausbrechen, bieten mir die Männer an. Ich glaube, ich hätte es getan.

Es kommt nicht dazu. Wir haben die Rechnung ohne den Wirt gemacht. Die Grenzer haben, obwohl die Männer äußerst vorsichtig vorgegangen sind, spitzgekriegt, dass ein Ausbruchsversuch bevorsteht. Sei es, dass sie uns durch den Spion beobachtet, sei es, dass sie von außen etwas bemerkt haben, jedenfalls wird abends plötzlich unsere Zellentür aufgeschlossen und die Taschenlampe auf uns gerichtet, ich werde von den beiden Grenzern, die an der Tür warten, aufgefordert, die Luke zu öffnen; ich tue überrascht, als die Bescherung zutage tritt. Genau das sagt einer der Grenzer: „Das ist ja eine schöne Bescherung!“

Bild 52 Grenzpolizeiwache in Römhild

Bild 53 Kelleräume – Haftzellen

(Aufgenommen 2005)

Man holt einen der Männer heraus und sperrt ihn schräg gegenüber in eine andere Zelle. Am nächsten Tag werden sie verhört. Tagsüber unterhalten sie sich quer über den Gang auf Englisch. Sie kamen beide aus dem Westen und hatten vor, im Osten mit Westgeld, das sie in ihren Gürteln versteckt hatten, Radios zu erwerben, um sie in den Westen zu bringen. Die Grenzer fanden das Geld in den Gürteln, so wie sie ja auch meine Tauschwaren in der Tasche mit dem Doppelboden gefunden hatten. Die Männer erwartete sicher eine deftige Strafe.

Ich verbringe drei Tage in der Zelle. Mein weiteres Schicksal ist ungewiss, sie lassen mich schmoren. Schließlich werde ich gegen Abend des dritten Tages aus der Zelle ins Erdgeschoss geführt, wo mir meine völlig verängstigte Mutter entgegenkommt, um mich abzuholen. Sie ist froh, dass mir nichts passiert ist, aber ich bin enttäuscht, dass ich nicht in den Westen hatte gelangen können und dass mir die Tauschartikel abgenommen worden waren. Das war meine erste Haft. Und die zweite folgte kurz darauf.

Durch diese Erfahrung ließ ich mich nicht abschrecken. Bei den nächsten beiden Malen klappte es wieder. Ich verkaufte einen Teil meiner Waren drüben und kaufte in Aubstadt und in Königshofen Lebensmittel wie Palmin, Butter, Margarine, Reis, Zucker, Kakao, auch mal eine Tafel Schokolade und anderes. Einen Teil tauschte ich wie immer bei den Bauern gegen Mehl, Eier und Schinken ein. Zu Hause freute man sich über all die Dinge.

Eines Tages, etwa zwei Monate nach meiner Haft in Römhild, gehe ich wieder über die Grenze, tausche und verkaufe wie gewöhnlich meine Waren. Spät abends gehe ich von Aubstadt aus zurück über die Grenze nach Wolfmannshausen, übernachte wieder bei meinen mir sehr vertrauten Bauern, stehe früh um fünf Uhr auf und laufe zum Bahnhof.

Ich sehe dort zwei Grenzer und verstecke mich hinter dem Schaffnerhäusle. Der Zug aus Römhild in Richtung Rentwertshausen läuft ein. In dem Augenblick, als ich mit anderen zusammen einsteigen will, kommen die beiden Grenzer auf mich zu und halten mich zurück.

„Bist du nicht der, den wir neulich geschnappt haben?", fragt der eine. Er hat mich wiedererkannt, und ich erkenne ihn natürlich auch gleich wieder. Ich schweige. Der Zug fährt ohne mich ab. Ich muss Rucksack und Tasche vorzeigen, und nun sehen sie all die schönen Dinge aus dem Westen.

„Aha, habe ich es mir doch gedacht. Im Westen gewesen. Komm mit, Bürschchen!", sagt er triumphierend, und ich folge den beiden. Same procedure. Vom nächsten Ort aus bringen sie mich mit einem Wagen nach Römhild, wo sie mich verhören – leugnen kann ich diesmal nicht –, meine Esswaren konfiszieren und mich wieder drei Tage lang in der mir schon bekannten Zelle festhalten. Diesmal allerdings werde ich nach Hause entlassen, meine Mutter hat der Polizei in Suhl gegenüber glaubhaft gemacht, dass sie mich wegen der Erkrankung einer Tochter nicht in Römhild abholen könne. Da hat uns sicher unser Zethe Fritz mit einem Attest geholfen.

Auch diese Erfahrung schreckte mich nicht. Hunger ist stärker. Beim nächsten Mal stellte ich es schlauer an. Wieder kaufte ich in Königshofen allerlei Ware ein, aber diesmal packte ich damit ein Paket voll und schickte es, versehen mit dem Absender mir in Aubstadt gut bekannter Bauern, an unsere Adresse in Suhl. Rucksack und Tasche hingegen füllte ich mit unverfänglichen Lebensmitteln, die ich auch im Osten hätte bekommen können und denen man partout nicht ansehen konnte, dass sie aus dem Westen stammten. Das ging ein paar Mal gut. Sicherheitshalber lief ich jedes Mal auf dem Geleis zur nächsten Bahnstation, nach Queienfeld, weil ich nicht wieder den mir bekannten Grenzern in die Arme laufen wollte.

Einmal folgte mir ein mir unbekannter Grenzer auf dem letzten Stück des Wegs, dem musste ich Rucksack und Tasche zeigen. Als er nichts „Westliches" fand, ließ er mich in Ruhe. Etwa eine Woche später kam das Paket zu Hause an. Einem Teufel muss man einen obendrauf setzen.

Die Grenzgänge stellte ich gegen Mitte 1951 ein, da beendete ich die achtklassige Volksschule, das war die Hohelohschule, und kam in die vierklassige Oberschule. Ich wollte nicht riskieren, von der Oberschule gefeuert zu werden.

Es kam hinzu, dass die Grenze immer stärker befestigt wurde. Das endete, wie mir erzählt wurde, in den sechziger Jahren damit, dass – vom Westen aus gesehen – ein Zaun aus Stacheldraht, später ein zwei Meter hohes Metallgitter mit einer Selbstschussanlage kam, dahinter Minen, dann ein zehn Meter breiter kahler Streifen, dann eine drei Meter hohe Betonwand, ein drei Meter breiter und zwei Meter tiefer Sperrgraben, ein drei Meter breiter Kontrollstreifen, der von allem Grün befreit und so bearbeitet war, dass man Fußspuren sehen konnte, schließlich ein zweispuriger Fahrweg mit Betonstreifen als Belag, an manchen Stellen Hundebahnen zur Überwachung in der Nacht dort, wo das Gelände unübersichtlich war, die Hunde konnten längs einer Leine, an die sie angebunden waren, längere Strecken laufen. Alle paar hundert Meter stand ein Kontrollturm.

Gewiss war die Grenze nicht überall, also quer durch ganz Deutschland, so massiert angelegt, aber sie war – von ganz wenigen Ausnahmen abgesehen – praktisch überall unüberwindbar. Nur wenige haben es versucht, sie zu passieren, und bezahlten es in den meisten Fällen mit dem Leben.

Paradies im Westen

Reminiszenz und Dank an Aubstadt im Grabfeld

„Das also ist die Blöß'", sagt Albert.

Die Blöß' ist eine Lichtung am Rand des Waldes unweit des Dorfs.

„Wir haben hier seit 1990 jeden ‚Baum des Jahres' zu Lehrzwecken angepflanzt. Die Lehrer besuchen mit ihren Klassen den Lehrgarten und schauen sich die Bäume an, wobei sie eine Menge über sie erfahren."

Ein paar Schritte weiter gelangen wir zur 1000-jährigen Eiche.

„Wir wissen nicht, wie alt sie wirklich ist, aber sie muss ein sehr hohes Alter haben", erklärt er mir und fährt fort, indem er auf Äste am Boden zeigt:

„Da sind schon wieder Äste abgebrochen, hoffentlich passiert nichts, wenn mal eine Klasse da ist. Der Baum ist ganz hohl, der Blitz ist eines Tages hineingefahren und hat ihn ausgebrannt."

Wir gehen tiefer in den Mischwald hinein und stoßen auf eine Ansammlung von kleineren und größeren Hügeln.

„Das sind die Hügelgräber, von denen ich dir erzählt habe. Davon gibt es 48 Stück in unserm Wald, manche sagen 88. Komm, wir gehen mal auf einen Hügel hinauf."

Oben sehen wir Grabspuren, offenbar waren die Gräber einmal geöffnet worden. Einerseits sind früher ganz offiziell Grabungen durchgeführt worden, um zu Forschungs- und Ausstellungszwecken an die Grabbeigaben wie Waffen und Schmuck heranzukommen, andererseits haben die Gräber auch „Wilderer" angelockt, die sich an den Beigaben bereichern wollten. Albert erzählt:

„Dachse haben ihre Höhlen in diese Gräber hineingelegt und drinnen zu Fluchtzwecken wirr verzweigte Gänge angelegt. Jäger, die ihre Dackel auf die Probe stellen wollten, haben ihre Tiere in diese Gänge hineingeschickt. Wenn sie manchmal nicht wieder herausgefunden haben, hat man nach ihnen mit mehr oder weniger Erfolg gegraben."

Die kreisrunden Gräber haben einen Durchmesser von bis zu 25 Metern und sind bis zu drei Meter hoch. Wir schauen uns noch ein paar andere Hügel an, praktisch alle weisen Grabspuren auf.

Aus dem Mund von Albert hört sich die Geschichte in seinem Aabschter Dialekt, der dem Sühlerischen stark ähnelt, etwa so an:

„Doas also is die Blöss", sagt Albert.

„Mie hun doe seit 1990 jeden ‚Baum des Jahres' zum Ogucke g'setzt. Die Lehrer b'sücha mit ihrn Joargäng daan Garde un gucke sich die Boame[57] oa, doabei erfoarn se a Ding voll Zäüch[58]."

[57] Zur Aussprache von oa, wenn es nicht vor r steht: offenes o wie in ‚Loch', lang gesprochen (boas = ‚was').

[58] Zur Aussprache von äü: sehr breites ä, fast wie a, plus ü (Zäüch = ‚Zeug', häüt = ‚heute').

„Mie wüsse net, wie aald dess die Ächer is, sie soage 1000 Joar.“

„Es sin schon widder Eest rogebrocha, hoffentlich bassiert nis, wenn amoal a Joargang doa is. Der Boam is immichdin ganz a gor hohl, un der Blitz hoat aa scho neig'schloacha.“

„Doas sin die Hüggelgräber, vo die ich dir derzählt ho. Davo git's 48 Stück in unner Holz, manche soage 88. Zu, mir gänn amoal oaf daan Hüggel.“

„Die Doggs hatte ihr Höhl nei die Hüggel gewühlt, die woarn immichdin ganz verzwaicht mit Gäng, die nausgange, moanche a net. Die Jaager, boa die Dackel ogericht hoan, hoan se nai die Doggshöhl g'lasse. Manche sin aa nis mä rauskomme un eengstliche sin goar net nei.“

Ich hatte Albert gebeten, mir die Blöß', die 1000-jährige Eiche[59] und die Hügelgräber zu zeigen. Alles befindet sich in dem Wald, durch den ich bei meinen Grenzgängen in den Jahren 1947 bis 1951 dutzende Male gegangen war. Aber damals, das war vor fast sechzig Jahren, hatte ich kein Auge für die Besonderheiten dieses Waldes gehabt. Damals hatte ich den Wald zur Deckung benutzt, um nicht von den Grenzern geschnappt zu werden.

Wir fahren zurück in Richtung Dorf. Der Feldweg ist geteert, dafür haben die Amis im Rahmen der Beseitigung von Flurschäden gesorgt, die sie lange vor der Wende verursacht hatten, als sie von hier aus die einige Kilometer entfernte Grenze überwachten. Unterwegs halten wir auf einer Anhöhe an und lassen unsern Blick über Felder und Wälder, Hügel und Täler bis hinüber nach Römhild und zu den Gleichbergen schweifen. Wehmut überkommt mich, und Erinnerung an die damalige Zeit kommt hoch.

Ich klopfe an eine Haustür. Eine Bäuerin kommt heraus, sie fragt mich:

„Boas wisst'n du?“

„Grüß Gott, haben Sie bitte ein Stückchen Brot für mich?“, frage ich.

„Boa könnst'n haer?“

„Von drüben.“

„Wie aalt bist'n du?“

„Zehn.“

„Ben bist'n komma?“

„Heute früh.“

„Häüt früh? Wie bist'n komma?“

„Zu Fuß von Wolfmannshausen.“

„Boa bist'n drhemm?“

„In Suhl.“

„Hoabt ihr koa Broad drhemm?“

[59] Um die Eiche zu umfassen, bedarf es sechs Personen, wie ich bei einem späteren Besuch verifizieren konnte.

„Nein, ich muss es aus dem Westen holen, im Osten gibt es nichts, wir sind vier Kinder, und den Vater haben die Russen eingesperrt.“

„Boröm?“

„Wir wissen es nicht.“

„Wart amoal.“

Die Bäuerin geht zurück ins Haus und kommt mit einem großen Laib Brot und einem Messer heraus. Sie drückt den Laib fest gegen die Brust, schneidet eine gute halbe Scheibe ab und reicht sie mir. Ich stecke sie in meinen Rucksack und sage: „Vergelt's Gott!“

Es ist um die Mittagszeit. Ich klopfe an eine Haustür und bitte um eine Scheibe Brot. Die Bäuerin bietet mir einen Teller Grießsuppe und ein Stück Brot an. Im nächsten Haus bekomme ich wieder einen Teller Grießsuppe und ein Stück Brot. Mit Mühe esse ich die Suppe, aber die Scheibe Brot schaffe ich nicht mehr. Ich frage, ob ich das Brot mit nach Hause nehmen darf, für die Familie. Ich darf. Ein Haus weiter werde ich gefragt, ob ich Grießsuppe essen möchte. Ich muss der Bäuerin klarmachen, dass ich schon ein paar Teller gegessen habe und nicht mehr kann. Ob ich das Stück Brot mit nach Hause nehmen darf, frage ich. Es ist mir peinlich, nun überall die Grießsuppe ablehnen zu müssen. In meinen kleinen Magen passt partout nichts mehr rein.

Ein andermal klopfe ich an eine Haustür. Die Bäuerin kommt heraus und fragt:

„Boas wisst'n du?“

„Grüß Gott, ich habe Tauschware dabei.“

„Boas hoast'n du?“

„Brauchen Sie Bürsten?“

„Doas könnt' ich gebrauch. Boas wisst'n d'füe?“

„Mehl oder Schinken oder irgendwas zu essen.“

„Boas hoast'n du noch? Zeich mer moal dei Zäüch!“

Ich zeige ihr Briefumschläge, Perlonstrümpfe und anderes.

„Die koste behalt, ich brauch koane.“

Für eine Kleiderbürste und eine Schuhbürste gibt sie mir Mehl und ein Stückchen Schinken.

„Ben bist'n komma?“

„Gestern abend.“

„Nachta? Vo woa bist'n komma?“

„Von Wolfmannshausen.“

„Vo düwe rü? Wie lang bist'n g'laffe?“

„Drei Stunden.“

„Wie aald bist'n du?“

„Elf.“

„Boa hoast'n häüt nocht geschloffe?"
„In einer Scheune bei Rothausen."
„Ben könnst'n widder?"
„In drei, vier Wochen."
„Ben du widder könnst, koaste bei uns g'schloaff."
„Vielen Dank. Vergelt's Gott!"

Albert reißt mich aus meinen Gedanken heraus. Wir fahren zurück ins Dorf und unterhalten uns über vergangene Zeiten. Als ich tags zuvor auf ihn zukam, hat er mich zwar nicht wiedererkannt, sich aber gut an meine Geschichte von damals erinnert: Dass ich zunächst mit meinem Bruder und dann alleine gekommen bin, dass unser Vater von den Russen eingesperrt worden war, dass wir drüben nichts zu essen hatten, dass wir solche Strapazen auf uns genommen hatten, um für unsere Familie einen Beitrag zum Lebensunterhalt zu leisten. Das alles wusste er noch.

Albert wohnte damals schon bei Onkel und Tante. Er war um die 15 Jahre alt, als er von ihnen aufgenommen wurde. Und so, wie sie sich um ihren Neffen gekümmert haben, haben sie sich auch um mich und meinen Bruder gekümmert. Inzwischen sind Onkel und Tante längst gestorben. Albert ist seit einigen Jahren Rentner. Er bewirtschaftet einen kleinen Hof mit einer Kuh, zwei Kalbinnen, einem Jungbullen, vier Säuen und ein paar Hühnern. Vor vielen Jahren schon hat man ihm, dem angesehenen Mitdörfler, das Amt eines Feldgeschworenen übertragen. Zusammen mit sechs anderen übt er bis zum Ende seines Lebens dieses Amt aus, über dessen Geheimnisse er nichts verlauten lassen darf. Es geht um das Setzen und Kontrollieren von Marksteinen. Wenn einer Bescheid weiß über Aubstadt und die alten Zeiten, dann – so wurde mir von allen Seiten gesagt – ist er es.

Bild 54
Aubstadt im Grabfeld: Rathaus

Aubstadt im Grabfeld, auch „Perle des Grabfeldes" genannt, ist ein kleines Paradies. „Wer in der Frühlingszeit während der Obstbaumblüte durch die Gärten spaziert, kann in dieser ländlichen Idylle bei Sonnenschein, Blütenduft und Bienengesumm durchaus in romantische Schwärmerei geraten", heißt es in dem Büchlein „Dekanat Bad Neustadt an der Saale" der Evangelisch-Lutherischen Mission aus dem Jahre 1984.

Wegen seiner fruchtbaren Äcker, saftigen Wiesen und ausgedehnten Mischwälder ist das Gebiet um Aubstadt ein uraltes Siedlungsgebiet. Darauf deuten die Hügelgräber aus der Hallstattzeit um 700 v. Chr. hin. Wie der Bürgermeister herausgefunden hat, wird Aubstadt 1132 n. Chr. erstmals in einer Urkunde erwähnt. 1402 kommt das Dorf in den Besitz der Herren von Bibra, was sich im Aubstädter Wappen widerspiegelt. Im Zuge der Reformation wird Aubstadt evangelisch.

Die Dörfer der Umgebung sind zum Teil ebenfalls evangelisch, zum Teil katholisch – je nach Lehnsherrn. Aubstadt hatte im Krieg etwa 700 Einwohner, diese Zahl wuchs nach dem Krieg mit den Flüchtlingen aus dem Osten auf 1060 an und sank infolge Abwanderung und niedriger Geburtenrate trotz Erschließung zweier Neubaugebiete im Laufe der Jahrzehnte auf 800. Heute umfasst Aubstadt etwa 1170 Hektar, davon 370 Hektar Wald.

Wie wirkte Aubstadt damals bei meinen Grenzgängen auf mich? Weshalb zog es mich immer wieder hierher? Für romantische Schwärmerei und Hügelgräber hatte ich damals keinen Sinn.

Es war bittere Not, die mich zwang, hierher zu kommen. Aubstadt erwies sich in meinen Augen als ein reiches und gastliches Dorf. Hier lohnte es sich in besonderem Maße zu betteln, zu tauschen, zu verkaufen. Hier bekam ich fast in jedem Haus etwas zu essen, sei es eine Suppe oder ein Stück Brot. Die Aubstädter interessierten sich für meine Geschichte, nahmen Anteil an meinem und meiner Familie Schicksal und boten mir an, bei ihnen in der Stube zu übernachten. Das Essen, die Hilfsbereitschaft, die menschliche Wärme, die Freundlichkeit taten mir gut.

Die umgebenden Gemeinden sahen in früheren Zeiten Aubstadt mit anderen Augen. Die Aubstädter waren wohlhabend, und das demonstrierten sie nach außen. Wenn sie mit ihren Ernteerträgen nach Königshofen oder Römhild zogen, benutzten sie blau angestrichene Wagen und kleideten sich selber in Blau („Aabschter Bloo"), um sich von den Bauern anderer Dörfer abzuheben. Das wirkte nach außen überheblich.

Unterschiedliche Religionszugehörigkeit spielte in den Beziehungen zueinander außerdem eine wesentliche Rolle. Interessant und bezeichnend ist die von Rudi Breunig aus Großeibstadt geschilderte Geschichte über die Beziehungen zwischen beiden Gemeinden, dem katholischen Großeibstadt und dem zu 98 Prozent evangelischen Aubstadt, die ich hier nacherzähle:

Es gab nur äußerst wenig Kontakte zwischen beiden Gemeinden. Einzige Verbindung war ein schlechter Feldweg, den die Bauern jeweils lediglich bis zur

Flurgrenze nutzten. Hier war der Weg zugewachsen, weil kaum je ein Fuhrwerk die Grenze passierte. Was wollte man auch in dem anderen Dorf? Der unterschiedliche Glaube stand Bekanntschaften und Ehen entgegen, und so war und blieb man sich fremd. Es gab keine Freundschaften, keine Feindschaften, man kannte sich einfach nicht. Traf man sich gelegentlich beim Holzhacken im Wald, wechselte man schon mal ein paar Worte, das war aber auch schon alles. Von der benachbarten Gemeinde sah man gerade eben den Kirchturm.

Das erklärt unter anderem auch, dass es noch heute, da längst eine geteerte Kreisstraße zwischen beiden Orten existiert, die auch in beiden Richtungen genutzt wird, im Dialekt Unterschiede gibt. Trotz Kontaktarmut war man damals im Elternhaus von Rudi Breunig überzeugt: „Die Aabschter Leut sen guta Leut, hilfreich und freundlich“, wenngleich sich das nicht leicht verifizieren ließ.

Zu den evangelischen Nachbargemeinden hatte Aubstadt stärkeren Kontakt. Vor Kriegsende ging man gern nach Römhild zum Säulesmarkt, zum Schützenfest, zum Vogelschießen, auf die Sparkasse und auf die Gleichberge. Die Grenzziehung nach Kriegsende, der „Eiserne Vorhang“[60], zerschnitt das Grabfeld, das als nördlichster Abschnitt des fränkischen Gäulandes einen Teil Nordbayerns und Südthüringens umfasst, und riegelte damit Königshofen nebst Umland, insbesondere Aubstadt, von den thüringischen Grabfeldgemeinden ab. Das war für beide Seiten bitter.

Nach diesem Exkurs fahre ich in meiner Geschichte fort.

[60] KNABE 2001: 107

Zwänge im Osten

Jugendzeit in der DDR

Beinahe wäre ich Uhrmacher geworden. Ein Bekannter meiner Mutter meinte, ich hätte ja so feine Fingerchen, da wäre ich doch für diesen angesehenen Beruf bestens geeignet. Aber da traf noch rechtzeitig die Zulassung zur Oberschule ein.

Ich kam also im Sommer 1951 in die Oberschule. Mein Bruder hatte sie bereits zwei Jahre lang durchlaufen. Es ist erstaunlich, dass wir „Nazikinder“ überhaupt zur Oberschule zugelassen wurden. Das muss den zuständigen Behörden durchgerutscht sein. Oder diejenigen, die die Entscheidung zu treffen hatten, wer in die Oberschule gehen durfte und wer nicht, waren dem Regime selber nicht grün und entschieden nach den Leistungen in der Volksschule. Wenn es Lehrer gewesen sind, die über die Zulassung zur Oberschule zu entscheiden hatten, so war das nachzuvollziehen, denn die allermeisten von ihnen, zum Teil noch von altem Schrot und Korn, waren nicht gerade regimetreu. Jedenfalls hatten wir Lehrer, die immer mal wieder durch Andeutungen zu verstehen gaben, wes Geistes Kind sie waren. Die Sippenhaftung schlug in meinem Fall erst später zu.

Wir waren der erste Jahrgang, der gleich zu Beginn der Oberschulzeit in das alte backsteinerne Oberrealschulgebäude aus dem Ende des 19. oder dem Anfang des 20. Jahrhunderts mit der Eule oben am Giebel, Sinnbild der Weisheit, kam. Von der Hinterlassenschaft der Russen war nichts mehr zu sehen, alles war blitzblank.

Die Jahrgänge vor uns waren in behelfsmäßigen Räumen eines anderen Gebäudes unterrichtet worden und erst kurz zuvor in diese alte Schule, nachdem die Russen sie geräumt hatten, übergesiedelt.

Zur Schule hatte ich es nicht weit, der Aspen lag ja ziemlich zentral. Das hatte seine Vorteile. Auf dem kurzen Weg, etwa fünf Minuten, musste ich mir noch einmal zügig vergegenwärtigen, was mich in den vor mir liegenden Stunden erwartete. Da war schnelles Denken angesagt.

Mit uns begann Hausmeister Willy Schlag – zusammen mit seiner Frau Paula – seine Tätigkeit in der Schule. Im Krieg hatte er einen Arm verloren, der durch einen einfachen Eisenhaken ersetzt worden war. Derart behindert, sah er es gerne, wenn wir Schüler ihm bei schwereren Arbeiten, zum Beispiel beim Kohleschippen, halfen. Zu ihm und seiner Familie hatten wir während der gesamten Schulzeit und danach ein herzliches Verhältnis.

Die Schule empfing uns Anfänger im Rahmen einer Feier in der Aula. Jeder musste nach vorne auf die Bühne, um vorgestellt zu werden oder sich selber vorzustellen – ich weiß es nicht mehr genau. Um auf das fast einen halben Meter hohe Podest zu gelangen, musste man schon einen großen Schritt nach oben tun. Ein Klassenkamerad, Klaus Dutschke, strauchelte dabei. War das ein böses Omen? Jedenfalls bestand er später die 11. Klasse nicht und ging in den Westen.

Unsere Familie hatte nach wie vor ein Geldproblem. Eine zeitweilige Unterstützung durch die Stadt war wieder gestrichen worden. Es gab immer noch Lebensmittelkarten, die meisten Lebensmittel waren zwar frei käuflich – die teure staatliche, höchst unsoziale „Handelsorganisation“ (HO)[61] zur Entprivatisierung des Einzelhandels und Abschöpfung des in der DDR übermäßig im Umlauf befindlichen Bargeldes war 1948 eingeführt worden –, aber bei uns gab es nichts abzuschöpfen. Ohne Geld kein Brot. Hamstern war sehr mühsam und aufwendig, auch dafür musste man erst mal Geld für Tauschwaren haben. Unsere Mutter schneiderte zwar immer besser, das brachte jedoch nur eingeschränkt Geld. Geld, Geld, Geld – ohne Geld war man aufgeschmissen.

Der Laufstellenjob war irgendwann zu Ende gegangen, auch er hatte ja nicht viel eingebracht. Wir waren nun älter und konnten „qualifiziertere“ Tätigkeiten ausüben. Ich gab in der ganzen nahen und ferneren Nachbarschaft Nachhilfeunterricht in Mathematik beziehungsweise Rechnen und in Russisch, ich glaube für eine Mark pro Stunde.

Handelte es sich um Hilfe für einen Klassenkameraden, war ich zu stolz, um Geld anzunehmen. Auf Anraten meines Russischlehrers gab ich auch meinem Bruder, der ja zwei Jahre über mir war, Russischnachhilfeunterricht, Russisch lag ihm nicht. Lange indes hielt er die Unterweisung durch seinen jüngeren Bruder nicht durch. Er zog es vor, auf die „Hollehuh“ zu gehen, auf gut Schwäbisch heißt das zu „schwanzen“.

Eine Zeit lang während der Oberschulzeit erhielten mein Bruder und ich eine geringe finanzielle Unterstützung durch die Schule. Man wurde aus der Unterrichtsstunde herausgeholt, um das Geld in Empfang zu nehmen. Das war zwar nur ein Tropfen auf den heißen Stein, aber es trug doch zum Lebensunterhalt bei.

In der neunten Klasse spielten wir – ich muss „wir Kinder“ sagen, denn wir waren ja gerade mal 14 Jahre alt – in den großen Pausen auf dem Schulhof Fangeles. Wir, das waren neben mir Klassenkamerad und Freund Klaus Dutschke, der beim Betreten der Bühne während der Einführungsfeier in der Aula gestrauchelt war, und zwei Klassenkameradinnen D. N. und M. K. Das war im Durcheinander der den Schulhof bevölkernden Schüler nicht ganz einfach. Unser Fangeles war eher Versteckeles. Und wenn wir uns jagten, rempelten wir schon mal jemand an. Unvergessen bleibt mir, wie sich M. K. einmal aus der Deckung heraus auf mich stürzte und mir um den Hals fiel. Ich war gefangen und benommen. Erst Jahre später revanchierte ich mich.

In den Pausen und nach dem Unterricht spielten einige von uns Fußball auf dem Schulhof. Klaus Dutschke und ich waren bald ein gut eingespieltes Team. Wenn wir in einer Mannschaft waren, resignierte die Gegenmannschaft, denn mit

[61] ERMER 2000: 180 ff.

unseren Mehrfachdoppelpässen waren wir so stark, dass wir die anderen an die Wand spielten. Beide waren wir uneigennützig, das machte uns erfolgreich.

Bild 55 Klasse 9 der Oberschule Suhl 1951/52 mit Klassenlehrer Schilling, ganz rechts: Hans-Georg

Unser alter Deutschlehrer in der neunten Klasse konnte sich partout nicht durchsetzen. Wir bastelten Blasröhrchen und formten Papierkügelchen. Damit entfachten wir während der Stunde ein regelrechtes Kreuzfeuer. Er merkte es nicht oder wollte es nicht merken. Ich empfand seinen Unterricht als ziemlich langweilig, aber einmal wurde es interessant, als er nämlich die verschiedenen Metriken Jambus – ta túm ta túm –, Trochäus – túm ta túm ta –, Daktylus – túm ta ta túm ta ta – und so weiter zur Verdeutlichung des Rhythmus, zwischen Tafel und Lehrertisch hin und her hopsend, vorexerzierte. Man kann sich leicht vorstellen, welch sportliche Leistung er bei der Zurschaustellung eines Trimeters, Pentameters und Hexameters vollbrachte.

Bei ihm mussten wir das Gedicht „Der Zauberlehrling" von Goethe auswendig lernen. Jeder, der dran kam, sollte eine Strophe aufsagen. Bei der fünften Strophe war unser Klassensprecher, von uns wegen seiner Beleibtheit Bierbräuer genannt, an der Reihe. Sonst nicht verlegen, wenn es ums Reden ging, hub er mit vielversprechender, markerschütternder Stimme zu deklamieren an: „O du Ausgeburt der Hölle! ..." Weiter kam er nicht. In diesem Moment musste er die Doppeldeutigkeit der Exklamation erkannt haben, denn er schaute den Lehrer entsetzt an, es herrschte einen Augenblick lang tiefe Stille, dann aber brach es los. Die schadenfrohe Klasse, die ihrem immer etwas überheblichen Sprecher den

Aussetzer gönnte, aber die Anrede ebenso gerne auf den nicht sonderlich geschätzten Deutschlehrer münzte, brüllte vor Vergnügen los.

Im Rahmen des Russischunterrichts nahmen wir Gogols „Revisor" durch. Da wir das Stück in der Schule aufführen wollten, wurden Rollen verteilt. Mir wurde die Rolle des Bobtschinski angetragen. Ich lernte sie auswendig. Bei einer der Proben hatte ich das russische Wort für Cognacfläschchen auszusprechen. Nun lautet die Aussprache von Cognac im Russischen ähnlich wie im Französischen und im Deutschen (etwa [konjak]), ich aber sagte Kocknack, womit ich die Lacher gegen mich hatte. Mit Cognac hatte ich bisher nichts zu tun gehabt, woher sollte ich denn wissen, wie man das ausspricht? Jedenfalls hieß ich dann eine Zeit lang bei meinen hundsgemeinen Klassenkameraden „Kocknackfläschchen". Ich fragte mich nur, woher meine Kameraden die korrekte Aussprache kannten.

Bei einem Skiausflug der Schule, an dem ich mangels Skier nicht teilnehmen konnte, brach sich ein Klassenkamerad – übrigens mein Counterpart Dobtschinski im „Revisor" – das Bein, und er musste, das war damals so, sechs Wochen zu Hause bleiben. Damit er nichts Schulisches versäumte, ging ich auf Wunsch seiner Eltern jeden Nachmittag zu ihm nach Hause, wo er mit seinem Gipsbein auf dem Sofa im Wohnzimmer lag, und unterrichtete ihn über all das, was ich vormittags in der Schule gelernt hatte. Die Aufgaben machten wir dann gemeinsam.

Nach der Pflicht kam die Kür, sie bestand darin, dass wir überlegten, welchen Blödsinn wir anstellen könnten. Wir wälzten das Telefonbuch und suchten uns spaßige Namen aus, deren zugehörige Telefonnummer wir dann wählten. Meldete sich der Teilnehmer zum Beispiel mit dem Namen „Barfuß", rieten wir ihm eindringlich, aber freundlich, er möge doch Strümpfe anziehen. Es gab in unserer Stadt so seltsame Namen wie Heidenblut, Schlegelmilch, Recknagel, Sauerbrey und so fort, da kamen mancherlei Assoziationen auf. Nach sechs Wochen fand mein Klassenkamerad problemlos den Anschluss in der Schule.

Die Eltern wollten mir Geld geben, aber das lehnte ich ab. Ich sagte, es sei doch selbstverständlich, einem verunglückten Klassenkameraden in der Not zu helfen. Aber als sie mir gebrauchte Kleidungsstücke ihres Sohnes, der etwa meine Größe hatte, anboten, konnte ich nicht nein sagen. An der Jacke im bayrischen Stil, die sich unter den Kleidungsstücken befand, war ein Auerhahn-Abzeichen angebracht. Die Klassenkameraden erkannten sie als die des Verunglückten und nahmen prompt auch das Abzeichen wahr. Nun hieß ich eine Zeit lang „Auerhahn". Ich fragte mich mal wieder, warum man nicht vorher den ursprünglichen Besitzer der Jacke nebst Abzeichen so genannt hatte.

Im kalten Winter trug ich eine Zipfelmütze, die mir meine Mutter gestrickt hatte. Fortan nannte man mich in der Schule „Zipp". So sind nun mal die lieben Klassenkameraden. Ich tröstete mich damit, dass auch sie wenig schmeichelhafte Spitznamen hatten.

Ein einziges Mal während der gesamten Oberschulzeit konnte ich richtige Ferien machen und zwar auf dem Lande bei unsrer Tante Lotte, der Frau meines im Krieg gefallenen Patenonkels Paul. Es war in Heubisch bei Sonneberg im Sommer 1952. Ihre Eltern hatten eine Mühle, Landwirtschaft und Vieh. Dort ging es mir gut, und ich lernte pflügen, füttern, tränken, misten, schaute dem Eber beim Bespringen der Säue zu, die ihm zugeführt wurden, – manchmal musste der Bauer ein wenig nachhelfen – und holte von der Wiese Heu mit dem Wagen, gezogen von einem Pferd, das ich – nicht gerade zur Freude meines Großonkels, dem das gemeldet wurde – im Galopp durch das Dorf trieb.

Selten war ich einmal im Kino. Eine Ausnahme bildete „Das doppelte Lottchen“, diesen Film aus dem Westen habe ich mir gleich dreimal im Kristallpalast angeschaut. Der Ansturm war enorm. Sonst wurden so gut wie keine Westfilme gezeigt.

Wir produzierten aus Hagebutten Wein, der uns sehr gut mundete. Aber die meisten Flaschen vergurgelte mein Bruder mit seinen Freunden. Nicht bekommen ist mir das Bier beim Tanzstundenabschlussball meines Bruders im Schützenhaus. Meine Mutter, die mit von der Partie war, spendierte mir zwei Bratwürste (Sühlerisch: Broetwüascht) und drei Bier. Das war zu viel des Guten, denn es

vergölkert d'n Möä [62],

und so versäumte ich gezwungenermaßen den einen oder anderen Tanz meines Bruders.

Die ganze Klasse trat am 5. November 1951 geschlossen der „Freien Deutschen Jugend“, kurz FDJ, bei. Warum ich kein Blauhemd trage, fragte mich ein linientreuer Lehrer. Ich sagte, ich sei Mitglied des Schulorchesters, da würden wir alle weiße Hemden tragen, und außerdem würde das Blauhemd was kosten, und das könnten wir uns nicht leisten.

Als ich mir einmal eine Blöße geben musste, weil ich über aktuelle politische Ereignisse nicht informiert war, fragte mich derselbe „Genosse“, ob ich denn keine Zeitung lese. Ich sagte ihm schlicht, dass wir uns aus finanziellen Gründen zu Hause keine Zeitung leisten könnten. Da schwieg er.

Ich war also wie alle meine Klassenkameraden in der FDJ, sang „Bau auf, bau auf! Freie Deutsche Jugend, bau auf!“, was es auch immer aufzubauen galt, so wie ich vorher bei den „Jungen Pionieren“ gewesen war und „Immer bereit!“ gerufen hatte. Der Ruf „Seid bereit!“, der von den Jungen Pionieren mit „Immer bereit!“ zu beantworten war, hatte für mich keinen Sinn, denn es war ja nicht klar, wozu man immer bereit sein sollte. Ich war stets zu allem Möglichen bereit, ob es ums Lernen oder Geldanschaffen ging, aber auch zu manchem Blödsinn. Nur zur Anerkennung des Regimes war ich nie bereit, zu ihm hatte ich kein Vertrauen.

[62] JULIUS KOBER 1963: Sühler Hüteslied

Mein Sinnen und Trachten war ganz auf den „goldenen“ Westen gerichtet. Im Dritten Reich wäre ich sicher wie alle anderen Jugendlichen auch zur HJ, der Hitlerjugend, gegangen, aber sehr wahrscheinlich – negative Erfahrungen hatte ich ja nicht – mit einer positiven Einstellung, vielleicht sogar mit Begeisterung. Jedesmal – so erinnere ich mich – wenn die HJ aufmarschierte und die Fanfaren ertönten, sprang ich wie elektrisiert hinzu und war Feuer und Flamme.

Was wäre bloß aus mir geworden, wenn das Dritte Reich weiter existiert hätte? Ich weiß es nicht. Möglicherweise wäre ich wie mein Vater der NSDAP beigetreten und auch der SA, für die SS wäre ich allerdings zu klein gewesen. Ob ich je der „Sozialistischen Einheitspartei Deutschlands“, kurz SED, der „Partei neuen Typus“, beitreten würde? Schließlich war ich Mitglied der JP, der FDJ, wurde später noch Mitglied der „Deutsch-Sowjetischen Freundschaft“, kurz DSF[63], und der 1952 ins Leben gerufenen „Gesellschaft für Sport und Technik“, kurz GST. Ich kann es mir nicht vorstellen. Vielleicht will ich es auch nicht.

Ja, ich war schon zu allem möglichen Schabernack bereit. Als mein Bruder in der benachbarten Turnhalle Tanzstunde hatte, steckten wir eine mit Baldrian „auf Vordermann“ gebrachte, laut schreiende Katze durch ein Loch im Fenster. Sie sprang furios durch den Saal und brachte den Tanzstundenlehrer auf die Palme.

Einmal brachten wir Schüler am Portal der Schule – à la Feuerzangenbowle – ein Schild mit der Aufschrift „Die Schule ist heute wegen Reparaturarbeiten geschlossen“ an. Statt an dem Morgen die Schule zur ersten Stunde zu betreten, begab sich unsere Klasse (ohne die Mädchen) zum Hoheloh hoch, damals noch mit dem Kriegerdenkmal bestückt. Als wir Gewissensbisse bekamen, gingen wir zur dritten Stunde doch in die Schule, ich entfernte die äußere Klinke zum Klassenzimmer, so dass kein Lehrer eintreten konnte. Die Mitschüler stellten – gewissermaßen als Barrikade – auch noch den Klassenschrank von innen an die Tür.

Unser sportlicher Geschichts- und Gegenwartskundelehrer, er war einer der wenigen Linientreuen, holte den Hausmeister, der die Tür von außen öffnete. Der Lehrer zwängte sich durch den Spalt zwischen Türrahmen und Schrank und begann mit dem Verlesen der Noten eines Tests, den wir Tage zuvor bei ihm geschrieben hatten, wobei er, um uns ebenfalls eins auszuwischen, jede Note um eine Stufe nach unten schlechter angab. Dann fuhr er mit dem Unterricht fort, als sei nichts gewesen, um uns dann am Ende der Stunde die Arbeiten zurückzugeben. Da kam heraus, dass die Noten doch nicht so schlecht waren wie zuvor vorgelesen. Danach rückten wir den Schrank an der Tür beiseite, und ich brachte die Türklinke außen wieder an. Es gab kein Nachspiel.

Eben dieser Geschichtslehrer war, wie gesagt, ein linientreuer Junglehrer, der, abgesehen vielleicht von einer „Schnellbleiche“, ohne besondere Ausbildung an die Schule gekommen war. Keiner mochte ihn. Wir amüsierten uns über jeden

[63] HARTMANN / EGGELING 1998: 231 f.

faux pas, den er beging. Einmal spricht er über Heeresteile, die sich in einem Krieg auf den Gegner zubewegen. Er sagt emphatisch: „Ein Fünftel des Heeres, nein mehr, ein Zwanzigstel stürmte auf den Feind los." Vielleicht meinte er zwanzig Prozent.

Ein andermal, als er über Sven Hedin spricht, findet er auf der großen, am Kartenständer aufgehängten Eurasienkarte die Wüste Gobi nicht, mit seiner Hand zeigt er in die Gegend des Urals. Als wir lachen und ihm die Gobi zeigen, wird er rot. Wenig später sagt er: „Ich habe doch meine Hand nur dahin gehalten, um die Karte zu glätten."

Bei der Planung eines Schulausflugs schlägt er als Terminrahmen „die dritte Julihälfte" vor, was wir lachend quittieren.

Als er im Geschichtsunterricht im Zusammenhang mit der Französischen Revolution den Slogan „Liberté, Egalité, Fraternité" falsch ausspricht, amüsieren wir uns wieder. Weil er weiß, dass wir als Fremdsprachen nur Russisch und Latein haben, also doch wohl nichts anderes können, entschuldigt er seine falsche Aussprache mit den Worten: „Entschuldigen Sie, ich kann kein Latein." Russisch konnte es doch wohl nicht sein, so viel Durchblick hatte er.

Mich schimpft er einmal, als ich ihm in einer politischen Diskussion mutig oder leichtsinnig widerspreche, einen Opportunisten. Er wußte nicht, was dieses Wort bedeutet und dass er selber einer war. Kritik war nicht nur unerwünscht, sondern sogar gefährlich, schnell war man als „Klassenfeind"[64] gebrandmarkt.

Einmal kommt er zu uns in den Musikunterricht und sagt, er habe vor einiger Zeit angefangen, Russisch zu lernen. Wir sollten ihm doch mal die sowjetische Nationalhymne („Sojus neruschimyj respublik swobodnych splotila naweki welikaja Rus" – Das große Russland fügte auf ewig die Union der unvergänglichen freien Republiken zusammen) vorsingen. Er verlangt von uns das Russischlehrbuch, das die drei Strophen der Hymne enthält, damit er den gesungenen Text verfolgen könne. Wir machen unter uns schnell und ohne dass er es merkt aus, dass wir die Strophen nicht in der richtigen Reihenfolge 1, 2, 3, sondern – diese Idee könnte ich gehabt haben – in der verkehrten Folge 2, 3, 1 singen. Er kam nicht dahinter, allenfalls konnte er den Kehrreim verfolgen. Dem Musiklehrer, der dazu dirigierte, fiel unsere permutierte Reihenfolge natürlich auch nicht auf. So haben wir ihn, das Ekel – so war er und so ähnlich hieß er –, veräppelt.

Unsicher und unbeholfen, wie er war, neidete er seinen Schülern Fähigkeiten, die er selber nicht besaß. Über einen von ihnen äußerte er sich: „Sie können ja über das Loch in der Wand reden!"

Tatsächlich war in der Wand des Klassenzimmers ein Loch. Der Herausgeforderte, eloquent und wie gehabt großspurig, erhob sich bewusst träge von seinem Platz, deutete auf eben diese Stelle und hub an: „Das Loch. Ein Loch ist

[64] KNABE 2001: 86

nichts mit etwas drumrum, das heißt ein Loch ist nicht einfach nichts, denn wäre es nur nichts, dann sähe man ja gar nichts, es gäbe nämlich kein Drumrum, das Drumrum ist somit notwendige Bedingung für die Existenz des Lochs, das Loch ist also innen ein Nichts, das etwas braucht, um nach außen in Erscheinung zu treten ..."

„Hören Sie auf!", unterbricht ihn der Lehrer, „es reicht!"

Frei nach Wilhelm Busch: „Keiner mag jemand gönnen, dass er was kann, was er selber nicht kann."

In Biologie hatten wir in der zehnten Klasse einen alten Studienrat, der uns einmal zeigte, welche Funktion das Rückenmark von Fröschen hat. Er schnitt einem lebendigen Frosch den Kopf mit einer Schere ab. Wir erschraken, als der Restkörper nach wie vor mit den Beinen zappelte, als er die Nervenfasern im Rückenmark mit einer Stricknadel reizte. Erst nachdem er das Rückenmark mit der Nadel zerstört hatte, hörte der Restfrosch zu zappeln auf.

Das erinnerte mich an unsern Nachbarn, den Schuster Wagner, dem ich einmal dabei zuschaute, wie er ein Huhn schlachtete. Mit einem Beil hackte er dessen Kopf ab. Entsetzt sah ich, wie das kopflose Huhn durch den Raum flatterte, als ob es noch lebte.

Mir fiel die Geschichte des Freibeuters Störtebeker ein, der, nachdem er enthauptet worden war, noch kopflos an einigen seiner Mitstreiter vorübergegangen sein soll und sie damit – das hatte er vorher noch ausgehandelt – vor dem Henker rettete.

Unser Biolehrer ging nach seiner Pensionierung in den Westen, wo ich ihn später einmal in Würzburg besuchte. Bei dieser Gelegenheit erzählte er mir die Geschichte des Versagens meines Bruders im Abi.

In der zehnten Klasse unterrichtete uns Molch, wie wir Herrn Salaman nannten, im Fach Deutsch. Er war mollig, was seinen Spitznamen zusätzlich rechtfertigte, und nicht viel älter als wir. Ich sehe ihn noch in der Pose von Walther von der Vogelweide, wie sie die Miniatur aus der Großen Heidelberger Liederhandschrift zeigt, in seinem hellgelben Manchester-Knickerbockeranzug, mit der linken Hand sein nach links geneigtes Haupt stützend und in der rechten das Manuskript haltend, auf dem Lehrertisch sitzen und Minnelyrik deklamieren wie zum Beispiel „herzliebez frowelîn" und „dû bist mîn, ich bin dîn: des solt dû gewis sîn".

Aber wir beschäftigten uns bei ihm auch mit russischer Literatur. Ich hielt ein Referat über Boris Nikolajewitsch Polewojs (1908–1981) spannendes Buch „Der wahre Mensch", in dem die Heldentaten eines Sowjetmenschen während des „Großen Vaterländischen Kriegs", des Zweiten Weltkriegs, eindrucksvoll beschrieben sind.

Am Ende des Schuljahrs verschwand Molch in den Westen, wo er später in Kassel unterrichtete. Wir haben das alle sehr bedauert.

Mein Bruder verfehlte 1953 das Abi wegen eines Kassibers für einen Klassenkameraden während der Prüfung. Er machte sich nach West-Berlin auf, meldete sich dort im Flüchtlingslager Marienfelde an, drei Tage Aufenthalt im Lager schreckten ihn ab, und er kam wieder nach Suhl zurück.

„Ich weiß jetzt, was ich will“, sagte er Mutter und begann mit einer Maschinenschlosserlehre bei der VEB Werkzeugmaschinenfabrik (Ernst-Thälmann-Werk, früher Haenel) Suhl. Ich sagte mir kategorisch, dass mir das nicht passieren soll, nichts von alledem.

An den Aufmärschen – wie zum Beispiel am 1. Mai, dem Tag der Arbeit, oder am 7. Oktober, dem Tag der Republik –, musste immer die ganze Schule teilnehmen. Kam man, „Seit' an Seit'“ schreitend, an der Tribüne vor dem Rathaus, auf der die politischen Großkopfeten die Parade abnahmen, vorbei, sollte man im Rhythmus der Musik mit über den Kopf erhobenen Händen klatschen.

Einmal ging der Geschichtslehrer, der Linientreue, diese „rote Socke“, unserer Klasse voran und wandte sich beim Passieren der Tribüne nach hinten, um festzustellen, ob sich auch alle Schüler regelkonform verhielten. Als er bemerkte, dass ich nicht klatschte, warf er mir einen bösen Blick zu. Er wusste, dass ich dem System, gelinde ausgedrückt, nicht gerade zugetan war, und sah nun, dass ich mich nicht duckte, sondern meinen Widerstand gegen diese Art Akklamation auch ostentativ demonstrierte. Dafür rächte er sich später, inzwischen Schulleiter geworden, an mir, indem er mir ins Reifezeugnis unter der Rubrik „Gesellschaftliche Tätigkeit“ die Beurteilung schrieb: „Müller bemühte sich um einen klaren parteilichen Standpunkt“. Dieser Satz war tödlich. Man kennt ja solche Beurteilungen wie „Er gab sich, hatte und machte viel Mühe“.

Wir mussten geschlossen der Organisation DSF, also der Deutsch-Sowjetischen Freundschaft[65] beitreten. Mich erkor man zum Kassenführer, das heißt ich musste jedem Mitschüler der Klasse allmonatlich ein Märkchen für zehn Pfennig zum Einkleben in das DSF-Heftchen aushändigen und darüber Buch führen.

Dann war da noch die Organisation GST, also die Gesellschaft für Sport und Technik. Auch ihr traten wir geschlossen „freiwillig“ bei. Sie bestand aus einer Reihe halbmilitärischer Sparten. Man musste sich für eine der Sparten entscheiden. Einige wählten Motorradfahren, andere Schießen, ich wählte Segelfliegen.

Man hatte mir das schmackhaft gemacht mit der Inaussichtstellung – nach einer Phase des Modellierens kleiner Segelflieger – am nahe gelegenen Dolmar, einem Berg bei Meiningen, eines Tages mit einem großen Segelflugzeug in den Lüften segeln zu können. Mich reizte vor allem das Basteln. In der Schule war eine Werkstatt eingerichtet worden, Material war auch vorhanden, und so begann ich mutterseelenallein – ohne „Führungsoffizier“ – anhand von Vorlagen kleine

[65] HARTMANN / EGGELING (1998: 243 f.): Im Juni 1947 war die „Gesellschaft zum Studium der Kultur der Sowjetunion“ gegründet worden, die zwei Jahre später in „DSF“ umbenannt wurde und mittlerweile zu einer Massenorganisation geworden war.

Segelflieger vor mich hin zu basteln. Die ließ ich dann auch – mit mäßigem Erfolg – fliegen. Einmal flog eines in das Drahtfenster einer Fabrik, ohne allerdings größeren Schaden anzurichten. Zum Selberfliegen ist es nie gekommen. Aber darauf war ich ja, wie gesagt, nicht so scharf.

Eines Tages muss sich unsere Klasse im Rahmen der GST zum Schießen zu einem Schießstand am nahen Domberg begeben. Vor uns in einigem Abstand befinden sich drei Schießscheiben nebeneinander, zu dritt müssen wir antreten, um mit KK-Gewehren insgesamt je dreimal einigermaßen zeitgleich auf die Scheiben zu schießen. Links von mir schießt ein Klassenkamerad, rechts schießt einer, ich schieße in der Mitte. Auf meiner Zielscheibe gibt es fünf Einschüsse, wie wir überrascht und amüsiert feststellen, auf den anderen beiden ist nichts zu sehen. Ob ich selber getroffen habe, weiß ich nicht. Mehr als drei Schuss für jeden gab es nicht. Damit war meine militärische Ausbildung beendet.

Als am 5. März 1953 „Josef Wissarionowitsch Stalin ..., der große Wissenschaftler des Marxismus-Leninismus, der weise Führer der Werktätigen [wir sagten: der Übervater, der Vater aller Werktätigen, er muss schon sehr potent gewesen sein, d. Verf.] im Kampfe um den Sozialismus, der geniale Feldherr des Großen Vaterländischen Krieges des Sowjetvolkes, der überragende Kämpfer für die Erhaltung und Festigung des Friedens in der Welt, dahingegangen [war]“[66], hofften wir auf Änderung, aber alles blieb beim Alten.[67] Drei Tage nach Stalins Tod sagte Ulbricht, „daß man von dem von Stalin vorgegebenen Weg nicht abweichen werde“.[68] Die Sowjetisierung wurde in allen Bereichen des öffentlichen und privaten Lebens fortgesetzt.[69]

Etwa zu dieser Zeit wurden einmal alle Klassen in die Aula der Schule beordert. Ein Schüler, der der evangelischen Jugendgruppe „Junge Gemeinde“ in der DDR, laut SED-Politbüro einer „Tarnorganisation für Kriegshetze, Sabotage und Spionage“[70], angehörte und wegen seiner nicht verhohlenen Religiosität aufgefallen war, wurde öffentlich gerügt. Kurz darauf weilte er nicht mehr an der Schule.

Das Geschehen am 16./17. Juni 1953 in Ost-Berlin und in anderen Städten der DDR haben wir im Radio, Sender RIAS, dem Rundfunksender im Amerikanischen Sektor von Berlin, von den DDR-Machthabern „Hetzsender“ genannt, mit großer Spannung und Hoffnung verfolgt.

[66] Beileidstelegramm der SED, nachzulesen bei KNABE 2003: 25
[67] BUCKOW 2003: 96
[68] BUCKOW 2003: 362
[69] BUCKOW 2003: 649
[70] nachzulesen bei KNABE 2003: 40; PETER SKYBA in XII. Bautzenforum 2001: 43 f.
Anlage Nr. 2 zum Protokoll Nr. 5/53 vom 27. Januar 1953 (P) [des SED-Politbüros]: „Entlarvung der Jungen Gemeinde in der Öffentlichkeit als einer Tarnorganisation für Kriegshetze, Sabotage und Spionage, die von westdeutschen und amerikanischen imperialistischen Kräften dirigiert wird.“ „feindliche Rolle der Jungen Gemeinde“, „staatsfeindliche und demoralisierende Tätigkeit der Jungen Gemeinde“ (www.17juni53.de/chronik/5301/doc_5.html).

Im roten Suhl blieb alles ruhig. Kein Streik, keine Demonstration, keinerlei Aufbegehren. Der Unterricht verlief normal, aber in den Pausen sprachen wir Schüler lebhaft über dieses Ereignis. Sobald ein Lehrer den Raum betrat, war alles still. Wir erhofften uns von dieser Revolte, „die gleichzeitig Arbeiteraufstand und revolutionäre Erhebung (war), bei dem sich Protest nicht nur gegen die wirtschaftliche Verschlechterung, sondern ebenso gegen das politische System Bahn brach“[71], die Befreiung von Willkür, Unterdrückung und Unfreiheit. Innerlich „skandierten“ wir mit den Demonstranten mit: „Ulbricht weg!“, „Abtreten!“, „Spitzbart, Bauch und Brille sind nicht des Volkes Wille.“

Unsere Hoffnung zerschlug sich schnell. Groß war nach dem von der SED[72] propagierten „Neuen Kurs“ vom 9. Juni die Enttäuschung über die Niederschlagung der spontanen, am 16. Juni ausgebrochenen und bereits tags darauf zum Flächenbrand[73] „ausgearteten“ Volkserhebung durch das militärische Eingreifen der rasch herbeigerufenen „Freunde“[74]. Die sowjetischen Panzer und der über fast alle Kreise und größeren Städte der DDR[75] verhängte Ausnahmezustand brach dem Volksaufstand das Genick. „Nur die thüringische Bezirksstadt Suhl, in der es so gut wie keine Proteste gegeben hatte, blieb [von beidem, d. Verf.] verschont“[76]. Der Bezirk Suhl bildete „das Schlusslicht am 17. Juni“[77].

Bild 56
Von links nach rechts: Hans-Georg, Mutti, Wolfgang, Edeltraud, Ursula, 1953

In den Sommerferien 1953 arbeitete ich bei Kober Suhl in der Stanzerei. Ich brauchte Geld für ein Fahrrad und einen Tanzstundenanzug. Meine Mutter fand diese Arbeit über einen alten Bekannten, der ihr früher mal einen Antrag gemacht

[71] HARTMANN / EGGELING: 1998: 22 f.
[72] KOWALCZUK / WOLLE (2001: 84): Ein Major der Stasi sagt zu einem Kollegen: „Weißt du übrigens, was SED bedeutet? ... Die Deutschen sagen: ‚So endet Deutschland.‘“
[73] KNABE 2003: hintere Umschlagseite
[74] KOWALCZUK / WOLLE 2001: 169
[75] WEBER 2000: 163: „In 600 Betrieben kam es zu Streiks ... Es gab in über 560 Orten der DDR Demonstrationen, Kundgebungen, Streiks, Gewalttätigkeiten gegen offizielle Personen oder Einrichtungen. Der Aufstand hatte tatsächlich das gesamte Land ... erfaßt.“
[76] KNABE 2003: 341
[77] KNABE 2003: 156, KOWALCZUK / WOLLE (2001: 171): „Als einzige Bezirksstadt blieb Suhl vor dem Ausnahmezustand bewahrt.“

hatte, aber da war sie schon mit Erich liiert. Für Elektromotoren jeglicher Art und Größe musste ich Ankerplättchen und Isolationsstreifen aus Blech beziehungsweise Pappe stanzen.

Nach kurzer Einarbeitungszeit, in der ich mich geschickt anstellte, stanzte und stanzte und stanzte ich in einem fort, es war Akkordarbeit, da konnte ich was verdienen. Bald merkte der Meister, dass ich bei gleicher Qualität mehr schaffte als seine langjährigen, zum Teil arbeitsbedingt handverletzten Mitarbeiter. Er fürchtete, dass ich ihnen die Norm verderben und damit die Butter vom Brot nehmen könnte, und um das zu verhindern, setzte er mich für ein paar Stunden matt. Als Erklärung führte er an, dass es zwar leicht sei, eine Zeit lang im Akkord Rekordergebnisse zu erzielen, dass man dies aber nicht über Jahre hinweg durchhalten könne. Das müsse er im Interesse seiner Mitarbeiter bedenken und berücksichtigen. Ich war dennoch – trotz Einsicht in die Notwendigkeit – traurig, so ausgebremst worden zu sein. Ich war sozusagen ein verhinderter Adolf Hennecke.

Von dem Verdienst nach sechswöchiger Arbeit kaufe ich mir ein gebrauchtes Fahrrad für 120 DM und einen schwarzen Anzug. Mit 16 Jahren lerne ich Rad fahren. Beim ersten Fahrversuch auf dem nahen Sportplatz bei der Turnhalle lande ich an einem Baum, seltsamerweise weicht er nicht zur Seite aus, obwohl er doch sehen müsste, dass ich auf ihn zukomme. Noch wusste ich nicht, wie man bremst. Als ich schließlich einigermaßen die Fahrtechnik beherrsche, fahre ich mutig den Hang zum Turnhallenplatz hinunter, gerate dabei aber in der Rechtskurve dermaßen in Schwung, dass ich links am stacheldrahtbewehrten Bretterzaun entlangschlittere. Diesmal ist meine linke Hand betroffen. Ich fahre sofort zum Krankenhaus und lasse mich ambulant behandeln.

Mit 16 Jahren konnte ich an der Tanzstunde teilnehmen. Nach den ersten Tanzunterrichtsstunden liege ich abends im Bett und realisiere, dass ich nicht wie andere Kameraden eine Freundin habe. In Gedanken gehe ich alle Mädchen der Tanzstunde, die aus der Klasse unter uns sind, durch und überlege, welches mir wohl gefallen könnte. Bei einem der Mädchen bleibe ich hängen, und je länger ich sie mir in ihrer ganzen lebhaften Art und hübschen Erscheinung vorstelle, desto mehr gefällt sie mir, bis ich schließlich beginne, mich in sie zu verlieben. Auf einmal durchfährt es mich wie ein Blitz. Geschockt realisiere ich, dass dieses Mädchen ja die Tanzstundendame und sehr wahrscheinlich auch die Freundin eines Klassenkameraden ist. Nix war's. Lange bleibe ich wach liegen.

Den Tanzstundenabschlussball versäumte ich, weil die Oma meiner Partnerin unmittelbar zuvor gestorben war. Ein anderes Mädchen war noch ohne Partner; der Tanzstundenlehrer versuchte, uns zusammenzubringen, aber da sie fast einen Kopf größer war als ich, lehnte ich aus falschem Stolz ab. Für die Reihenfolge der Paare in der Eröffnungspolonaise war die Länge des Tanzstundenherrn maßgebend, damit wäre ich – zusammen mit einer der größten Damen – der Letzte gewesen.

Wenn man wenigstens die Durchschnittsgröße von Dame und Herrn zum Maßstab genommen hätte und ich damit in der Mitte des Zuges gelandet wäre, hätte ich möglicherweise teilgenommen. Aber so? Zur „Strafe" durfte ich mich beim Ball nicht blicken lassen. Ich versteckte mich auf der Empore des Tanzsaals und schaute zu. Für das Mädchen, das gegen mich als Partner nichts einzuwenden gehabt hatte, wurde jemand aus einem früheren Kurs gefunden.

Als meine Schwester Edeltraud die Volksschule absolviert hatte, meinte Mutter, nun könne sie ihr daheim zur Hand gehen, aber da hatte sie die Rechnung ohne den Wirt gemacht. Edeltraud suchte sich auf eigene Faust eine Lehrstelle als Feinmechanikerin im Schieblehren- und Mikrometerbau bei Feinmess in Suhl.

Schwester Ursula sah wie wir alle schlecht aus, sie war abgemagert bis auf die Knochen. Mutter besann sich auf Vaters Tante Lina, die von Coburg kommend irgendwann irgendwie in Solingen gelandet oder gestrandet und verwitwet war. Sie schrieb ihr, ob sie nicht Ursula für einige Zeit bei sich aufnehmen könne, um sie aufzupäppeln. Tante Lina war einverstanden, und so reiste Mutter im Herbst 1954 mit Ursula – beide hatten ihre beste Kleidung angelegt, Ursula ihr lila Kleid und einen farblich dazu nicht passenden Anorak – mit einem Visum zu ihr nach Solingen, um sie dort abzuliefern. Der Zug fuhr bis Solingen-Ohligs, dann stiegen sie in den Bus nach Solingen Mitte um und begaben sich mit Sack und Pack zu Fuß auf den Weg zur Tante in die Baumstraße. Was Ursula nie vergisst, das war der Kinderauflauf, der sich hinter ihnen zusammenfand. Die Kinder riefen den beiden hinterher: „Zigeuner, Zigeuner!" Da fühlte sie sich als zum „Pack" gehörig. Ihr ist das heute noch hochpeinlich. Mutter kehrte nach einem kurzen Aufenthalt in Solingen wieder nach Suhl zur um ein weiteres Mitglied geschrumpften Familie zurück. Ursula war nun mit Tante Lina allein in Solingen und besuchte dort die Schule. Tante Lina nahm sie des Öfteren mit ins Theater, wo sie Platzanweiserin war. So kam Ursula in den Genuss zahlreicher Opern- und Operettenaufführungen.

Im Frühling 1955 schloss Edeltraud die Lehre mit Erfolg ab. Es stellte sich nun die Frage, wie es weitergehen sollte. Auch jetzt dachte Mutter wieder, sie könne ihr im Haushalt zur Hand gehen. Aber noch immer sah Edeltraud darin nicht ihre Berufung. Weil Tante Lina mit Ursula nicht zufrieden war – sie war ihr zu klein und konnte ihr nicht wie gewünscht im Haushalt helfen – kam sie mit Mutter überein, dass Edeltraud sie ablösen sollte. Also fuhr Ursula nach Suhl zurück, und Edeltraud begab sich mit Visum zur Tante nach Solingen, wo sie in einer Scherenfabrik eine Anstellung bekam.

Probleme bereitete Ursula, dass sie nun – nach halbjährigem Englischunterricht im Westen – entsprechend lang versäumtes Russisch nachholen musste.

Sie war noch nicht lange wieder in Suhl, da erhielt sie von der Schulklasse, die sie in Solingen besucht hatte, ein riesiges Paket. Ihre Klassenkameradinnen hatten alles Mögliche für sie gesammelt und ihr geschickt. Darüber freute sie sich sehr, die Zigeuner-Klassifizierung rückte in den Hintergrund, Solingen war nun nicht mehr nur negativ besetzt. Noch lange hatte sie Kontakt mit ihren westdeutschen Freundinnen.

Mit unserem Zitherorchester gingen wir oft in die umliegenden Kurorte, zum Beispiel nach Oberhof und Gehlberg. Dort gaben wir für die Kurgäste ein abendliches Konzert. Das Orchester war mit 12 Zithern, ein paar Gitarren und Geigen, einem Cello und einem Baß besetzt. Wir spielten meist Operettenmelodien, die gut beim Publikum ankamen, aber auch echte Zithermusik, jedenfalls gab es immer starken Beifall. Nach dem Konzert spielten einige von uns noch zum Tanz auf, auch ich mischte mich unter die Tanzenden, und wie es halt so ist, gerät man dabei leicht ins Schwitzen, so dass man gerne mal zur Abkühlung vor die Tür ins Freie tritt – zu zweit. Gelegentlich scheint auch der Mond – quasi als Verbündeter oder Aufpasser.

Kritisch waren Auftritte im Winter. Manchmal kam man im Schnee mit dem Bus nicht bis zum Kurhaus oder Gasthaussaal, wo das Konzert stattfinden sollte. Da blieb uns nichts anderes übrig, als kilometerweit den Berg hinaufzulaufen. Ohne uns, also entsprechend erleichtert, konnte der Bus die Instrumente zum Zielort befördern. Unser Busfahrer gehörte zu den Spaßmachern, die ausdauernde Gäste und uns Vereinsmitglieder nach dem Konzert mit allerlei Kunststückchen, Scherzen und Witzen unterhielten. Leider trank er gern auch über den Durst. Auf dem Rückweg schwitzten alle Blut und Wasser, wenn der Bus ins Rutschen geriet. Einer von uns saß neben dem Fahrer, stets bereit einzugreifen, wenn er – der Bus oder der Fahrer – außer Kontrolle geraten würde. Glücklicherweise passierte das nie.

Einmal, es war im Februar 1954, fand ein Zitherkonzert in Suhl statt, in dem ich zusammen mit einer etwa gleichaltrigen Zitherspielerin als „Zither-Solisten“ im Duo auftrat und „als ansprechende Darbietung Phantasien über das Heideröslein“ – so die Zeitung – zeigte.

Im Zitherspiel kam ich so weit, dass ich anfing, selber ganz kleine Stücke zu „komponieren“. Eines Tages überrascht mich meine Mutter mit der „frohen“ Botschaft, sie habe einem Bekannten meine Noten gezeigt, der habe sich gleich dafür interessiert, weshalb sie sie ihm zum Anschauen mitgegeben habe. Ich habe sie nie mehr gesehen, was meine Kompositionslust arg dämpfte. Mutter war in mancherlei Hinsicht blauäugig und vertrauensselig. Nie wäre sie auf den Gedanken gekommen, der Bekannte würde die Noten nicht wiederbringen.

Einem bekannten Jungen vom Spierling im höher gelegenen Teil Suhls, er hieß Georg Zehner, gab ich Zitherunterricht. Wenige Jahre später, als ich schon nicht mehr in Suhl war, erfuhr ich, dass er beim Schieben seines Fahrrads rauf zum Spierling vom Blitz getroffen und dabei tödlich verletzt wurde. Der Mutter eines

Klassenkameraden, die gerade Heu zusammengerecht und den Rechen geschultert hatte, erging es, von einem Gewitter überrascht, genauso.

Mein Bruder, aus mir nicht mehr erinnerlichen Gründen „Dudel" genannt, hatte eine Freundin, ein Foto zeigt sie beide im Schwimmbad mit ineinander verschlungenen Beinen. Sie ist ein hübsches Mädchen mit etwas rötlichem Haar und ein paar Sommersprossen. Schule ist ihm nicht so wichtig, Beziehungen sind wichtiger. Auch Fußball interessiert ihn mehr als Schule. Er spielt in der Suhler Jugend mit, und später schafft er sogar den Sprung in die zweite und vertretungsweise in die erste Mannschaft von Motor Mitte Suhl, die in der Landesliga spielt.

Bild 57
Wolfgang Müller, Weihnachten 1954

Bild 58
Wolfgang und Renate Müller, 1956

Im Vollgefühl seiner Kraft und Stärke schließt er mit seinen Kumpanen manche Wette ab. Einmal kommt er vollgefressen – anders kann man's nicht nennen – vom Grünen Baum nach Hause und bringt mühsam hervor, er habe die Wette, 25 Krapfen hintereinander essen zu können, gewonnen. Vielleicht war das für ihn die Fortsetzung des Krapfenessens, zu dem uns seinerzeit Frau Meyer eingeladen und bei dem er – trotz des Nachschlags – nicht genug bekommen hatte. Ich weiß nicht, worum es bei der Wette ging. Mir wäre sowas nicht in den Sinn gekommen, aber ich war ja auch weder kräftig noch stark, hungrig schon.

Nach Rauchen war mir nicht zumute. Einmal habe ich, als ich mit einigen Freunden in Erfurt war, ein paar Zigaretten mehr gepafft als geraucht, aber das war auch schon alles. Eher habe ich mal was getrunken.

Bei einem Schulball stand ich hinter der Theke, die wir eigens für Lehrer eingerichtet hatten. Jedesmal wenn ich ihnen Alkoholika einschenkte, luden sie mich ein mitzutrinken. Konnte ich das ausschlagen? Ich war zum Schluss sternhagelvoll, und ich weiß nicht mehr, wie ich damals nach Hause und ins Bett gekommen bin, aber als ich am späten Morgen aufwachte, lag ich in meiner

Schlafstatt. Ich tröstete mich mit dem Spruch: „Wer niemals einen Rausch gehabt, der ist kein braver Mann“.

Der Zufall wollte es, dass unsere Kunstlehrerin kurz darauf den „Blauen Jüngling“ von Gainsborough mit uns besprach, das brachte mir mal wieder einen neuen Spitznamen ein. Warum bloß hat sie nicht den „Morgenspaziergang“ gewählt, dann wäre ich mit einem blauen Auge davongekommen!

Auch den scharfen Trunk aus dem Flachmann eines Freundes, mit dem ich im Winter als Zuschauer auf dem Sportplatz in der Aue war, verabscheute ich nicht. Wenn uns das Spiel von außen schon nicht erwärmte, der Schnaps von innen vollbrachte es.

On a Schnäpsle, doas koann niß geschoad. [78]

Mit dem Schulorchester nahm ich Pfingsten 1954 am „II. Deutschlandtreffen für Frieden, Einheit und Freiheit“ der Jugend „im demokratischen Sektor von Berlin“[79] teil. Da war ich zum ersten Mal in der „Hauptstadt der DDR“. Unser Orchester spielte irgendwo auf einem Podium auf der Straße. Untergebracht waren wir in der 18. Grundschule Berlin-Mahlsdorf-Mitte.

Ich freunde mich mit einem Mädchen im Blauhemd der FDJ an und fahre mit ihr S-Bahn. Plötzlich werden wir von einem Fahrgast, der uns gegenübersitzt, darauf aufmerksam gemacht, dass wir in West-Berlin gelandet sind. Das Mädchen hat Angst, denn es war uns striktenst verboten, in den Westen von Berlin zu fahren. Aber wir kommen ohne Probleme zurück nach Ost-Berlin. Das Mädchen ist bedient, wir trennen uns. Bei diesem Deutschlandtreffen habe ich die erste und einzige Banane in meinem ganzen Ost-Leben zu essen bekommen.

Ein Klassenkamerad war irgendwie zu Pornoliteratur gekommen. Er hatte nach dem Unterricht nichts Eiligeres zu tun, als die ganze Klasse – natürlich nur ihren männlichen Teil – unweit der Schule um sich herum zu versammeln und dem Knäuel atemlos lauschender Kameraden die spannenden Geschichten à la Fanny Hill oder Josephine Mutzenbacher, die beide uns damals nicht zur Verfügung standen, ja, deren Existenz wir nicht einmal kannten, zu verlesen.

Als uns einer unserer Lehrer so eng im Pulk zusammenstehen sah – es war gerade spannend, da von einer weich bemoosten Scham die Rede war –, schwante ihm, was da wohl „Unanständiges“ vor sich ging und verscheuchte uns aus dem Nahbereich der Schule. So vollzog sich die Sexualaufklärung unter uns Jungen.

In der Volksschule hatten wir nur einmal etwas über Bienen, Blüten und Bestäubung gehört. Das war in der achten Klasse gewesen. Da hatten wir alle – Mädchen wie Jungen – mucksmäuschenstill gelauscht, um hinterher doch enttäuscht zu sein. Jeder von uns dachte damals, das kann doch wohl nicht alles sein. In der Oberschule dann war Sexualkunde weder Fach noch Thema.

[78] Julius Kober 1963: Pfengste

[79] Teilnehmer Nr. E 02566, Marschblock II/41/466, 50er Gruppe II, 10er Gruppe 2

Wie sollte ich unter solchen Umständen in der Lage sein, einem etwas älteren Freund, der nur die Volksschule besucht hatte und glaubte, im „höheren" Unterricht würde man lernen, die Frage nach dem Augenblick, in dem es „gefährlich" werden würde, ein Kind zu zeugen, zu beantworten? Unmöglich. Und wie sollte *ich* es wissen, wenn nicht einmal unser Direx die Abläufe beherrschte, was ihn dann prompt Posten und Ansehen kostete und Gefängnis einbrachte.

Mit unserm kleinen Radio hörten wir regelmäßig RIAS, den verpönten Rundfunk im Amerikanischen Sektor von Berlin. Als großes Ereignis verfolgten wir die Fußballweltmeisterschaft 1954 in Bern. Wir zitterten, kämpften und siegten mit der westdeutschen Mannschaft und schrien mit Herbert Zimmermann „Tooor, Tooor, Tooor!" und „Aus, aus, aus! Das Spiel ist aus!" Auch für uns im Osten war Deutschland Weltmeister geworden.

Im letzten Schuljahr, ein paar Monate vor dem Abitur, bekommt unsere Schule im Rahmen einer Rekrutierungskampagne Besuch von zwei Offizieren der Kasernierten Volkspolizei, kurz KVP, der späteren Nationalen Volksarmee, kurz NVA, in die die KVP am 1. März 1956 mutierte. Nacheinander werden wir Jungen im Laufe des Vormittags aus der Klasse herausgerufen, um in ein Gespräch unter sechs Augen mit den Militärs einzutreten. Auch ich werde – zu Beginn der Mathestunde – gerufen. Sie fragen mich, ob ich der KVP beitreten möchte.

„Nein", sage ich, „ich habe anderes vor."

„Was haben Sie denn vor?"

„Ich möchte Mathematik und Physik studieren."

„Bei uns können Sie auch Mathematik studieren, im Rahmen der Ballistik."

„Das ist doch angewandte Mathematik, mich interessiert aber die reine."

Irgendwie erinnert mich das Gespräch an das Verhör durch die Grenzer in Römhild. Auch jetzt sitze ich zwei Vertretern der Staatsmacht gegenüber, die mich bearbeiten, die in mich eindringen, die Fallstricke und Fußangeln – letzteres Wort hatte ich von unserm Onkel Berkes gelernt – legen, in die ich hineintappen könnte. Ich muss vorsichtig sein.

„Wenn Sie Ballistik studieren", fahren sie fort, „tragen Sie zur Verteidigung unseres Landes bei. Wäre das nicht eine schöne Herausforderung? Das Gefühl, dem Land zu dienen?"

„Ich möchte keine Waffe in die Hand nehmen. Es hat im Krieg zu viele Tote und Verletzte gegeben. Mein Großvater Kuno ist im Ersten Weltkrieg gefallen, mein Patenonkel Paul in Italien im Zweiten, der Verlobte meiner Kusine Liesbeth kam aus dem Feld im Osten nicht zurück. Unser Mathematiklehrer, der uns in eben diesem Augenblick unterrichtet, hat im Ersten Weltkrieg ein Bein verloren, unser Hausmeister im Zweiten Weltkrieg einen Arm. In diesem Sinn ist der Krieg auch dann noch allgegenwärtig, wenn er vorbei ist. Im Übrigen bin ich von Statur klein und schwach auf der Brust, ich wäre kein guter Soldat. Dienen kann ich dem Land auch auf andere Weise."

„Was wollen Sie denn später einmal nach Ihrem Mathematik- und Physikstudium machen?“

„Ich weiß nicht, aber ich kann mir gut vorstellen, einmal Lehrer zu werden, das wäre doch ebenfalls eine schöne Aufgabe und ein Dienst am Menschen und für das Land.“

Dem können sie nicht widersprechen. Sie geben es auf, noch weiter in mich zu dringen. Zwingen können sie mich nicht. Aber sie werden sich von mir ein Bild gemacht haben.

Der nächste ist an der Reihe. Einen von uns ziehen sie herüber. Der hatte sich keine Chancen bei der Bewerbung um ein Medizinstudium an einer Uni ausgerechnet, wie er mir später selber sagte, so aber, versicherte man ihm, würde er bei der KVP Medizin studieren können, was er denn auch tat.

Die KVP stand in keinem guten Ruf. Von einem Feldwebel – es hätte unser Geschichts- und Gegenwartskundelehrer sein können – erzählte man sich folgendes Bonmot: Er lässt seinen Trupp sich in einer Reihe aufstellen und befiehlt:

„Zurücktreten!“

Einer rührt sich nicht. Entrüstet ruft er diesem zu:

„Das gilt auch für dich da hinten mit dem roten Käppi!“

Einer der Soldaten wendet ein: „Das ist doch ein Hydrant, Herr Feldwebel!“ Worauf dieser schreit:

„Was ich befehle, gilt auch für Akademiker!“

Jemand hat mir später einmal gesagt, dass das doch ein alter preußischer Witz sei. Aber waren denn die „Polizisten“ der KVP nicht auch Preußen und hatten wie diese traditionsgemäß den gleichen Stechschritt?

Nach der Befragung durch die Militärs begebe ich mich zurück in die Klasse. Dort geht es gerade im Rahmen des Mathematikunterrichts um Folgen und Reihen. An der Tafel stehen einfache Beispiele für Folgen wie 2, 4, 6, 8, ...; 3, 5, 7, 9, ...; 4, 7, 10, 13, ...; 2, 4, 8, 16, ...; 0, 7, 26, 63, ... und andere mehr. Spontan, ohne den Anfang der Stunde mitbekommen zu haben, kann ich die zugehörigen Bildungsgesetze, die unser Mathelehrer vergebens aus der Klasse herauszubekommen versucht, nennen. Mathe fällt mir leicht, und das will ich doch auch studieren.

Unterricht im Sozialismus

Die letzten Schuljahre

Wir hatten glücklicherweise zum größten Teil noch Persönlichkeiten als Lehrer.

Mathematik und die naturwissenschaftlichen Schulfächer waren – vielleicht bis auf Biologie – unkritisch, weil politisch neutral. Zudem wurden sie von älteren Lehrern, die zum Teil schon vor oder während des Kriegs unterrichtet hatten, abgedeckt.

In Chemie schaut Lehrer Schilling mit den drei Spitznamen „Zauber von Paris", „Bibifax" und „Drei-Morgen-Hut", auf und ab gehend, zum Fenster hinaus und sagt beiläufig: „Da drüben sind unsere Freunde." „Da drüben", das heißt jenseits des Schulhofs, den man vom Chemiesaal aus überblickt, schieben Russen vor ihren Garagen Wache.

Aber er kommt sogleich wieder auf den Stoff zurück, den er hervorragend vermittelt. Bei ihm lernen wir, wie man sich einem Duftstoff, zum Beispiel H_2S nähert, um zu erkunden, worum es sich handelt: Man bringt ihn, der sich in einem Reagenzgläschen oder einer Flasche in flüssiger oder gasförmiger Form befindet, mit der linken Hand in die Nähe der Nase, ventiliert an der Öffnung vorsichtig mit der rechten Hand und führt ihn auf diese Weise dem Riechorgan wohldosiert zu. Munter mischt er verschiedene Flüssigkeiten und erzeugt dabei neue Farben, manchmal bringt er auch etwas zur Explosion. Sein Unterricht ist außerordentlich lehrreich und unterhaltsam.

In Physik löchere ich unsern Lehrer Lindemann mit dem Spitznamen „Bambel" so lange, bis er mir rät, doch Physik zu studieren, dann würde mir schon klar werden, warum die Weltraumtemperatur Null Grad Kelvin beträgt.

Einmal kommt ein Klassenkamerad namens N. nachmittags zu mir nach Hause. Er weiß nicht, wie das mit den Stromkreisen funktioniert, und weil er befürchtet, tags darauf danach befragt zu werden, will er es von mir wissen. Aber ich weiß es auch nicht. Jedenfalls rätseln wir so lange an dem Stromkreisproblem herum, bis uns ein Licht aufgeht. Zufrieden und erleichtert kehrt mein Kamerad heim.

Am folgenden Tag kommt Bambel in die Klasse. Wie gewöhnlich sagt er:

„Morgen! – Setzen!", und nachdem er selber am Lehrertisch Platz genommen, Stehen fällt ihm wegen seiner Behinderung schwer, seinen Stock abgestellt, den braucht er wegen seines Holzbeins – Relikt aus dem Ersten Weltkrieg –, und seine Zettelwirtschaft, die braucht er für den Unterricht, geordnet hat, sagt er wie immer:

„Klassenbuch!" und, mit dem Finger die Liste der Schüler durchgehend und bei X anhaltend,

„X an die Tafel!" (X, hier als Unbekannte verwendet, ist ein Mitschüler, der im konkret hier vorliegenden Fall im Alphabet etwas weiter oben als ich steht); der steht erschrocken auf, geht zögernd zur Tafel und wendet sich kreidebleich dem

Lehrer zu. Der befragt ihn – natürlich! – nach den Stromkreisen. X weiß es – natürlich! – nicht. Denn von der Klasse wissen es nur zwei.

„Setzen, 4!“, war die lapidare Reaktion (4 war mangelhaft).

Der nächste im Alphabet, X + 1, weiß es auch nicht.

„Setzen, 4!“

So ergeht es noch einigen anderen, bis *ich* an die Reihe komme. Aber ich weiß es – nach der tags zuvor erfolgten, von Kamerad N. initiierten Klärung –, und ich antworte sachgerecht.

„Setzen, 1!“, sagt Bambel, der wahrscheinlich froh ist, dass der Spuk ein Ende gefunden hat. N. aber guckt in die Röhre. M steht im deutschen Alphabet nun mal vor N. Und ich lasse mir doch keine Vier geben, wenn ich weiß, was Sache ist, nur damit N. *nach* mir eine gute Note bekommt.

Bambel ging später nach seiner Pensionierung in den Westen. Einer seiner Söhne wohnt heute in der gleichen Stadt wie ich, zu ihm habe ich Kontakt. Er hat mir erzählt, wie sein Vater zu der Kriegsverletzung gekommen ist.

Über Bambel, bei dem wir in der letzten Klasse auch Mathematik hatten, mussten wir wegen seiner trockenen Art gar manchmal schmunzeln, aber einmal blieb ihm sprichwörtlich die Spucke weg. Wir hatten ja auch ein paar Mädels in der Klasse. Die nahm er genauso ran wie uns Jungen. Damals hatten sie noch nicht (die) Hosen an, und wenn sie sich in ihren Röcken oder Kleidern strecken mussten, um an den oberen Rand der Tafel heranzukommen – die Tafelarbeit überließ er wegen seines Holzbeins uns –, zeigten sie uns allen unfreiwillig etwas mehr Bein als gewöhnlich. Wer vorne saß, war im Vorteil. Vorne saß auch Bambel. Und was passierte da einmal, als alle Augen auf „die Tafel“ gerichtet waren? Ein Hosenknopf – Reißverschlüsse waren damals selten – rollte aus Bambels Richtung durch das Klassenzimmer. Es war nicht zu überhören. Stille. Dann versuchte er die ihm peinliche Situation mit der nächsten Frage zu überspielen, aber es war zu spät, er musste grinsen, als er, der Knopflose, der peinlich Berührte und Frustrierte, uns schadenfroh reagieren sah.

In der elften Klasse hatten wir bei unserm Lateinlehrer Poser im Rahmen des Biologieunterrichts das Gebiet Anthropologie – nach dem Prinzip, dass ein Humanist auch Menschenkunde unterrichten können muss. Seltsamerweise hatte er keinen Spitznamen; lag das an dem Respekt, den wir vor ihm hatten? Was nur irgend auf griechische Wörter zurückging, erklärte er auf Griechisch, wie zum Beispiel die Blutkörperchen Erythrozyten, Leukozyten, Phagozyten, und er schrieb die Herkunftswörter in griechischen Lettern an die Tafel. Damit weckte er mein Interesse mehr an Griechisch als an Biologie.

Noch vor seiner Pensionierung ging er, nach einem Zwischenspiel an der Uni Jena, in den Westen. Später besuchte ich ihn in Oberursel, wo er mir erzählte, weshalb er die DDR verlassen hatte. Er war nur einer der vielen Lehrer, die damals diesen Schritt taten.[80]

Unser Deutschlehrer Sperling in der Oberstufe, von uns Spatz genannt, rief in uns gewisse Sehnsüchte wach. Er schwärmte von romantischen Abenden im Lehnstuhl in einem behaglichen Zimmer mit bengalischer Beleuchtung bei einer Tasse Schokolade und einem guten Buch in der Hand und erzählte uns, wie unvergleichbar schön die Liebe sei. Schwierige Umstellung, wenn die nächste Unterrichtsstunde von trockenem „marxistisch-leninistischen“ Zuschnitt war.

Bei ihm lernten wir auch mit Heinrich Manns Werk „Der Untertan“ die gegensätzlichen Begriffe Masochismus und Sadismus, also Buckeln und Einprügeln, Unterwürfigkeit und Machtausübung, kennen. Spatz hatte etwas von Letzterem.

Dreizehn Schulfächer waren das Pensum bis zum Abi. Im Biologieunterricht der letzten, der zwölften Klasse mussten Lebensläufe von Biologen – Robert Koch, Ernst Haeckel, Charles Darwin und so weiter – gepaukt werden, insbesondere die der russischen Wissenschaftler Iwan Wladimirowitsch Mitschurin (1855–1935) und Trofim Denissowitsch Lyssenko (1898–1976), in deren Theorien Umwelteinflüsse auf das Entstehen von Arten[81] die wesentliche Rolle spielten, während zum Beispiel die Mendelschen Vererbungsregeln und die Chromosomentheorie, „die von der ‚westlichen‘ Genetik verfochten wurde“[82], offiziell unter den Teppich gekehrt wurden. Inoffiziell und entgegen dem Kanon erklärte uns Lehrer Heym, Nobbä (Nachbar) genannt, dennoch, was Mendel herausgefunden hatte.

Heym erzählte uns einmal, wie er im eigenen Garten Versuche zur Obstveredelung anstellte. Er hatte Birnentriebe auf Apfelbaumzweige oder -äste okuliert oder kopuliert und wartete nun auf den Erfolg seiner fachmännisch durchgeführten Experimente. Einige Klassenkameraden – da war ich, obwohl sonst für jeden Blödsinn oder Streich zu haben, ausnahmsweise einmal nicht mit dabei – hängten in einer Nacht- und Nebelaktion unzeitgemäß Weihnachtsdekoration an eben diesen Baum in seinem Garten in Goldlauter. Natürlich hat das unser Nobbä irgendwann bei einer Inspektion spitzgekriegt, gesagt aber hat er nie etwas. Sicher hat er sich darüber geärgert. Ein Gedenkstein mit einer seine Heimatforschung würdigenden Inschrift steht heute im Friedhof von Goldlauter, das im Suhler Volksmund „die Wopptei“ heißt und bequemerweise wie Wobbdei ausgesprochen wird. Befragt, sagen die „Wopper“ aber, es werde gesprochen wie man’s schreibe.

In Physik lernten wir, dass die Dampfmaschine von einem russischen Wissenschaftler erfunden worden sei. J. Watt wurde nur am Rande erwähnt.

Stark politisch gefärbt dagegen waren Fächer wie Deutsch, Geschichte und Gegenwartskunde. Alles musste durch die Ideologie des Marxismus-Leninismus

[80] HOHMANN 2000

[81] BROCKHAUS ENZYKLOPÄDIE, 19. Auflage, Brockhaus Mannheim, Band 13. (1990: 662): „gezielte Veränderung der Erbanlagen durch Änderung der Lebensbedingungen“ (Lyssenko).

[82] HARTMANN / EGGELING 1998: 76

und die gesellschaftlichen Realitäten „Basis“, das heißt die wirtschaftliche Ordnung einer Gesellschaft in einer gegebenen Etappe ihrer Entwicklung, und „Überbau“, das sind die politischen, juristischen, religiösen, künstlerischen und philosophischen Anschauungen der Gesellschaft, erklärt werden[83].

Ins Deutsche übersetzte russische Literatur stand im Vordergrund, wir lasen Bücher des 1799 geborenen Dichters Aleksandr Sergejewitsch Puschkin, zum Beispiel „Eugen Onegin“, eine Geschichte, in der die russische Gesellschaft kritisch durchleuchtet wird; des Schriftstellers Maxim Gorkij (1868–1936), eigentlich Aleksej Maksimowitsch Peschkow, beispielsweise „Die Mutter“, ein Roman des russischen revolutionären Proletariats; des sowjetischen Lieblingspädagogen Anton Semjonowitsch Makarenko (1888–1939), der unter anderem die Bücher „Der Weg ins Leben“ und „Flaggen auf den Türmen“ schrieb, wo es um das sowjetische Erziehungsideal, das Kollektiv, geht; des Dramatikers Nikolaj Aleksejewitsch Ostrowskij (1904–1936), der beschrieb, wie – im übertragenen Sinn – der Stahl in der Sowjetunion gehärtet wurde; des Schriftstellers Michail Aleksandrowitsch Scholochow (1905–1984), Autor des Romans „Neuland unterm Pflug“, der die Zwangskollektivierung in der Sowjetunion zum Thema hat, und Gedichte des Schriftstellers Wladimir Wladimirowitsch Majakowskij (1893–1930), die die Revolution und ihre Führer verherrlichen.

Aber wir lasen auch deutsche Werke wie Droste-Hülshoffs „Judenbuche“, Heines „Wintermärchen“, Büchners „Woyzek“, Heinrich Manns „Untertan“, Hauptmanns „Weber“, Goethes „Faust“ und andere mehr. Westliteratur, also westdeutsche und weiter westliche, allerdings war verpönt, tabu.

Bild 59 und 60 Hans-Georg vor dem Abi 1955, rechts: in der Kleinen Kelberstraße

[83] Definitionen Basis und Überbau s. WAHRIG 1957

Die faszinierende Sprache Russisch dagegen war wieder relativ neutral, wenn auch in den russischen Beispielen immer wieder einseitig die russische (Peter der Große) und sowjetische Geschichte (Lenin und Stalin) verherrlicht wurden. In der Russisch-Chrestomathie[84] und anderen Büchern lasen wir Auszüge aus bedeutenden und weniger bedeutenden russischen Werken. Als wir an eine Stelle kamen, in der Russen lachten: „Go, go go, cho cho cho" (mit offenem o wie in ‚Loch'), lachten wir eine Zeit lang, indem wir uns köstlich amüsierten, nur noch auf diese Weise; unserm Lehrer blieb nichts weiter übrig, als gute Miene zum spaßigen Spiel zu machen.

Früh schon im Russischunterricht hatten wir ins Russische übertragene Märchen wie „Krasnaja Schapotschka" (Rotkäppchen) und russische Theaterstücke wie die bereits erwähnte Komödie „Revizor" (Der Revisor) des Schriftstellers Nikolaj Wassiljewitsch Gogol (1809–1852) gelesen, Gedichte „Ras dwa tri" vom spazieren gehenden Häschen, das von einem plötzlich erschienenen Jäger erschossen wurde, gelernt und so schöne russische Lieder gesungen wie „Schiroka strana moja rodnaja" (Mein weites Heimatland), „Kalinka", „Suliko", „Wetschernij Swon" (Abendliches Läuten) und „Utro krasit neschnym swetom steny drewnewo Kremlja" (Der Morgen färbt mit sanftem Licht die alten Mauern des Kreml) mit dem Refrain „Kiputschaja, mogutschaja, nikem nepobjedimaja, strana moja, Moskwa moja, ty samaja ljubimaja" (Mein rastloses, mächtiges, unbesiegbares Land, mein Moskau, du allerliebstes), den wir mit besonderer Inbrunst eher herausschrien denn sangen.

Bezeichnend für unser Russland-Bild aber war folgender „Radio-Eriwan"-Witz: Stimmt es, wird ein Russe gefragt, dass am 25. Oktober auf dem Roten Platz in Moskau Autos verschenkt worden sind? Im Prinzip ja, antwortet der Russe nach kurzem Nachdenken, aber es war nicht am 25. Oktober, sondern am 7. November, und es war auch nicht auf dem Roten Platz in Moskau, sondern auf dem Platz der Republik in Leningrad, und überdies sind an jenem Tag dort nicht Autos verschenkt, sondern Fahrräder geklaut worden.

Wie in der DDR das Verhältnis zu unserm „Großen Bruder", der Sowjetunion, gesehen wurde, zeigt diese Geschichte: Die Länder Europas kommen überein, jedes ein Werk über den Elefanten zu verfassen. Die Bundesrepublik Deutschland schreibt daraufhin ein Buch mit dem Titel: „Der Elefant in der freien Natur, im Zoo und im Zirkus". England verfasst eines mit dem Titel: „Der Elefant – ein Brite". Italien schreibt ein Buch mit dem Titel: „Der Elefant – ein Haus- und Nutztier". Spanien schreibt ein Buch mit dem Titel: „Der Elefant – stark wie ein Stier". Frankreich bringt ein Buch über das Liebesleben des Elefanten heraus, die Sowjetunion verfasst gemäß ihrem hohen wissenschaftlichen Rang gleich ein dreibändiges Werk, erster Band: „Der Elefant vor der Großen Sozialistischen

[84] RUTH STANGE / W. STEINITZ: Russische Chrestomathie,Volk und Wissen, Volkseigener Verlag, Berlin. 1953

Oktoberrevolution", zweiter Band: „Der Elefant während der Großen Sozialistischen Oktoberrevolution", dritter Band: „Der Elefant nach der Großen Sozialistischen Oktoberrevolution". Und schließlich die DDR, sie bringt das Buch heraus: „Der Elefant vor, während und nach der Großen Sozialistischen Oktoberrevolution – eine Übersetzung aus dem Russischen".

Latein war naturgemäß völlig neutral. Zudem hatten wir ja in diesem Fach einen echten „Humanisten" als Lehrer.

Einmal trugen wir in Schleusingen ein Fußballfreundschaftsspiel gegen die dortige Schulmannschaft aus. Wir fuhren mit dem Zug über Härrschbich (Hirschbach) und Eerle (Erlau) in die 15 Kilometer entfernte frühere Kreisstadt. Während wir gegen die gegnerische Mannschaft um jeden Ball kämpften und uns dabei verausgabten, verlustierte und „verausgabte" sich ein Kamerad, der eigentlich nur als Fan, also zum Zuschauen und Anfeuern mitgefahren war, aber unter den am Sportplatz anwesenden ortsansässigen Schülerinnen offenbar ein lohnenswerteres, feurigeres Zielobjekt als unsern schnöden Ball ins Visier bekommen und genommen hatte, auf einer harten Bank hinter Büschen im angrenzenden Park.

Wie unser Spiel ausging, weiß ich nicht mehr, aber wie das seine verlief, das habe ich nicht vergessen, er hatte es mir tags darauf, immer noch unter dem Eindruck des Erlebten, haarklein erzählt.

Im Zug zurück ziehen einige der Klassenkameraden ihr Lateinbuch hervor und beginnen Lateinvokabeln für den Test am nächsten Tag zu lernen. Weil ich unbeteiligt danebensitze, werde ich gefragt, ob ich nicht auch mein Buch dabei habe. Aber ich sage, die paar Vokabeln lese ich zu Hause kurz durch, dann kann ich sie. Nun wollen sie es wissen. Im Sinne von „Hic Rhodus, hic salta!" (Hier ist Rhodos, hier springe!) drücken sie mir ein Buch in die Hand und geben mir auf, die Wörter einmal durchzulesen. Ich weiß nicht mehr, wie viele es waren, aber als ich damit fertig bin, beginnen sie mich abzufragen. Ich habe sie alle beherrscht, es war für mich nichts Besonderes. Es gab schon etliche neidvolle Blicke und Äußerungen.

Bei einer Lateinklassenarbeit kommt das Wort *quoniam* (da ja) vor, von allen Seiten hauchen mir einige das ihnen unbekannte Wort zu. Ich kenne es auch nicht und sage dem Lehrer, dass wir dieses Wort noch nicht gehabt haben. Worauf er im Buch nachschaut und bestätigt findet, dass wir es tatsächlich nicht kennen können, da es in einer noch nicht durchgenommenen Lektion vorkommt, und er übersetzt es uns. Ich war sein „Lexikon" und „Grammatikus". Jahre später hat er mir einmal aus Jena, wo er, wie ich bereits erwähnte, inzwischen an der Universität gelandet war, um die Studenten zum Latinum zu führen, geschrieben, dass ich es für ihn noch immer wäre.

Im Juli 1952 entschied die SED, in der DDR den Sozialismus aufzubauen.[85]

[85] BUCKOW 2003: 96

In Geschichte und Gegenwartskunde lernten wir, was den Sozialismus, „die niedere Phase der kommunistischen Gesellschaftsformation“, den „Sprung von der Notwendigkeit in das Reich der Freiheit“[86], charakterisiert. Als Verteilungsprinzip auf dem Weg zu sozialer Gleichheit sollte gelten: „Jeder nach seinen Fähigkeiten, jedem nach seinen Leistungen.“[87] Aber unter uns Klassenkameraden grassierte eine andere Definition: *Die sechs Wunder des Sozialismus sind*:

1. Es gibt keine Arbeitslosigkeit, aber niemand arbeitet.
2. Keiner arbeitet, aber alle erhalten Lohn.
3. Alle erhalten Lohn, aber davon kann man nichts kaufen.
4. Nichts kann man kaufen, aber jeder besitzt alles.
5. Jeder besitzt alles, aber alle sind unzufrieden.
6. Alle sind unzufrieden, aber alle stimmen bei Wahlen für das System.

Natürlich wurde gearbeitet und viel geleistet, aber die Betriebe litten darunter, dass zunächst viele Produktionsmittel (Maschinen, Werkzeuge, Natur- und Rohstoffe und so weiter) und später die erzeugten Produkte als Reparationsleistungen (unter anderem Jagdwaffen aus Suhl) an die Sowjetunion gingen. Zum Teil deswegen auch waren viele Sachen im eigenen Land nicht oder nicht immer überall zu haben, aber es florierte „unterirdisch“ (mit „Bückware“ unter dem Ladentisch, über Beziehungen, auch „Vitamin B“ genannt) ein schwunghafter Handel, „ein Handel neben dem Handel“[88], mit allem, was man brauchte. So gab es zum Beispiel in Rostock und nur da Klodeckel, in Erfurt und nur dort Bügelbretter. „Du brauchst ein Moped? Wenn du mir Zement besorgen kannst, verschaffe ich dir ein Moped.“

Gab es an einem Ort mal etwas Außergewöhnliches, zum Beispiel Bettwäsche, Lichtschalter, Büchsendeckel, Dosenöffner, Seife, wurde sofort gehamstert – diesmal im Sinne des Hortens –, bis alles ausverkauft war, nach der Devise: Was man hat, das hat man. Mit den gehorteten Waren konnte man wieder Tauschgeschäfte tätigen. Eine Hand wusch die andere. In diesem Stil verliefen viele Geschäfte.

Die offiziellen Pläne, insbesondere der Fünf-Jahres-Plan, funktionierten nicht, also musste man selber „organisieren“ – so lautete die Zauberformel[89]. Das Organisieren war sehr zeitaufwendig, man verließ deswegen oft genug den Arbeitsplatz, kümmerte sich während der Arbeitszeit um private Belange, lief herum, bis man was gefunden hatte, stand Schlange, stellte sich an, ohne zunächst zu wissen, was es überhaupt gab – nach dem Motto: „Wenn hier eine Schlange ist, muss es was geben. Wenn *ich* es nicht brauche, irgend jemand braucht es bestimmt, und von dem bekomme ich vielleicht das, was *ich* brauche.“ Die Letzten in der Schlange hatten das Nachsehen.

[86] KLAUS / BUHR 1975: 1117
[87] KLAUS / BUHR 1975: 1116, LEONHARD 1962: 207 (dort steht allerdings: „Jedem nach seinen Fähigkeiten, jedem nach seiner Leistung“, sicher ein Druckfehler).
[88] RÜHMKORF in BÖLL 1985: 39; auf Russisch: *blat* (Vetternwirtschaft)
[89] STAECK in BÖLL 1985: 91

Wolfgang Leonhard beschrieb die Situation so:

Es gibt noch nichts
und schon gibt es nichts mehr.
Was wird es erst geben,
wenn es wirklich etwas gibt?[90]

Hans Engels Darstellung lautet: „Heute gab es getrocknete Linsen, Mehl und Wäscheklammern zu kaufen. ... Plötzlich hörte ich, wie der Verkäufer rief: ‚Alles ausverkauft! Nur Wäscheklammern sind noch da!'"[91]

Eine Verwandte in der DDR erzählte mir, sie sei regelmäßig mit einer Einkaufsliste einkaufen gegangen, habe aber oft nicht bekommen, was sie wollte. Auf der Liste stand zum Beispiel Salat, Zwiebeln, Ketchup, Blumen, Butter, Schuhe, nach Hause zurückgekehrt sei sie dann mit Rotkohl, Möhren, Senf, Pralinen, Margarine und einer Bluse, froh darüber, dass sie so erfolgreich war.

Aber man kämpfte nicht nur im privaten Bereich um Bedarfsgegenstände aller Art, auch die Betriebe hatten ihre liebe Not mit Maschinen und Ersatzteilen. Es entwickelten sich unter der Hand regelrechte Dreiecksgeschäfte zwischen den Betrieben, um Engpässe zu überwinden. Motto war: „Haste das, kriegste das."[92]

Hatte man Westgeld, war man King, es wirkte wie ein Sesam-öffne-dich. Die eigene Währung taugte nichts, mit der fremden erschloss man sich ungeahnte Möglichkeiten. Aber es gab *noch* einen Weg, an Dinge heranzukommen, die normalerweise schwer zu haben waren. Man brauchte nur dem Wort Honeckers zu folgen: „Aus den Betrieben ist noch mehr herauszuholen." Und man holte heraus, nach dem Motto: „Gut geklaut ist halb gebaut."[93]

Man erzählte sich den Witz: Drei Bauarbeiter bauen eine Mauer. Am nächsten Tag sehen sie, dass die Mauer eingefallen ist. Der eine meint: Schade um die schönen Steine. Der andere fällt in das Klagelied ein: Und um den Sand! Worauf der dritte erleichtert aufatmend sagt: Ein Glück, dass ich gestern den Zement mit nach Hause genommen und hinübergerettet habe.

Zwar konnte man mit diesem Zustand einigermaßen leben, aber keiner war damit zufrieden. Ausgenommen waren – im Namen des „Kaderschutzes"[94] – die SED-Funktionäre und die Mitglieder des Politbüros, für sie gab es besondere Wohnungen oder luxuriöse Villen, besondere Einkaufsmöglichkeiten, spezielle Läden, es gab „ein gestaffeltes Sonderversorgungssystem mit vielen Privilegien"[95],

[90] LEONHARD 1955: 75
[91] ENGELS in KLEINDIENST 1999: 227
[92] Laut KARAU 1970: 55 gilt im Westen das Motto: „Haste was, biste was." (Titel eines Pamphlets von HEINRICH BÖLL, s. H. J. BERNHARD (Ltg.): Geschichte der deutschen Literatur. Volk und Wissen VEB Berlin 1983).
[93] RAMMEL in KLEINDIENST (1999: 247): „Es war nun moralisch leichter geworden, sich an fremdem Eigentum zu vergreifen, sofern es staatlich [also ‚Volkseigentum', d. Verf.] war, denn alles gehörte ja nun allen."
[94] LEONHARD 1955: 496
[95] KNABE 2003: 290; WILKENING 1990: 17, 28, 120

insbesondere „Pajoks, jene großen Pakete mit Lebensmitteln, Zigaretten, Tabak, alkoholischen Getränken und Schokolade, ... neben ... Lebensmittelkarten und der ZK-Verpflegung“[96], sie litten keine Not. Sie predigten Wasser und soffen Wein.[97]

Wegen des Blocks, in dem alle Nicht-KPD-Parteien zusammengeschlossen waren, wegen der „Einheitsfront der antifaschistisch-demokratischen Parteien“[98], die alle Parteien, also auch zunächst die KPD, später die SED nach der „freiwilligen Zwangsvereinigung“ mit der SPD[99], umschloss, und wegen der Einheitsliste für die so gleichgeschalteten Parteien[100], die dem Wähler keine echte Wahl ließ, kam es zu den typischen Wahlergebnissen in der Größenordnung von mehr als 99 Prozent. „Ulbricht hatte die zynische Devise ausgegeben: ‚Es muss demokratisch aussehen, aber wir müssen alles in der Hand halten.‘“[101] Demokratie war eine reine Fassade. Peter Stosiek sagte dazu in seinem Buch „Unbeantwortete Briefe“: Man trug „sozialistische Unterwäsche, demokratisches Hemd“[102].

Als Verteilungsprinzip des Kommunismus, der „höchsten Stufe in der Entwicklung der menschlichen Gesellschaft“[103], sollte gelten: „Jeder nach seinen Fähigkeiten, jedem nach seinen Bedürfnissen.“[104] Wir aber meinten: „Im Kapitalismus wird der Mensch vom Menschen ausgebeutet, im Kommunismus ist es umgekehrt.“ Die „Diktatur des Proletariats“, von der Partei („die immer recht hat“[105] und „ohne die der Mensch nichts ist“) zur Durchgangsstation zum Paradies erhoben, war in Wirklichkeit eine Diktatur der Bonzen und linientreuen, „parteistraffen“ Proleten, aber für die allermeisten die Hölle. So beschreibt es zum Beispiel Freya Klier in ihrem „Abreiß-Kalender“[106].

Wie sah das Volk die Einstellung der Partei?

Wo wir sind, ist immer vorn.
Und wenn wir hinten sind,
dann ist hinten vorn.

In diesem „Arbeiter- und Bauernparadies“ wurde man gedrückt, reglementiert, bevormundet, geschurigelt. Freie Meinungsäußerung war nicht gefragt, es war vielmehr gefährlich, offen seine Meinung zu sagen, wenn sie von der vorgegebenen Linie abwich. Wer auch nur ansatzweise leise Kritik am System übte, wurde sofort als „Klassenfeind“ diffamiert und auf die verschiedenste Weise

[96] LEONHARD 1955: 493 f., 496 f. Die Pajoks dienten nicht nur dem Kaderschutz, sondern zugleich als ein Druckmittel zur Einforderung von Gehorsam. LEONHARD 1992: 152; HARTMANN / EGGELING 1998: 155

[97] WILKENING 1990: 300

[98] WENTKER (2001: 45): „der am 14. Juli 1945 auf Initiative der KPD begründete ‚antifaschistisch-demokratische Block‘“.

[99] ZIMMER 1989: 177, 137

[100] WOLFGANG MISCHNIK in HOFFMANN / WENTKER 2000: 24

[101] KNABE 2003: 28, LEONHARD 1955: 358, LEONHARD in XII, Bautzenforum 2001: 25

[102] STOSIEK 1994: 85

[103] KLAUS / BUHR 1975: 1122

[104] KLAUS / BUHR 1975: 1116; LEONHARD 1962: 246

[105] WEBER 2000: 33, 83, 132; KLIER 2006: 47

[106] KLIER 1988

mundtot gemacht, entweder eingeschüchtert oder aus dem Betrieb, in dem man arbeitete, entlassen, wurde ausgewiesen, wenn man prominent war, oder verhaftet und verurteilt, wenn man es nicht war.

Der „Sozialismus“ spielte eine ganz wesentliche Rolle im Unterricht und in politischen Veranstaltungen aller Art. Da war von der sozialistischen Planwirtschaft die Rede, vom sozialistischen Aufbau unseres Arbeiter- und Bauernstaates, vom real existierenden Sozialismus, vom sozialistischen Realismus[107], vom gesellschaftlichen System des Sozialismus, vom sozialistischen Bewusstsein, vom „Neuen Sozialistischen Menschen“[108], vom sozialistischen Kollektiv, von der neuen „sozialistischen Gesellschaft“[109], vom sozialistischen Staat, von der „sozialistischen Demokratie“[110], der sozialistischen Verfassung, der sozialistischen Zukunft, der sozialistischen Erziehung, von der siegreichen Sozialistischen Oktoberrevolution, von der Sozialistischen Einheitspartei (SED), vom sozialistischen Aufbau unserer sozialistischen Bezirksstadt, von der sozialistischen Umgestaltung des Stadtzentrums; Sozialismus und sozialistisch hin und her und vor und zurück, wie grotesk und widersprüchlich die Begriffsmonster auch waren.[111] Es fehlt noch das Herunterbrechen des Sozialismus auf die Kanalreinigung, den Winterdienst und sonstige Dienstleistungen. Ansonsten ging alles „seinen sozialistischen Gang“[112]. „Sozial“ wäre ja in Ordnung, schlimm ist nur der „Ismus“.

Wir lernten, dass im Sozialismus der Mensch nicht mehr ausgebeutet werde wie im Kapitalismus, sondern dass er lediglich seine eigenen Fähigkeiten ausbeute, und dass er nicht mehr verplant werde, sondern dass er es selber sei, der plane und gestalte, als seien die Kapitalisten keine Menschen, sondern eben nur Kapitalisten, was so viel wie Unmenschen bedeutete. Ich fragte mich nur, warum es uns dann ohne diese Unholde, die man enteignet hatte, so schlecht ging.

Wie sah Arbeit nach Plan aus? Das Volk sah sie so:

Jeder macht, was er will.
Keiner macht, was er soll.
Aber alle machen mit.

Mit Sprüchen versuchte man die Menschen zu motivieren: „Auch ohne Gott und Sonnenschein bringen wir die Ernte ein.“

[107] HARTMANN / EGGELING (1998: 221): „Auf den sozialistischen Realismus berief man sich erst seit 1952 verstärkt, als man ein kulturpolitisches und literaturtheoretisches Äquivalent für den auf der zweiten Parteikonferenz [der SED, d. Verf.] verkündeten ‚Aufbau des Sozialismus‘ suchte.“

[108] KLIER 2006: 43

[109] KLIER 2006: 47

[110] KLIER 2006: 48

[111] Um ein Beispiel für die verwendeten Sozialismusvarianten zu nennen: Das „einseitige“ Vorwort (Verfasser: Bürgermeister U l r i c h und der Vorsitzende des Staatsausschusses der Nationalen Front K r o l l) zur 32-seitigen Broschüre „Plan des sozialistischen Aufbaus 1967 der Bezirksstadt Suhl“ enthält allein elfmal das Wort sozialistisch oder Sozialismus.

[112] STEFAN HEYM 1984: 197; STOSIEK 1994: 100

Der politische Witz blühte. Geht einer in einen Laden und fragt: „Ham'Se keene Schuhe?“ „Nee“, lautet die Antwort, „mir ham keene Hemden, keene Schuhe gibts nebenan.“

Als später, am 13. August 1961, die Mauer als „antifaschistischer Schutzwall“ (ohne die die DDR wegen der Massenflucht seiner Bürger in den Westen ausgeblutet wäre[113]) Berlin in Ost- und West-Berlin vollends zerschnitt, machte man sich über den Sozialismus auf folgende Weise lustig: Auf der Westseite der Mauer wirft ein Junge von einem Podest aus eine Banane hoch und ruft einem Jungen auf der Ostseite (ohne Podest) frohlockend zu:

„Ätsch, mir ham Bananen!“ Der Ostjunge ruft zurück: „Dafür hammer den Sozialismus!“ Der Westjunge kontert: „Den kriegen mir ooch noch!“ Worauf der Ostjunge triumphierend ruft: „Dann habter aber keene Bananen mehr!“

Mitte 1955 fand in der Aue ein „Pressefest“ statt. Wir nannten das Fest ungeniert „Fressefest“, wahrscheinlich weil es da Würstchen umsonst gab.

In Geographie/Geologie der letzten Klasse erlauben wir uns einen Scherz. Ein ehemaliger Klassenkamerad, der die Schule vorzeitig verlassen hatte, besucht uns in einer Pause. Wir überreden ihn, am Unterricht in der Folgestunde teilzunehmen. Lässt uns doch der Lehrer, ein alter Knacker, unangesagt und völlig überraschend einen Test schreiben! Er merkt nicht, dass wir einer mehr als gewöhnlich sind. Unser Gast schreibt natürlich mit, aber er beantwortet alle Fragen auf seine Weise. Frage: Wo kommen Salze vor? Seine Antwort: In der Suppe. Und so fort. In der nächsten Geographiestunde kommt der Lehrer sehr verärgert in die Klasse und fragt nach dem Delinquenten. Wir: „Der fehlt heute“, was ja auch stimmte. Schließlich kriegt er anhand des Tagebuchs raus, dass es „den“ gar nicht gibt, aber er kann uns nichts anhaben. Wir haben ja ordentlich geantwortet, und der Gast ist nur ein vorübergehender gewesen. Woher hätte „der“ auch wissen können, wo Salze sonst vorkommen. Bei dem Versuch der vollständigen Aufklärung dieses Falls führte auch die Intervention des Schulleiters, den die Geschichte eher amüsierte, nicht weiter.

In Leichtathletik war ich für meine Größe (1,68 Meter) und Konstitution nicht schlecht. Die 100 Meter lief ich in 13,3 Sekunden, die 1000 Meter packte ich in einem sehr taktisch gelaufenen Rennen in 3 Minuten 9 Sekunden – es war schon ein gutes Gefühl, im letzten Moment noch an dem einen oder anderen keuchenden Klassenkameraden vorüberziehen zu können –, im Weitsprung schaffte ich 4,75 Meter, im Hochsprung 1,33 Meter, nur im Weitwurf und Kugelstoßen – da half weder Mut noch Taktik noch Geschicklichkeit – lag ich jämmerlich zurück, wie weit, das habe ich verdrängt.

Schwimmen hatte ich inzwischen ein wenig gelernt. Vom Dreimeterbrett, auf das mich meine Klassenkameraden lautstark hochpeitschten, sprang ich mit

[113] Für die DDR ist der Mauerbau „die eigentliche Staatsgründung“ gewesen (BUCKOW 2003: 15).

geschlossenen Augen und Todesverachtung in die Tiefe, seltsamerweise spuckte mich das Wasser wieder aus, und ich schaffte es nach diesem Schock sogar aus eigener Kraft bis zum Rand des Beckens, wo schon einige Kameraden mit ausgestreckten Armen und gespannten Beinen warteten, um mich notfalls aus dem Wasser herauszuziehen, wenn es mir je nicht gelänge, „das rettende Ufer“ zu erreichen. Aber sie mussten nicht eingreifen, sie ließen mich an den Beckenrand hinanzappeln, und als ich dort schließlich prustend und erschöpft ankam, sagten sie schönfärberisch und Einfluss nehmend zur Lehrerin: „Er kann ja doch schwimmen!“ So verdarb ich mir nicht ganz und gar die Sportnote.

In den Turndisziplinen und besonders bei den Ballspielen wie Fußball und Völkerball war ich wieder geschickt. In der letzten Klasse gehörte ich sogar der Fußballschulauswahl an. Hatte mir das Stein-, Kastanien-, Zapfen- und Büchsenstoßen während der Laufstelle doch was eingebracht?

Von den 34 Neuntklässlern unserer Klasse waren im zwölften Schuljahr lediglich 17 Klassenkameraden übrig geblieben. Den meisten Mädchen hatte die Lust zum Schulunterricht gefehlt, oder sie hatten die Schule aus finanziellen Gründen verlassen müssen. Sie waren nach der neunten oder zehnten Klasse abgegangen. Einige Klassenkameraden hatte man in die ebenfalls abgemagerte Parallelklasse transferiert.

In der letzten Klasse machten wir einen Ausflug zu den Gleichbergen bei Römhild, um uns die keltische Steinsburg aus der Zeit vor unserer Zeitrechnung auf dem Kleinen Gleichberg und das Museum für Ur- und Frühgeschichte im Sattel der beiden markanten, aber in Form und Größe ungleichen Gleichberge (641 beziehungsweise 679 Meter) anzuschauen.

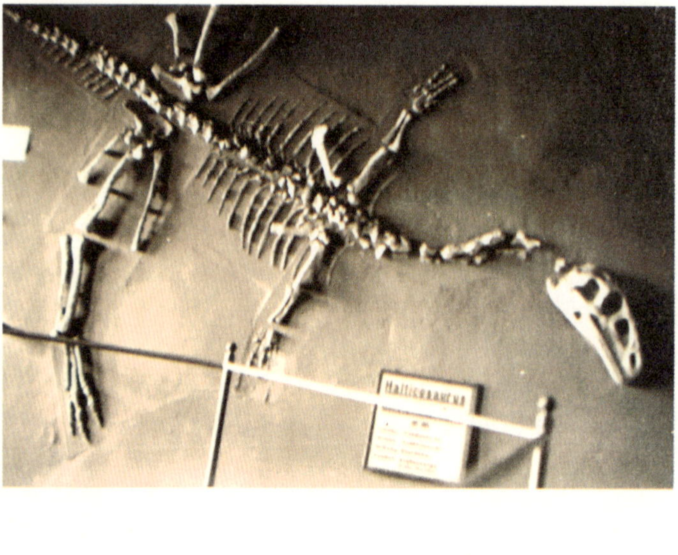

Bild 61
Saurier im Museum Bedheim bei Römhild

Bild 62
Klasse 12 der Oberschule Suhl, Hans-Georg Sechster von links, 1954/55

Auf dem Weg durch den Wald hoch zur vorgeschichtlichen doppelringförmigen Befestigungsanlage der Kelten aus Basaltsteinen sangen wir im Gänsemarsch vergnügt:

Die Vögelein, die Vögelein vom Titicacasee,
die heben, wenn es Frühling wird, die Schwänzchen in die Höh'.
Ach, Mägdelein, ach, Mägdelein, wenn ich so vor dir steh',
dann geht's mir wie den Vögelein vom Titicacasee.

Und dann kam der Kehrreim:

Ich fahr' mit meiner Klara aus der Sahara zu den wilden Tieren,
ich wollte meine Klara in der Sahara mal spazieren führen.
Kam ein wilder Löwe, o Schreck,
frisst mir meine Klara weg,
ja und so fahr' ich ohne Klärchen
aus dem Sahärchen in die Heimat zurück.

Darauf folgten noch zwei weitere Verse – der eine besang die Saure-Gurken-Zeit, in der die Mädchen keine Lust verspüren, der andere den Kragenknopf, der nicht in das Oberhemd hineinpasst – Verse, die aber für die Dokumentation der Situation nicht zusätzlich relevant sind. Unsere Mägdelein, die „Klärchen", machten wohl gute Miene zu unserem, das weibliche Geschlecht diskriminierenden Gesang, der zudem mehr einem Gegröle glich.

Keiner meiner Kameraden wusste, dass ich diese Gegend von meinen früheren Grenzgängen her nur zu gut kannte. Wehmütig war mir zumute, Sehnsucht nach drüben erwachte in mir. Ein paar Kilometer weiter, und ich wäre im Westen gewesen. Leichter gesagt, als getan. Dass ich ein gutes Jahr später auf der anderen Seite mit ganz anderen Gefühlen stehen würde, ahnte ich zu diesem Zeitpunkt nicht.

Bild 63 Klasse 12 mit Klassenlehrer Lindemann vor dem Keltenmuseum am Fuß der Steinsburg auf dem Kleinen Gleichberg bei Römhild

Unserer Familie ging es nach wie vor relativ schlecht. Noch immer war unser Vater inhaftiert. Recht und schlecht hielten wir uns so eben über Wasser. Zwar ging es den Menschen in der DDR inzwischen wesentlich besser als Jahre zuvor, aber wir, unsere Restfamilie, hatten an dem bescheidenen Aufschwung, der natürlich mit dem im Westen nicht Schritt hielt, nur bedingt Anteil. So gesehen, war unsere Situation nicht typisch. Im Vergleich zu den Familien meiner Klassenkameraden befanden wir uns am unteren Ende der „Wohlstands"-Skala, jenseits des an sich schon niederen Lebensstandards. Nach wie vor mussten meine Geschwister und ich mithelfen, nach wie vor gab ich reichlich Nachhilfestunden, versah weitere Dienstleistungen aller Art, und immer wieder gingen wir in die umliegenden Wälder und sammelten, was gegen Hunger und Kälte zu verwenden war. Nur gut, dass ich bis Weihnachten 1954, also bis ein halbes Jahr vor dem Abi, für die Schule nur wenig tun musste.

Die Familie eines meiner Klassenkameraden besaß ein Auto, ich glaube, es war ein schwarzer Adler. Damit fuhr mich einmal dieser Kamerad stolz durch die Stadt, dann die Gothaer Straße hoch und das Lauwetter runter, das war ein Riesenerlebnis. Einmal nahm er mich mit dem Auto zu einem Fußballpflichtspiel von Motor Suhl in das fußballstarke Steinach mit. Er hatte auch eine Hawaiigitarre, auf der er Schlagermusik spielte und begleitete. Die Familie eines anderen besaß ein Klavier, dieser andere spielte für meine Begriffe und die der ganzen Klasse außerordentlich gut, wie er uns auf dem Schulinstrument demonstrierte. Die Eltern beider waren selbständig, waren wohlsituierte Inhaber kleiner Handwerksunternehmen. Etliche Klassenkameraden stammten aus Akademikerfamilien, die zwar auch unter Druck standen, aber weder vater- noch arbeitslos waren. Natürlich beneidete ich sie, und ich fragte mich immer wieder, womit wir unser trauriges Schicksal verdient hatten. Ja, unser Vater war Nazi gewesen, aber warum war er es geworden, und was hatte er verbrochen?

Ungewissheit

Vater in Haft

Nach Vaters Verhaftung durch die Russen am 16. September 1947 waren wir bis Mai 1950, also über zwei Jahre und acht Monate, ohne jegliche Nachricht geblieben. Erstes Lebenszeichen war die Postkarte vom 19. Mai 1950. Bis dahin wussten wir nicht, ob er in deutschen oder russischen Anstalten oder überhaupt noch lebte. Wir atmeten auf und machten uns zugleich große Sorgen um seinen Gesundheitszustand. Wir fragten uns, wann er entlassen werden würde. Er befand sich ja nun „in den Händen der deutschen Regierung".[114] Wir hofften auf seine Heimkehr, ahnten aber nicht, dass es noch sechs lange Jahre bis zu seiner Entlassung dauern würde.

Bilder 64 bis 67
Zuchthaus Bautzen: „Das Gelbe Elend"
(Diese Aufnahmen stammen aus dem Jahr 1992.)

Meine Mutter bemühte sich vergebens, vom Hilfswerk der Evangelischen Kirchen in Deutschland, Zentralbüro Ost, Abteilung Kriegsgefangene, Näheres über Vater in Erfahrung zu bringen.

Der nächste Brief war vom 13. September 1950 datiert, es war angeblich der achte, aber die Briefe zwischendurch sind entweder nicht angekommen, weil sie zurückgehalten wurden – unbotmäßige Briefe wurden einfach unterschlagen –, oder sie sind nicht mehr auffindbar. Vater schreibt aus Brandenburg:

[114] Klier (2006: 51): „Die DDR-Diktatur beginnt mit der Weiterführung von Konzentrationslagern."

Absender: Erich Müller 03 1916/Br. H.3, 2 Brandenburg/Havel, Anton Seefkow-Allee 22.

Brandenburg, den 13.9.50

Meine Lieben! Lt. Anordnung habe ich Dir folgendes mitzuteilen: „Der Gefangene darf ab 30.9. kein Paket mehr empfangen. Dafür darf er sich einen Geldbetrag schicken lassen, dessen Höhe im nächsten Brief bekannt gemacht wird, um sich durch die A. etwas kaufen zu können. Besuch ist vorläufig noch gesperrt." Meine letzte Briefpost, die ich empfangen habe, ist vom 31.5. Du wirst Dir denken können, wie sehnsüchtig ich auf Nachricht warte. Ich hoffe doch, daß ich in Zukunft alle 4 Wochen einen Brief erhalte, es ist doch die einzige Verbindung mit der Außenwelt. In der Hoffnung, daß alles noch gesund ist, verbleibe ich mit herzlichen Gr. u. K. Euer Vater.

Der Briefkopf enthielt in gedruckter Form den Text:

Anordnungen für den Empfänger

Untersuchungs- oder Strafgefangene dürfen innerhalb von 4 Wochen nur einmal Post empfangen, die in deutlicher Blockschrift geschrieben sein muß und nicht mehr als 15 Zeilen umfassen darf. Fotos, Bilder und dgl. sind nicht beizulegen. Bei Nichtbeachtung der Anordnung wird Post nicht ausgehändigt. Es wird ersucht, Rückporto beizufügen.

Dieser Brief kam also aus Brandenburg. Mein Vater war folglich zwischenzeitlich von Bautzen nach Brandenburg verlegt worden. Ein Grund dafür war uns nicht mitgeteilt worden. Die Verlegung hatte vielleicht damit zu tun, dass im Januar/Februar 1950 die „Tribunaler"[115] von den Russen an die deutschen Kommunisten übergeben worden waren, die die Häftlinge umverteilten.[116] Möglicherweise auch wurde er wie viele andere wegen der Häftlingsaufstände am 13. und 31. März 1950 in Bautzen[117] in die Haftanstalt Brandenburg verbracht.

Obwohl ihm Mutter seit der Karte aus Brandenburg jeden Monat einmal schrieb, bekam er ihre Briefe bis auf den einen vom 31. Mai 1950 nicht ausgehändigt. Pakete oder Päckchen waren, wie schon auf der Karte aus Brandenburg erwähnt, nicht gestattet. Erst erheblich später durften wir ihm Päckchen von zwei oder Pakete von drei Kilogramm mit stark eingeschränktem Inhalt schicken.

In der Zeit bis Anfang März 1951 konnte unsere Mutter Vater einmal – es war das erste Mal – besuchen. Er sieht schrecklich unterernährt aus, ist verzweifelt. Er sagt ihr, dass er vom Sowjetischen Militärtribunal zu 20 Jahren Arbeitslager verurteilt worden sei. Am 11. März 1951 schreibt er:

[115] Tribunaler, das sind die vom SMT Verurteilten

[116] KOWALCZUK / WOLLE (2001: 86): „1950 wurden die in deutschen Gefängnissen einsitzenden SMT-Verurteilten an die DDR-Organe übergeben. Betroffen waren 10 513 Personen."; HATTIG et al. 2004: 15

[117] KLONOVSKY (1991: 196 ff.): „Mehrere tausend Häftlinge klammerten sich an die Fenstergitter und schrien aus Leibeskräften: ‚Wir haben Hunger!', ‚Freiheit!', ‚Wir rufen das Rote Kreuz!'", JÜRSS (2004: 118 f.): „Grund für das verzweifelte Aufbegehren war die Verschlechterung der Versorgungslage nach der Übergabe des Zuchthauses von den Sowjets an die Volkspolizei." JOACHIM STERN in XV. Bautzenforum (2004: 134): „Aufschrei der Polithäftlinge".

Erich Müller / 121 K, 2 Brandenburg (Havel) Postschließfach 66

Neue Anschrift beachten! *Brandenburg, d. 11.III.51.*

Meine liebe Laura u. Kinder! Vor allen Dingen möchte ich Dir hiermit noch einmal vielmals Dank sagen für Deinen Besuch, ich bin tief beeindruckt. ... Man hätte sich noch manches zu sagen gehabt, es ist aber zu kurz u. man war ja auch nach dieser langen Zeit etwas erschüttert. Herzlichen Dank allen denen, die Dir in Deinem schweren Lebenskampf beistehen. ...

Für den 5. Dezember 1951 erhält Mutter eine weitere Besuchserlaubnis:

III
Strafvollzugsanstalt
Brandenburg (Havel)

Besuchserlaubnisschein

~~Herr~~ - Frau - Frl. Müller Laura Suhl Th. erhält die Erlaubnis,
den - die Straf - ~~Untersuchungs~~ -Gefangenen Müller Erich 121 K,
am Mittwoch, den 5. Dezember 1951, um .... Uhr
zu sprechen.
Die Sprechzeit beträgt .... Minuten.
Auf die Einhaltung der Besuchserlaubnis-Bestimmungen (siehe Rückseite) wird besonders hingewiesen.

Brandenburg (Havel), den 5. Sep. 1951 *Leiter der Strafvollzugsanstalt*
gez. (Unterschrift)

1. Besuch abgehalten: ....
2. Auf der Karteikarte B eingetragen.
(signiert)
Bemerkung: Dieser Besuchserlaubnisschein geht nach Erledigung zur Gefangenenakte.

.... Rückseite ....

Besuchserlaubnis-Bestimmungen

1. *Dieser Erlaubnisschein gilt als Nachweis für die Besuchserlaubnis und ist beim Betreten der Anstalt auf der Wache vorzulegen.*
2. *Jeder Mißbrauch des Besuches zu unerlaubtem Verkehr (Zustecken von Briefen und anderen Gegenständen) hat die sofortige Entfernung des Besuchers zur Folge. Es kann dem Gefangenen für die Zukunft die Erlaubnis, Besuche zu empfangen, entzogen werden.*
3. *Kindern bis zu 14 Jahren und Jugendlichen bis 16 Jahren ist der Zutritt zur Strafvollzugsanstalt untersagt.*
4. *Die Sprechzeit beträgt in der Regel 30 Minuten.*
5. *Der auf dem Besuchserlaubnisschein festgesetzte Besuchstag ist einzuhalten. An anderen Tagen hat die Besuchserlaubnis keine Gültigkeit. Sollten trotzdem Besucher vorsprechen, erhalten sie keinen Zutritt.*
6. *Das Mitbringen von Lebens- und Genußmitteln, Zeitungen, Zeitschriften, Büchern usw. bedarf einer besonderen Genehmigung des Leiters der Strafvollzugsanstalt. Ist eine solche Genehmigung erteilt, so müssen mitgebrachte Lebensmittel usw. in einem Paket verpackt, mit der Anschrift des Gefangenen und Inhaltsverzeichnis versehen, auf der Wache abgegeben werden. Die Abgabe von Lebensmittel-Bedarfsartikeln in Glasbehältern, Konservenbüchsen, schwer kontrollierbaren Behältnissen ist untersagt. Das Einbringen von Zigarren, Zigaretten und Alkohol ist nicht gestattet.*
7. *Der Besuchserlaubnisschein ist nur für die auf ihm vermerkte Person gültig und nicht übertragbar.*

In der Folgezeit befand sich Vater in den Justiz- beziehungsweise Strafvollzugsanstalten Waldheim (bis März 1954), wieder Bautzen (einen Monat), dann Torgau (bis August 1955), wieder Bautzen (ab August 1955). Nach wie vor erfuhren wir nicht, weshalb er verlegt wurde. Vermutlich hing das mit diversen Krankheiten zusammen, die er zum Teil in Gefängniskrankenhäusern, Lazarette genannt, durchlebte. Aus diesen Anstalten erhielten wir unregelmäßig Briefe, auch konnte Mutter ihn noch ein- oder zweimal besuchen.

Im März 1953 schreibt unser Vater aus Waldheim:

> *Meine liebe Laura und Kinder! Nun kann ich es nicht länger aufschieben, ich muß nun den Brief schreiben, ich hätte lieber gewartet, bis ich den Februar-Brief von Euch erhalten hätte. Ich habe noch nicht einmal die Bestätigung für meinen Januar-Brief. Ich hoffe doch, daß Ihr meine Briefe erhalten habt. ... Die Briefe, die Du mir schreibst, sollen gerade so groß sein wie meine. Postgebühren nicht überweisen, Geld langt noch für die nächsten 5 Jahre. Solange ich eben noch lebe, möchte ich doch wissen, wie Ihr Euch durchschlagt und was meine Kinder und Du, liebe Laura, treiben. ...*

In seinen weiteren Briefen schreibt er von einer Krankheit und seiner Entlassung aus dem Krankenhaus, er bestätigt den Empfang eines Osterpakets, möchte aber keine Pakete mehr erhalten, um nicht unsere Not noch mehr zu vergrößern, er wünscht sich einen Nierenwärmer, weil er Kreuzschmerzen hat, und ein Taschentuch, damit er eines zum Wechseln hat. Im September 1953 enthält sein Monatsbrief die folgenden Zeilen:

> *... Ja, meine Lieben, es ist die Hoffnung, die einen noch aufrecht erhält, denn daß ich kein Verbrechen begangen habe, wißt Ihr u. die mich kennen ja selbst, deshalb glaube ich auch daran, daß unser Schicksal in nicht allzu langer Zeit sich ändern wird. ...*

Erstaunlicherweise sind diese Zeilen so durch die Zensur gegangen. Und im Oktober-Brief 1953 hofft er:

> *... Nun hoffen wir immer noch, daß auch unser Entlassungstag bald herankommen wird, denn wenn man schon die verurteilten Generale heimschickt, dann wäre es ja gegen alle Vernunft u. Gerechtigkeit, uns noch länger zurückzuhalten. ...*

Dann wieder sinkt seine Hoffnung, wie in seinem November-Brief 1953 zum Ausdruck kommt:

> *... Ihr könnt Euch bestimmt nicht in die Seele eines Zuchthäuslers hineindenken. AmTage da versucht man sich noch so halbwegs abzulenken, aber nachts liegt man stundenlang auf seiner Lagerstätte u. grübelt, hadert mit Gott und der Welt. Die Hoffnung, hier noch einmal lebendig herauszukommen, wird immer geringer. ...*

Aus dem Februar-Brief 1954 aus Waldheim sind einige Zeilen ausradiert. Der April-Brief 1954 aus Bautzen ist der erste, der mit Tinte geschrieben ist, dann folgen 1955 zunächst wieder bleistiftgeschriebene aus Torgau. Januar 1955:

> *... Ich weiß, daß Du schwer kämpfen mußt, aber schlimmer ist wohl noch, wenn man untätig Jahr auf Jahr in der Zelle sitzt und auf irgend etwas wartet, damit dieses Elend einmal ein Ende nimmt. ...*

Auch im Februar-Brief aus Torgau ist wieder eine Zeile ausradiert. Im Juli-Brief 1955 gratuliert er mir zum bestandenen Abitur:

> *... Dir, mein lieber Hans-Georg, sende ich meinen herzlichen Glückwunsch zu Deinem glänzenden Erfolg, ich habe mich sehr gefreut ...*

Im August-Brief 1955 aus Torgau sind wieder anderthalb Zeilen ausradiert und zusätzlich überstrichen, um sie unleserlich zu machen. Der folgende September-Brief aus Bautzen ist wieder mit Tinte geschrieben. Er teilt mit, dass er Mutters letzten Brief „wegen Unsachlichkeit“ nicht ausgehändigt bekommen hat.

Im Herbst 1955 reist Konrad Adenauer nach Moskau. Er verhandelt mit dem sowjetischen Ministerpräsidenten Bulganin und mit Parteichef Chruschtschow. Die BZ am 14. September 1955: „Unsere Gefangenen kehren heim“.

Als letzter Brief liegt mir der November-Brief 1955 vor, in dem er schreibt:

> *... Ich habe doch vor einigen Wochen in der Zeitung solch schöne und menschliche Worte gelesen, daß man nicht nur die Gefangenen freilassen könnte, weil ja nun schon über 10 Jahre nach Kriegsende vergangen sind, sondern man müßte ja auch menschlich denken und an die Angehörigen der Gefangenen denken. Sollten wir wieder enttäuscht werden? ...*

Es sollte doch noch ein halbes Jahr dauern, bis seine Hoffnung auf Freilassung in Erfüllung ging.

Sippenhaft

Reifeprüfung und Uni Jena

Im letzten Halbjahr vor dem Abi gründeten wir eine kleine Arbeitsgruppe. Erst waren wir zu zweit, dann zu dritt, zu viert und schließlich zu fünft. Das erwies sich im Hinblick auf die nahe Prüfung als sehr erfolgreich. Wir lernten gemeinsam, hörten uns ab, hielten uns gegenseitig kleine Vorträge, und so waren wir bestens präpariert.

Die Reifeprüfung im Mai/Juni 1955 bestand aus einem schriftlichen und einem mündlichen Teil. Die schriftliche Prüfung hatten alle Schüler zu absolvieren, sie bestand aus einem Deutschaufsatz – drei Themen standen zur Auswahl –, einer fünfstündigen Mathematikarbeit, einer Russischübersetzung und einer russischen Nacherzählung von mindestens 180 Wörtern.

Ich erinnere mich noch an diese Geschichte, die uns zweimal vorgelesen wurde und die wir dann nacherzählen mussten: „Vater und Sohn befinden sich mitten im Winter mit dem Pferdeschlitten im Wald auf Hasenjagd. Auf dem Heimweg werden sie von Wölfen verfolgt, die immer näher kommen und sie bedrohen. Um die Wölfe fernzuhalten, wirft ihnen der Junge einen der geschossenen Hasen nach dem andern zum Fraß vor, aber das hält sie jedes Mal nur kurz auf. Als schließlich kein Hase mehr verfügbar ist, will sich der Junge, um den Vater zu retten, selber vor die Wölfe werfen, da erschallen plötzlich Schüsse aus dem Dorf, dem sie sich inzwischen genähert haben. Jäger hatten das Heulen der Wölfe gehört. Sie sind dem Schlitten entgegengelaufen und vertreiben die Wölfe. Vater und Sohn sind gerettet."

Am Ende der Nacherzählung fragten mich die Klassenkameraden, was dieses und jenes Wort wohl geheißen haben mag. Der eine hatte das russische Wort für „Hase", der andere das Wort für „Schlitten", der dritte das Wort für „schießen" nicht verstanden und so fort. Ich fragte mich, wie sie die Nacherzählung ohne Kenntnis dieser Wörter hatten schreiben können. Dabei hatten wir bereits in unserm ersten Russischjahr, das, wie ich bereits erwähnt habe, mit „mama doma" (die Mutter ist zu Hause) anfing, ein Gedicht mit diesen Wörtern gelernt: „Ras, dwa, tri, tschetyrje, pjat, ... Eins, zwei, drei, vier, fünf, es ging ein Häschen spazieren, da läuft plötzlich ein Jäger daher, der schießt direkt auf das Häschen, piff, paff, oi, oi, oi, und mein Häschen stirbt."

In die mündliche Prüfung kamen wir ebenfalls alle, geprüft wurden zwei bis fünf Fächer. Meine mündlichen Abi-Fächer waren Geographie und Gegenwartskunde. In Geographie ging es um China, in Gegenwartskunde um die Regierung der DDR.

Zu jedem Fach waren uns etwa 25 Fragen vorgegeben worden. Daraus musste jeweils eine gezogen werden. In Geographie sollte ich insbesondere über die Wirtschaft Chinas sprechen, das war heikel. Als ich nach den wichtigsten Eisenerz-

und Kohlevorkommen gefragt werde, lasse ich mich von meiner Intuition oder Inspiration leiten, die mir das deutsche Ruhrgebiet vor Augen führt, und zeige ganz frech auf der Chinakarte große Städteansammlungen in der Annahme, das werden schon die richtigen Gebiete sein. Ganz verkehrt scheint es nicht gewesen zu sein, denn ich bekam die Note „Sehr gut".

Was die Gegenwartskunde anlangte, hatte ich noch am Vorabend von allen Ministern und Staatssekretären die Namen, ihre Ressorts und ihre Herkunft – letztere war im „Arbeiter- und Bauernstaat" besonders wichtig – auswendig gelernt. Prompt zog ich diese Frage und konnte mit meinem frisch eingepaukten Wissen glänzen. Diesen Ballast habe ich danach schnell wieder abgeworfen.

Am Abend des letzten Prüfungstags meinte mein Klassenkamerad, der in der letzten Klasse neben mir gesessen hatte:

„Komm, wir gehen noch zum Gambrinus rüber und trinken ein Bier."

Gesagt, getan. Gerade als wir auf das sicher gut gelaufene Abi anstießen, trat mit einem Mal unser Direktor in das Lokal ein. Offenbar hatte er die gleiche Idee gehabt wie wir und wollte sich bei einem Glas Bier laben. Als er uns erblickte, bestellte er sogleich drei Schnaps und verriet uns:

„Meine Herren, Sie haben beide das Abitur mit Auszeichnung bestanden, ich gratuliere."

Wir behielten diese vertrauliche Vorabinformation bis zur offiziellen Verkündung am nächsten Tag für uns.

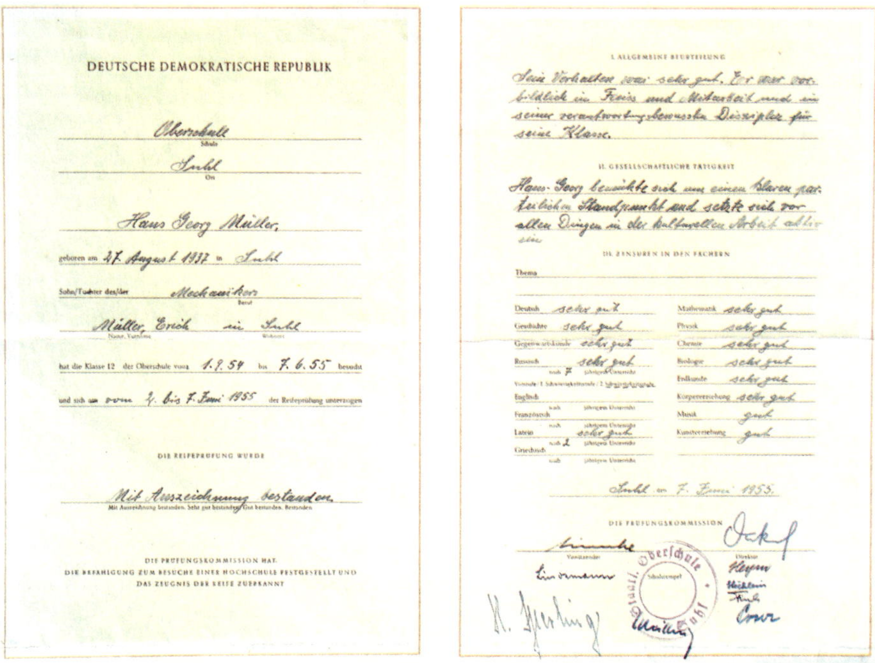

DEUTSCHE DEMOKRATISCHE REPUBLIK

Oberschule
Schule

Suhl
Ort

Hans Georg Müller,

geboren am 27. August 1937 in Suhl

Sohn/Tochter des/der Mechanikers
Beruf

Müller, Erich in Suhl
Name, Vorname Wohnort

hat die Klasse 12 der Oberschule vom 1. 9. 54 bis 7. 6. 55 besucht

und sich vom 4. bis 7. Juni 1955 der Reifeprüfung unterzogen

DIE REIFEPRÜFUNG WURDE

Mit Auszeichnung bestanden.
Mit Auszeichnung bestanden. Sehr gut bestanden. Gut bestanden. Bestanden

DIE PRÜFUNGSKOMMISSION HAT
DIE BEFÄHIGUNG ZUM BESUCHE EINER HOCHSCHULE FESTGESTELLT UND
DAS ZEUGNIS DER REIFE ZUERKANNT

I. ALLGEMEINE BEURTEILUNG

Sein Verhalten war sehr gut. Er war vorbildlich in Fleiss und Mitarbeit und in seiner verantwortungsbewussten Disziplin für seine Klasse.

II. GESELLSCHAFTLICHE TÄTIGKEIT

Hans-Georg bemühte sich um einen klaren parteilichen Standpunkt und setzte sich vor allen Dingen in der kulturellen Arbeit aktiv ein.

III. ZENSUREN IN DEN FÄCHERN

Thema

Deutsch	sehr gut	Mathematik	sehr gut
Geschichte	sehr gut	Physik	sehr gut
Gegenwartskunde	sehr gut	Chemie	sehr gut
Russisch	sehr gut	Biologie	sehr gut
Englisch		Erdkunde	sehr gut
Französisch		Körpererziehung	sehr gut
Latein	sehr gut	Musik	gut
Griechisch		Kunsterziehung	gut

Suhl am 7. Juni 1955.

DIE PRÜFUNGSKOMMISSION

Vorsitzender Direktor

Schulstempel

Oberschule Suhl

Bild 68 Reifezeugnis der Oberschule Suhl

Um das Abi „mit Auszeichnung“ zu bestehen, musste man in unserm Jahrgang in mindestens elf von dreizehn Fächern eine Eins haben. Meine „schlechten“ Fächer waren Zeichnen und Musik, da langte es nur zu einer Zwei. Zeichnen konnte ich gewiss nicht, das hat die „Nase“, wie wir unsere Zeichenlehrerin, Frau Lankisch, respektlos nannten, richtig erkannt. Aber über die Musik-Zwei habe ich mich geärgert, war ich doch jahrelang im Chor beziehungsweise im Orchester gewesen und hatte an allen Schulkonzerten und an den Proben dazu aktiv teilgenommen, insbesondere an den Proben zum Konzert bei der eigenen Abifeier. Der Musiklehrer Klingelstein, von uns logischerweise „Bim-Bim“ genannt, hatte mir entweder nicht verziehen, dass ich ihm manchmal Ärger bereitet hatte, oder er hielt die Note Eins für einen, der nur die zweite Geige spielte, für unangemessen.

In einer Zeitung, ich glaube in der Schleusinger, stand unter der Überschrift „Sie haben es geschafft“: „Dreiunddreißig glückliche, junge Menschen verließen am vergangenen Dienstag die Oberschule in Suhl, um mit Musik und Gesang durch die Stadt zu ziehen, damit jedermann an ihrer Freude teilhaben sollte. Schließlich ist es ja ein lang ersehntes und mühevoll errungenes Ziel, das Reifezeugnis der Oberschule zu erlangen, um gut gerüstet die der Neigung des einzelnen entsprechende Berufswahl zu treffen. Zwei der Schulabgänger erhielten die Note sehr gut, während zwei weitere den Abschluß sogar mit ‚Auszeichnung‘ machen konnten.“

Und im Suhler „Freien Wort“ war unter der Überschrift „Die Abschlußprüfungen – ein bedeutendes Ereignis“ zu lesen: „Das Schuljahr 1954/55 geht seinem Ende entgegen. In den Grund- und Oberschulen finden in diesen Tagen die Abschlußprüfungen statt. An der Oberschule Suhl beteiligten sich 34 Abiturienten an der Reifeprüfung. Wolfgang M. und Hans-Georg M. legten das Abitur mit ‚Auszeichnung‘ ab, die Schüler Dieter L. und Klaus N. mit ‚Sehr gut‘. Alle anderen Schüler, bis auf einen, bekamen die Noten ‚Gut‘ und ‚Bestanden‘. Das ist ein schöner Beweis für die Arbeit unserer demokratischen Schule. Unser Bild zeigt: (Links) den Schüler Wolfgang M., Sohn eines Suhler Büchsenmachers, Wolfgang geht nun auf die Universität Jena und wird dort Physik studieren. Dieter L. (rechts), seine Mutter arbeitet als Ankerwicklerin, geht zur KVP.“ (Die Namen waren – zum Teil falsch – ausgeschrieben worden.)

Mich hat man zwar erwähnt, aber nicht abgebildet. Es hätte sich auch schlecht gemacht, wenn in der Bildbeschreibung gestanden hätte: „Sohn eines politischen, vom SMT[118] zu 20 Jahren Arbeitslager verurteilten Häftlings.“ Da gaben Büchsenmacher und Ankerwicklerin mehr her – für die demokratische Schule. Der „eine“, der nicht bestanden hatte, war just der, dem wir wegen des parteipolitischen Amtes seines Vaters nicht über den Weg trauten.

[118] KOWALCZUK / WOLLE (2001: 83): „Das juristische Instrument [zur Durchsetzung der politischen Ziele der sowjetischen Besatzungsmacht, d. Verf.] waren die berüchtigten sowjetischen Militärtribunale (SMT).“

Bei der Verkündung der Prüfungsergebnisse im Rahmen der Abifeier wurde uns der Spruch von Schiller/Goethe (Musenalmanach, „Tabulae votivae", 1797)

Immer strebe zum Ganzen, und kannst du selber kein Ganzes werden,
als dienendes Glied schließ an ein Ganzes dich an!

mit auf den Weg gegeben. Mein „Gambrinuskamerad" hielt die Abiturientenrede, in der er sich in unserem Namen bei Lehrern und Hausmeister für die uns erwiesenen Dienstleistungen bedankte und bei der er den Kameradschaftsgeist, insbesondere unserer Klasse, aufs Eindringlichste beschwor. Leider waren das, wie ich bei einem Anruf im Jahre 2006 feststellen musste, leere Worte, denn er zeigte zu meinem Bedauern keinerlei Interesse an einer Begegnung zur Auffrischung der Erinnerung. Allerdings lagen zwischen dem Anruf und dem letzten Kontakt Jahrzehnte.

Nach der Abifeier marschierten wir singend mit violetten Fliedersträußen in der Hand von der Oberschule durch die Bahnhofstraße an der Kreuzkirche vorbei durch den Steinweg zum Marktplatz, wo wir uns am Fuße des Waffenschmieds postierten und im Chor „S'ist Feieromd" sangen.

Am „Feieromd" trafen wir uns in der Alten Burg am Domberg, um ausgiebig zu feiern. Der eine und andere Lehrer war mit von der Partie. Anwesend war auch der auswärtige Prüfungsvorsitzende, der mir, wie ich mich erinnere, viel Sympathie entgegenbrachte. Von uns nunmehr „reifen" Schülern tranken einige etwas mehr, als ihnen guttat. Einer sprang aus lauter Freude oder Unzurechenbarkeit in den Marktbrunnen. Einen Abiball gab es auch. Ich sehe noch einen der Klassenkameraden, den Kopf auf den Tisch gelegt, untröstlich flennen. War es der „Alohol" oder Weltschmerz?

Schon Monate vor dem Abi hatte ich mich um einen Studienplatz für Mathematik und Physik an der Universität Jena beworben. Am 23. März 1955 war der Eingang meiner Bewerbungsunterlagen bestätigt und mein Aufnahmeantrag unter Nr. A1/219 registriert worden. Unterschrift: Referent gez. Sessinghaus. Nun wartete ich auf die Zulassung zum Studium.

Währenddessen arbeitete ich bei der Suhler Burgbrauerei, um Geld zu verdienen. Ich begleitete den Pferdekutscher, der mit seinen beiden Gäulen, die vor den Wagen gespannt waren, die Gaststätten in Suhl mit Bier und anderen Getränken belieferte. Unter Peitschenhieben auf die gestressten Pferde im Verein mit unserer Menschenkraft ging es mit Karacho den steilen Pfad zur Gaststätte Alte Burg hinauf oder den langen, kräfteraubenden Weg die Schleusinger Straße hoch bis zum Kurhaus Friedberg. Einmal platzte beim Grünen Baum in der Langen Brücke der Stöpsel aus einem der großen Bierfässer heraus, und hoch auf spritzte das weiß schäumende Bier. Während der Kutscher mit seinem Daumen, den er in die Öffnung presste, zu verhindern suchte, dass noch mehr Bier verloren ging, musste ich zur Brauerei rennen und die Stöpselmaschine holen. Mir war diese Arbeitsteilung recht. *Mein* Daumen wäre sicher (selbst der Hexe in „Hänsel und Gretel", wenn die ihn sich hätte ansehen können) zu dünn gewesen, und außerdem war ich natürlich flinker, als er es mit seinem Bierbauch gewesen wäre. Als ich schließlich zurückkam, sah ich ihn – noch immer mit dem Daumen im Loch des Fasses – mit schmerzverzerrtem Gesicht leiden und voller Ungeduld auf mich warten.

Der Job hatte sein Gutes: Jeden Tag durfte man drei Flaschen Freibier mit nach Hause nehmen, mit denen ich großzügig umging, das heißt ich verteilte, was ich nicht selber trank, an Interessenten. Für meine kleine Schwester Ursula war ein schwarzes, alkoholarmes dabei, wie sie sich gerne erinnert.

Es gibt Momente, die man gar nie vergisst. Mit dem Pferdewagen holten wir eines Tages Stroh von den etwas außerhalb gelegenen brauereieigenen Feldern. Es machte richtig Spaß, bei dem in Suhl so seltenen herrlichen Wetter zusammen mit der reifen, blonden Maid von der Brauerei die goldgelben Garben mit den langen Gabeln auf das gummibereifte Fuhrwerk zu laden. Auf dem Heimweg, hoch auf dem gelben Wagen, lagen wir, die besagte holde, verführerische Maid und ich, der schüchterne Jüngling, auf dem weichen Stroh aneinander geschmiegt, wo wir, sicher vor den Blicken des Kutschers und der Leute „da unten", aber nicht unbedingt vor den Augen neugieriger Leute aus den oberen Geschossen der Häuser, die wir passierten, gewisse Zärtlichkeiten austauschten. Es war nur ein „Stroh-Feuer". Grau ist der Alltag, aber grün des Lebens goldner Baum.

An einem Nachmittag war ich mit Klassenkameraden im Schwimmbad. Auf dem Rückweg begegnete uns eine Kameradin, meine ehemalige Fangeles-Freundin M., die aus finanziellen Gründen vorzeitig – nach der neunten Klasse – von der Schule abgegangen war. Als sie uns fragte, wie denn das Abi verlaufen sei, antwortete ich schnell: „So lala." La-la-lachend gingen wir weiter, nachdem sie uns gratuliert hatte. Ein paar Tage später sehe ich sie wieder. Sie hat inzwischen erfahren, wie ich im Abi abgeschnitten habe. Sie sagt: „Du bist mir ein wahrer Schelm." Von da an treffen wir uns nicht mehr nur zufällig, sondern gezielt nach Verabredung. Ein nächtlicher Spaziergang führt uns zur auf halber Höhe des Dombergs gelegenen Ottilienkapelle –

Off'n Dombärg gähnn die Sühler
Noch d'r Aerbet gärn spazier...[119]

Wir setzen uns auf eine Bank. Der Vollmond scheint, unter uns ist schemenhaft die Stadt an ihren Lichtern zu erkennen,

Wenn in Toal die Lichtle fönkeln,
Ueber'n Dällbärg steigt d'r Mond...[120],

alles um uns herum ist still bis auf ein leichtes Rauschen der Blätter, kurz: es ist sehr romantisch. In meiner Schüchternheit frage ich sie, ob sie der Mondschein

[119] JULIUS KOBER 1963: Ueber Suhl, doe gähtt doch niß
[120] JULIUS KOBER 1963: Ueber Suhl, doe gähtt doch niß

störe. Als sie „nein“ flüstert, drücke ich ihr einen scheuen Kuss auf die Lippen. Wir beendeten den Abend mit einem langen Spaziergang über den Domberg.

Einige meiner Klassenkameraden hatten bereits vor dem Abi Antwort auf ihre Bewerbung erhalten, es handelte sich meist um Ablehnungen oder Vertröstungen auf das nächste Jahr. Als Grund wurde angegeben, dass die Leistung nicht ausreiche oder die gewünschte Fachrichtung überfüllt sei. Andere Kameraden indessen erhielten die Zulassung von der Uni, bei der sie sich beworben hatten, ich aber bekam lediglich ein Schreiben, mit dem ich hingehalten wurde:

> *Friedrich-Schiller-Universität* — *Jena, den 18.7.1955*
> *Prorektor für Studienangelegenheiten* — *Fernruf 4051 Sess./Bö.*
> *Goetheallee 13/Klosterhof*
> *Sprechstunde: Mittwoch 13-15.30 Uhr, Freitag: 11-13 Uhr*
>
> *Herrn*
> *Hans-Georg Müller*
> *Suhl*
> *Kleine Kelberstr. 1*
>
> *Betr.: Ihre Bewerbung zum Studium*
>
> *In der Zulassungssitzung für die Fachrichtung Mathematik konnte über Ihren Antrag noch nicht entschieden werden. Es wurde von der Kommission beschlossen, Ihren Antrag in der 2. Sitzung, die etwa Ende August stattfindet, nochmals zu behandeln. Wir bitten Sie, sich bis zu diesem Zeitpunkt zu gedulden.* *gez. Dr. Arnold*

Ich war enttäuscht. Als Arbeiterkind und mit dem guten Zeugnis glaubte ich, auf jeden Fall zugelassen zu werden.

Der Schulleiter vertröstete mich: „Warten Sie, warten Sie!“

Ich wollte nicht warten und fuhr kurz entschlossen mit dem Zug nach Jena. Den Prorektor der Uni, Dr. Arnold, treffe ich nicht an, statt seiner kann ich mit dem persönlichen Referenten, Herrn Funk, und dem Instrukteur der mathematischen Fakultät, Herrn Karl-Heinz Sessinghaus, über mein Anliegen sprechen. Herr Sessinghaus lässt Herrn Funk irgendein Schriftstück lesen, der dazu nickt. Auf meine Frage, weshalb ich keine Zulassung bekommen habe, wird mir bedeutet, dass der Grund mich nicht zu interessieren brauche.

„Aber gerade deshalb bin ich doch hierher gekommen, weil mich der Grund interessiert“, sage ich mit fester Stimme.

„Den Grund können wir Ihnen nicht nennen, warten Sie bis zum 20. August, an dem Tag findet die zweite Sitzung statt, dort wird entschieden, dann erhalten Sie sogleich Bescheid.“

Niedergedrückt fahre ich nach Suhl zurück. Da bin ich nun in die FDJ, in die DSF, in die GST eingetreten, bin jahrelang „gesellschaftlich“ durch Mitwirkung in Chor und Orchester der Schule aktiv gewesen, habe mich an landwirtschaftlichen

Betriebszählungen und an einer Viehzählung beteiligt, habe mehrfach an Spendensammlungen für die Volkssolidarität teilgenommen, habe im Rahmen des Nationalen Aufbauprogramms einen Beitrag geleistet, wofür ich eine Belobigung zuerkannt bekommen habe, bin als Ferienhelfer für die Volksschule tätig gewesen, habe Arnikablüten auf den Fallmichwiesen und Kartoffelkäfer in Dietzhausen gesammelt und Steine bei der alten Gasanstalt sauber geklopft, sortiert und gestapelt. Und nun das. Ich warte vergebens bis zum 24. August auf eine Mitteilung der Uni Jena. Dem Schulleiter sage ich, dass ich mich nun an den Schulrat Meier wenden werde. Und er:

„Der kann in diesem Fall auch nichts erreichen."

„Dann rufen Sie doch bitte einen der verantwortlichen Herren in Jena an und fragen Sie nach dem Stand der Dinge."

Auf mein Drängen ruft er schließlich dort an, aber diese Herren sind, obwohl an dem Tag Sprechstunde ist, nicht zu sprechen. Von einer Sekretärin ist lediglich zu erfahren, dass die zweite Sitzung auf den 25./26. August verschoben worden sei.

Der Schulleiter: „Warten Sie!"

Ich warte bis zum 29. August. Als ich noch immer keinen Bescheid in der Hand habe, suche ich Herrn Häfner im Rat des Bezirkes Suhl, Abteilung Volksbildung, auf und trage ihm die ganze Geschichte vor. Zunächst äußert er sich indigniert über die schlampig ausgefüllte Belobigungsurkunde, die mir der Schulleiter zusammen mit dem Reifezeugnis überreicht hat, dann wundert er sich, dass mir die bei „Auszeichnung" vorgesehene Lessing-Medaille nicht ausgehändigt worden ist, bloß weil „die Biologienote nur in der Tendenz ‚sehr gut' gewesen" sei, was für eine Lessingmedaille nicht ausreiche, wie mir der Schulleiter erklärt hatte. Schließlich will er mir in meiner Angelegenheit helfen, aber er erreicht ebenfalls keinen der maßgebenden Herren in Jena. Eine Sekretärin sagt ihm, dass die Post für mich am 27. August abgegangen sei. Als am 30. August das angekündigte Schreiben nicht eintrifft, begebe ich mich wieder zu Herrn Häfner. Der spricht aus, was ich schon lange denke: „Schweinerei!"

Er verspricht mir, sein Möglichstes zu tun und nötigenfalls persönlich nach Jena zu fahren, um Klarheit in diese missliche Angelegenheit zu bringen. Nächster Termin bei ihm ist der 31. August, 18 Uhr, aber da die Telefonvermittlung nicht geklappt hat, soll ich am folgenden Tag wiederkommen.

Traurig denke ich: „Morgen, am 1. September, ist Immatrikulation."

Aber gerade wegen der Immatrikulation sind die Herren an der Uni nicht anzutreffen. Wieder werde ich vertröstet, aber ich sage Herrn Häfner, dass ich selber noch einmal nach Jena fahren möchte. Er setzt sogleich ein Begleitschreiben auf und gibt es mir mit. Am 2. September habe ich eine halbstündige Aussprache mit Herrn Sessinghaus. Ergebnis: Er nennt mir als Grund der Ablehnung, dass ich „in gesellschaftlicher Hinsicht" nicht tragbar sei. Hinterfragt, erklärt er, das hänge mit der Haft meines Vaters zusammen. Als ich mein Zeugnis und die Belobigungsurkunde, die mir bei der Abifeier überreicht worden war, zurückverlange, speist er mich mit billigen Ausreden ab. Wenn ich weiterdiskutieren wolle, solle ich doch zum Prorektor gehen. Er – genervt – schmeißt mich quasi raus. Aber er schmeißt mich nach oben, und da will ich hin.

Ich spreche nun beim Prorektor, Herrn Dr. Karl Arnold, vor. Mit ihm, dessen persönlichem Referenten, Herrn Erich Funk, dem Universitätsparteiorganisationsvorsitzenden, Herrn Lorge, und einem weiteren Uni-Vertreter habe ich eine etwa einstündige Unterredung.

Herr Dr. Arnold beginnt die Begründung der Ablehnung mit den Worten: „Wir nehmen lieber einen Schüler, der sein Abi ‚mit Gut' gemacht hat und dessen Vater sich aktiv in die Entwicklung unseres Staates einschaltet, als einen, der sein Abi ‚mit Auszeichnung' bestanden hat und dessen Vater vom Sowjetischen Militärtribunal verurteilt worden ist."

„Muss ich nun darunter leiden, dass mein Vater vom SMT verurteilt wurde?", frage ich.

„In gewisser Hinsicht schon."

„Aber das verbietet doch der Artikel 39 der Verfassung der DDR." (Verfassung in der Fassung vom 7. Oktober 1949.)

Ich war gut präpariert, die Verfassung hatte ich schon studiert. Ich lese den Herren den Artikel 39 vor: „(1) Jedem Kind muß die Möglichkeit zur allseitigen Entfaltung seiner körperlichen, geistigen und sittlichen Kräfte gegeben werden. Der Bildungsgang der Jugend darf nicht abhängig sein von der sozialen und wirtschaftlichen Lage des Elternhauses. Vielmehr ist Kindern, die durch soziale Verhältnisse benachteiligt sind, besondere Aufmerksamkeit zuzuwenden. Der Besuch der Fachschule, der Oberschule und der Hochschule ist Begabten aus allen Schichten des Volkes zu ermöglichen."

Wieder einmal werde ich an meine früheren Gespräche mit Vertretern der Staatsmacht erinnert, an das Verhör durch die Grenzpolizisten in Römhild, wo ich auf der Hut sein musste, um nicht auf Fangfragen reinzufallen, an das Rekrutierungsgespräch mit den Offizieren der KVP kurz vor dem Abitur, bei dem Fallstricke lauerten, in denen man sich verfangen konnte, wenn man nicht aufpasste. Auch jetzt sah ich mich einer Phalanx von scheinbar übermächtigen Repräsentanten einer Institution gegenüber, der ich Paroli bieten musste, ohne in Fußangeln zu geraten.

Herr Lorge von der Universitätsparteiorganisation, die das Sagen an der Uni hat, schaltet sich nun in das Gespräch ein:

„Sie dürfen die Verfassung nicht schematisch betrachten. Es gibt auch noch Gesetze über Volkswirtschaftspläne, die zu berücksichtigen sind."

„Dann sind diese Gesetze nicht verfassungsgemäß."

„Sie sollten Jura statt Mathematik studieren."

„Bekäme ich dann einen Studienplatz?"

„Sie wollen doch Mathematik studieren. Arbeiten Sie ein Jahr lang praktisch, gewinnen Sie das Vertrauen der Arbeiterschaft, das Ihr Vater verspielt hat.“

„In meinen Schulferien habe ich einmal sechs Wochen in einer Stanzerei gearbeitet und jetzt eben erst sechs Wochen in einer Brauerei, während der Schulzeit habe ich an zahlreichen gesellschaftlichen Aktivitäten teilgenommen.“

Ich zähle alle diese Tätigkeiten auf und fahre fort:

„Mein Vater hat niemandem etwas zuleide getan. Er hat niemandes Vertrauen verspielt. Er ist selber Arbeiter, er hat eine Mechanikerlehre absolviert und viele Jahre lang, weit ins Dritte Reich hinein, als Mechaniker gearbeitet. Bevor er verhaftet wurde, war er ebenfalls als Mechaniker in einem Suhler Betrieb tätig.“

„Aber Ihr Vater hat die Werktätigen verraten“, kam es knallhart zurück.

Die Werktätigen, das sind die Arbeiter und Bauern, aber die haben praktisch alle Hitler gewählt und ihm zugejubelt, als er an die Macht gekommen war: „Führer befiehl, wir folgen dir!“ und „Ein Volk, ein Reich, ein Führer!“ haben sie skandiert. Sie waren alle froh, als der Schlamassel der Weimarer Republik ein Ende hatte. Somit haben sich die Werktätigen selber verraten, oder wurden sie verraten? Sie wurden getäuscht, verführt, belogen, betrogen, ja, in diesem Sinne wurden sie verraten. Aber es war nicht mein Vater, der sie und damit quasi auch sich selbst verraten hat. Ich antworte:

„Wir wissen nicht, weshalb unser Vater vom SMT zu 20 Jahren Arbeitslager verurteilt worden ist; uns ist nie mitgeteilt worden, weshalb man ihn überhaupt verhaftet hat. Erst über zweieinhalb Jahre nach seiner Verhaftung durch die Russen ...“

„... die Sowjets ...“, werde ich belehrt,

„... haben wir das erste Lebenszeichen von ihm erhalten – aus Bautzen. Können Sie mir sagen, inwiefern mein Vater die Werktätigen verraten hat?“

„Das steht hier nicht zur Debatte“, wich er aus. „Wenn Sie ein Jahr lang in der Produktion arbeiten und damit unter Beweis stellen, dass Sie sich am sozialistischen Aufbau unseres Staates beteiligen, können Sie das Vertrauen der Arbeiterschaft gewinnen, und der Betrieb delegiert Sie vielleicht zum Studium.“

„Sie sagen ‚vielleicht‘, und wenn nicht?“

„Das hängt ganz von Ihnen ab.“

„Können Sie mir den Grund der Ablehnung meiner Bewerbung schriftlich geben?“

„Sie erhalten eine Ablehnung wegen Überfüllung.“

„Aber das entspricht doch nicht den Tatsachen.“

„Was wollen Sie denn als Grund bescheinigt haben?“

„Nun, dass ich wegen meines Vaters nicht studieren darf.“

„Genügt es Ihnen denn nicht, wenn wir Ihnen das sagen?“

„Nein, ich will es schriftlich.“

„Und warum?“

„Damit ich mich damit beim Volksbildungsministerium in Berlin beschweren kann.“

„Gut, Sie werden ein entsprechendes Schreiben erhalten.“

„Bis wann kann ich damit rechnen? Die Immatrikulation ist bereits gestern erfolgt, die Vorlesungen beginnen am 12. September.“

„Zwischen dem 5. und 10. September.“

„Geben Sie mir bitte mein Reifezeugnis und die Belobigungsurkunde, die ich vom Ministerium für Volksbildung erhalten habe, zurück?“

Indem Herr Lorge mir meine Bewerbungsunterlagen reicht, ändert er seine Taktik. Seine ursprüngliche Schroffheit kehrt sich in gespielte Freundlichkeit um. Er rückt näher an mich heran, klopft mir auf die Schulter und sagt:

„Sie haben Ihre Sache gut verteidigt, Sie sollten tatsächlich Jurist werden. Ich freue mich über Ihre Hartnäckigkeit, aber werden Sie nicht stur!“

Ich bleibe kalt und wirke den Herren gegenüber entschlossen.

Als Ergebnis der Unterredung halte ich zu Hause in einem Gesprächsprotokoll fest: 1. die individuelle menschliche Seite bleibt unberücksichtigt, 2. der fachliche Aspekt entscheidet nicht, 3. meine Aktivitäten in gesellschaftlicher Hinsicht sind nicht maßgebend, 4. es zählt einzig und allein die Tatsache, dass mein Vater in politischer Haft ist.

Alle, denen ich das erzähle, schütteln den Kopf. Da macht einer ein so hervorragendes Abi, sagen sie, und darf nicht studieren. Auch Herr Häfner beim Rat des Bezirks kann das nicht verstehen. Er sagt, dass er mir helfen wolle, zuvor aber müsse er mit seinen Kollegen über diesen Fall sprechen, ich solle am 5. September wiederkommen.

Mein Entschluss ist gefasst. Ich werde das Ablehnungsschreiben aus Jena abwarten und dann damit nach Berlin gehen. Das sage ich am 5. September Herrn Häfner, und ich bitte ihn um ein Begleitschreiben für meine Beschwerde beim Staatssekretariat für Hochschulwesen und beim Volksbildungsministerium in Berlin. Dieses soll ich am 12. September bei ihm abholen, sagt er, und das klappt auch. Das Begleitschreiben ist datiert vom 11. September 1955, das ist ein Sonntag!

Rat des Bezirkes Suhl
Land Thüringen

Suhl, den 11.9.1955
Rimbachstr. 47
Fernruf 3441-3449
Hausruf 407
Bank: Deutsche Nationalbank
Abt.: Volksbildung
Referat Schulorganisation
Fernschreibanschluß 0601
Telegrammanschrift: rabesu

<u>*Bescheinigung*</u>

Der Absolvent der Oberschule Suhl Hans-Georg M ü l l e r hat seine Abschlußprüfung mit Auszeichnung bestanden. Eine Immatrikulation an der Friedrich-Schiller-Universität Jena im Fache Mathematik ist bis heute noch nicht erfolgt. In einer mündlichen Aussprache wurde Herrn Müller mitgeteilt, daß die Immatrikulation aus bestimmten Gründen nicht erfolgen kann. Eine schriftliche Bestätigung ist bis heute noch nicht erfolgt. Da Herr Müller seine [sic!] *Gründe gern an zentraler Stelle darlegen will, bitten wir, ihn im Staatssekretariat für Hochschulwesen und im Ministerium für Volksbildung an den Sprechtagen anzuhören.*

(Emblem der DDR) *gez. Schünemann*
Stellv. Abteilungsleiter

Dabei ging es doch gar nicht um „seine“, also meine Gründe, sondern um die der Uni! Kaum hatte ich das Schreiben am 12. September abgeholt, traf endlich auch mit der Post die aus Jena erwartete Nachricht ein:

Friedrich-Schiller-Universität
Prorektor
für Studentenangelegenheiten

Jena, den 8.9.1955
Fernruf 4051/App. 373
Dr.Arn/Dit.

Sprechstunde: Mittwoch 13-15.30 Uhr, Freitag 11-13 Uhr

Herrn
Hans-Georg Müller
Suhl
Kleine Kelberstr. 1

Betr.: Ihre Bewerbung zum Studium

Sehr geehrter Herr Müller!

Zurückkommend auf die Unterredungen, die Sie vor einigen Tagen mit einigen Angehörigen unserer Universität über Ihr Studium geführt haben, möchte ich Ihnen mitteilen, daß wir für Sie in diesem Jahr in den gewünschten Studienfächern keine Zulassung aussprechen konnten, obwohl Ihre schulischen Leistungen ausgezeichnet waren.
Wir haben in beiden Fachrichtungen bzw. Fakultäten eine sehr große Anzahl von Bewerbern gehabt, so daß zwangsläufig eine große Anzahl von Bewerbern abgelehnt werden mußte.

<u>*bitte wenden!*</u>

Bei der Zulassung mußten wir neben den Voraussetzungen, die in der Person des Bewerbers selbst liegen, auch die Verdienste des Vaters bzw. der Eltern für unseren Aufbau berücksichtigen, die in Ihrem Fall nicht gegeben sind.

Sollten Sie durch eine praktische Tätigkeit in einen [sic!] *unserer volkseigenen Betriebe zeigen, daß Sie Willens* [sic!] *sind, über die reine Schularbeit hinaus an unserem Aufbau aktiv mitzuhelfen, glaube ich, daß einer Wiederbewerbung im nächsten Jahr stattgegeben werden könnte.*

Mit vorzüglicher Hochachtung
gez. Dr. Arnold

Diesmal hatte das (fehlerhafte) Schreiben von Dr. Arnold immerhin eine Anrede und eine Schlussformel, wie immer auch beides gemeint war.

Die angeführten Schreiben und meine über die Gespräche mit dem Rat des Bezirkes Suhl und mit der Uni Jena angefertigten Protokolle besitze ich noch.

Ja, mein Entschluss war gefasst – wenn auch nicht im vorgetragenen Sinn. Ich hatte absolut nicht die Absicht, zum Volksbildungsministerium der DDR zu gehen. Was ich brauchte, war lediglich eine „Eintrittskarte" für das teilgesperrte Ost-Berlin und – der Form und der Glaubwürdigkeit meines Vorhabens halber – die Adresse des Volksbildungsministeriums beziehungsweise des Staatssekretariats für Hochschulwesen. Mit dem Begleitschreiben des Rates des Bezirkes Suhl würde es leicht sein, nach Ost-Berlin einzureisen. Und mit dem Ablehnungsbescheid der Uni Jena käme ich auch weiter. Beim Volksbildungsministerium rechnete ich mir keinerlei Chancen aus. Ich glaube, jedem Abiturient in der DDR war damals eine bestimmte Adresse nebst Zimmernummer in West-Berlin bekannt, die Adresse der Dame mit den roten Haaren, die für Ost-Abiturienten beim Senator für Volksbildung in West-Berlin zuständig war.

Flucht in die Freiheit

Ankunft in Berlin

Außer der „Mondschein-Freundin" wusste nur meine Mutter, was ich vorhatte. Als ich mich von ihr verabschiede, umarmt sie mich und sagt: „Komm wieder, Jung!" Ich schweige. Ich weiß, dass ich nicht wiederkomme. Und sie weiß es auch, und sie will es letzten Endes auch nicht, sie weiß mich im Westen besser aufgehoben. Ich bin nicht Wolfgang, mein Bruder, ihr anderer Sohn. Auch er war ja zwei Jahre zuvor nach West-Berlin gegangen, aber nach drei Tagen zurückgekehrt, weil es ihm im Flüchtlingslager Marienfelde nicht gefallen hatte. Ich würde nie zurückkehren. Und wenn sich mir noch so große Schwierigkeiten auftun würden, ich käme nicht zurück. Ich würde mich durchbeißen.

Am Abend des 12. September 1955 setze ich mich auf mein Fahrrad, um zum Bahnhof zu fahren. Ein am Bahnhof wartendes Fahrrad zeugt vom Rückkehrwillen des Reisenden.

Unterwegs treffe ich auf einen Kameraden, den Fußballfan von Schleusingen. Ich steige vom Rad ab und gehe mit ihm zu Fuß weiter zum Bahnhof, wo ich ihm dann doch mein schlossloses Fahrrad überlasse, damit er es zu mir heimbringt. Er kennt meine wahren Absichten nicht.

Als Gepäck habe ich nur meine schäbige, aus meinem früheren Ranzen und einem Stückchen Leder zusammengeflickte Schultasche mit dem für ein, zwei Nächte Nötigsten, den Schreiben der Uni Jena und des Bezirksrats Suhl sowie meinem Zeugnis nebst der Belobigungsurkunde dabei.

Ich hatte mir natürlich auch die Adresse meines angeblichen Ziels geben lassen. Aber eine Rückfahrkarte hatte ich mir nicht besorgt – das war sicher etwas leichtsinnig, weil unter Umständen verräterisch. Wäre ich gefragt worden, weshalb ich nur eine einfache Fahrkarte gelöst hatte, hätte ich sagen können, dass ich von Ost-Berlin aus im Falle eines positiven Ausgangs meiner Demarche direkt zur Uni nach Jena zu fahren beabsichtigte, wofür ich mir die Karte in Berlin besorgen wollte, im Falle eines negativen Ergebnisses aber direkt zurück in meine Heimatstadt fahren würde, wofür ich mir dann eine andere Karte lösen müsste.

Nachts gegen vier Uhr werde ich kurz vor Berlin im Zug geweckt. Kontrolle. Ich zeige mein Begleitschreiben und darf weiterschlafen, ohne gefragt zu werden, weshalb ich nur die Karte für eine einfache Fahrt gelöst habe. Ich dachte noch: „Die sind ja so dumm!"

Etwa um fünf Uhr komme ich in Berlin an. Ich steige in die S-Bahn ein. Jetzt darf ich mich in meinem müden Zustand bloß nicht verfahren, ich will ja „zum Volksbildungsministerium". Aber schon einmal hatte mir „die Staatsmacht" nicht geglaubt, dass ich mich verlaufen hätte! Also, Holzauge, sei wachsam!

Bild 69
Berlin: Brandenburger Tor

Als ich schließlich nach dem Passieren des neuralgischen Punkts Bahnhof S-Bahn Friedrichstraße sicher bin, den „demokratischen Sektor“ verlassen zu haben und in West-Berlin zu sein, atme ich auf. Aus Beschreibungen kenne ich den Weg zur Dame mit den roten Haaren. Da ich dort zu früh ankomme, gehe ich in einem weiten Bogen um den Funkturm herum spazieren und genieße die Berliner Spätsommerluft.

Bild 70
Berlin: Funkturm

Es ist kühl so früh am Morgen. Meine Müdigkeit ist verflogen, die im Osten empfundene Spannung und Beklemmung ist ebenfalls von mir gewichen. Es ist kaum jemand auf der Straße. Ich bin mit mir allein, und ich bin mir der Bedeutung des Augenblicks bewusst. Ich komme ins Grübeln und rede mit mir selbst.

Bin ich jetzt in Freiheit? Was ist Freiheit? Bedeutet Freiheit, dass ich nun tun und lassen kann, was ich will? Dass ich nach eigenen Regeln leben darf? Dass ich studieren und reisen kann, was und wohin ich will? Dass ich eine eigene Meinung haben und sie auch äußern darf? Dass ich mein Leben unabhängig von der Meinung anderer gestalten kann? Dass ich vor niemandem und nichts Angst zu haben brauche? Ich bin kein Illusionist. Mir ist klar, dass ich weiterkämpfen muss. Aber ich bin mir auch sicher, dass es sich lohnen wird. Ich gehe nicht zurück, eine völlig neue Zukunft beginnt für mich heute – ohne ein Zurück. Ist Freiheit eine Illusion? Und bin ich nur Spielball meiner Bedürfnisse? Ich glaube, nein. Für mich ist Freiheit ein Gefühl. Ich habe das echte, tiefe Gefühl, frei zu sein. Und ich bin glücklich.

Warum gibt es in der DDR bloß keine Freiheit? Wo doch Karl May, nein, ich habe mich „versprochen", ich meine: wo Karl Marx sich nachdrücklichst für die Freiheit der Persönlichkeit eingesetzt hat: „Die Lebensgefahr für jedes Wesen besteht darin, sich selbst zu verlieren. Die Unfreiheit ist daher die eigentliche Todesgefahr für den Menschen".[121]

Zum ersten Mal in meinem Leben betrete ich – mit aller Vorsicht – einen Paternoster, der mich in die richtige Etage bringt. Und schon bin ich im Zimmer auch der richtigen Dame. Wie alt sie sein mag? Ich habe kein Gefühl für das Alter einer Dame mit roten Haaren und rot lackierten Fingernägeln. Sie ist hoch aufgewachsen und tritt sehr bestimmt auf, sie ist nicht unfreundlich, aber ziemlich kurz angebunden, sachlich. Mir bleibt keine Zeit, darüber nachzudenken, wie alt sie wohl sein könnte.

Sie will mein Reifezeugnis sehen, kritzelt auf der Rückseite mit einem roten Stift herum, was mir Unbehagen verursacht, nimmt es zu ihren Akten und sagt, dass das im Westen vorgeschriebene 13. Schuljahr für mich am 1. Oktober beginnt und dass ich die knapp drei Wochen bis dahin zu Hause in Suhl warten soll. Offenbar weiß sie nicht, dass es überhaupt nicht selbstverständlich ist, nach Ost-Berlin hereinzukommen. Ich kann doch nicht als Grund angeben, in West-Berlin zur Schule gehen zu wollen, da schicken sie mich gleich zurück oder sonst wohin.

Ich versuche ihr das zu erklären, worauf sie achselzuckend vorschlägt, ich könnte die Zeit bis dahin auch im Flüchtlingslager Marienfelde verbringen, zack. In welches Heim und in welche Schule ich dann komme, werde ich rechtzeitig erfahren. Und schon bin ich wieder draußen am Paternoster, der beim Einsteigen nach unten meine ganze Aufmerksamkeit erfordert.

Noch bin ich nicht ganz frei. Man ist sicher nie ganz frei. Ich bin auf andere angewiesen. Es gibt gewisse Zwänge. Es wird immer irgendwelche Zwänge – äußere und innere – geben. Aber ich fühle mich freier als vorher, freier als dort, wo man sich politische Witze nur hinter vorgehaltener Hand mit einem vielsagenden Blick nach vorn und einem scheuen Blick zurück über die Schulter weitererzählen konnte, war man sich doch nie sicher, ob nicht ein Unbefugter von der „Firma"[122] „Horch und Greif", wie sie später im Volksmund genannt wurde, zuhörte. Ich denke an den Gefangenenchor in Fidelio:

Sprecht leise, haltet euch zurück!
Wir sind belauscht mit Ohr und Blick.

[121] LEONHARD 1962: 177
[122] WILKENING 1990: 33

„Treffen sich eine Spick- und eine Nähnadel. Ach, klagt die Spicknadel, schlechte Zeiten, es gibt nichts zu spicken, was soll ich nur machen. Mir geht es genauso, jammert die Nähnadel, weit und breit gibt es nichts zu nähen. Achtung, flüstert plötzlich die Spicknadel, hinter uns kommt eine Sicherheitsnadel." Ob es hier im Westen auch „Sicherheitsnadeln" gibt?

„Freiheit ist Einsicht in die Notwendigkeit", habe ich in der Schule gelernt. Einsichtig sein, ist für sich genommen okay, ist klug und weise, heißt erkannt zu haben, dass es nicht anders geht, dass es nicht so geht, wie man sich das ursprünglich vorgestellt hat, und dass man sich nun in all seinem Tun und Handeln gemäß der neu gewonnenen Erkenntnis verhält.

Aber was ist notwendig, unabänderlich, unabwendbar? Wenn es notwendig gewesen wäre, in der DDR zu verharren, hätte ich sie nicht verlassen können, logisch. Vielleicht hätte ich mich dann arrangiert. Dann wäre ich, da man normalerweise nicht permanent im Konflikt mit seiner Umgebung leben kann, wahrscheinlich ein Mitläufer geworden, hätte „Einsicht" bewiesen um eines winzigen Stückchens Freiheit willen, das ich mir damit erkauft hätte. Ich weiß nicht, ob ich einem ständigen Leidensdruck standgehalten hätte. Allerdings gab es im Falle des Verbleibens in der DDR noch eine Alternativmöglichkeit.

Statt in den Westen zu gehen, hätte ich, dem Rat der Herren an der Uni Jena folgend, ein Jahr lang in der Produktion tätig sein können. Ob ich in West-Berlin ein Jahr, das 13. Schuljahr, dranhängte oder ein Jahr lang in einem „Volkseigenen Betrieb", kurz VEB, arbeitete, bevor ich zu studieren anfing, wäre, zeitlich gesehen, auf dasselbe hinausgelaufen.

In der DDR hätte ich dann auf irgendeine Weise, aber möglichst systemimmanent (etwa in der Art wie Peter Stosiek[123]) versuchen können, Einfluss auf gewisse Geschehnisse und Entwicklungen zu nehmen, ohne mich zu verbiegen. Zumindest hätte ich mich in irgendeiner Weise dafür einsetzen können, dass mein Vater freikäme. Aber ich war noch jung, gerade mal 18 Jahre, zu unerfahren, dem Regime gegenüber zu negativ eingestellt. Es wäre wahrscheinlich nicht gut gegangen, es wäre wohl auf einen Konflikt mit all seinen Unwägbarkeiten hinausgelaufen. Ich wäre nicht „einfügbar in die sozialistische Gesellschaft"[124] gewesen, wäre als „Klassenfeind" deklariert worden, als Gegner des Staates, und mit Gegnern, gleich ob sie sich etwas Kriminelles hatten zuschulden kommen lassen oder nicht, wurde rigoros abgerechnet. Manche haben sich eine „Nische der Peripherie"[125] gesucht, um in ihr einigermaßen unbehelligt leben zu können, sie haben sich schrittweise zurückgezogen und sich von den herrschenden Zuständen,

[123] STOSIEK (1994: 13,24): „Die Dokumentation dieser Briefe soll zeigen, daß es in der DDR möglich war zu protestieren, ohne sich den Hals zu brechen" und zwar durch „eine an Wort und Praxis orientierte Balance von Ablehnung, Zustimmung und Toleranz". Freya Klier war allerdings mit dieser Strategie letztlich gescheitert (KLIER 1988).

[124] GERHARD FINN 1989: 9

[125] STOSIEK 1994: 111

so gut es ging, isoliert, mit allen persönlichen Nachteilen. Es gab in der DDR eine „Nischengesellschaft“[126]. Auch das wäre für mich keine Lösung gewesen.

Der Schritt in den Westen war in meinem Fall in meinen Augen unumgänglich, ich habe ihn nie bereut. Viele haben sich in der DDR mit ihrem „Pantoffel-Sozialismus“[127], in der Furcht und Schrecken, Einschüchterung, Druck und Drohung regierten, „eingerichtet“[128], nachdem sie neben dem Ausbau der „sozialen Gerechtigkeit“ den der „Geborgenheit“[129] propagiert hatte; ich hätte es nie gekonnt – mich einzurichten, mich abzufinden, mich unterzuordnen, mich ständig zu verstellen. Diesen Zwiespalt, diesen „Balanceakt zwischen Heimatverbundenheit und ideologischer Verweigerung“[130] hätte ich nicht durchgestanden. Aber diese Einschätzung befreit mich nicht von den bohrenden Fragen, was gewesen wäre, was ich gemacht hätte, zu welchen Kompromissen ich bereit gewesen wäre, welche Nachteile ich auf mich genommen und welchem Leidensdruck ich standgehalten hätte, wenn ich in der DDR geblieben wäre.

Ich habe für jeden Verständnis, der sich für das Verbleiben in der DDR entschieden hat. Es gab für das Verbleiben vielerlei Gründe, persönliche und außerhalb der Person liegende.

Ich habe auch Verständnis für die, die „der Partei“ beigetreten und mitgeschwommen sind, wenn sie nur nicht andere um ihrer eigenen Vorteile willen bespitzelt und verraten haben. Aber davon gab es viele. Leider! Zwischen 1979 und 1987 hat die Staatssicherheit („Stasi“), der es darum ging, sich flächendeckend alles Wissenswerte berichten zu lassen[131], ein Dutzend IMs („inoffizielle Mitarbeiter“), diese „Kundschafter an der unsichtbaren Front“[132], und einige Führungsoffiziere auf meinen Bruder angesetzt[133], darunter „gute Freunde“. Ich habe seine Stasi-Akte in Rostock gelesen, und ich weiß, wer diese „guten Freunde“ sind. Schon in Micha 7, Vers 5, wird man gewarnt: „Niemand glaube seinem Nächsten, niemand verlasse sich auf seinen Freund.“ Jasmin Arnold schreibt: „Zuverlässig war nur der, der bereit war, Familie und Freunde zu verraten.“[134] Und Günter Seuren zitiert:

[126] Eberhardt 1998: 132; Klier (1988: 117): „Es droht eine Nischenkultur.“
[127] Vorwort von Joachim Garstecki zu Stosiek 1994: 9
Günter Grass sprach von einer „kommoden Diktatur der SED“ (s. XV. Bautzenforum 2004: 134).
[128] Weber 2000: 61, Karau 1970: 26: „Wir hungern nicht mehr, sondern müssen schon auf unsere schlanke Linie achten. Wir haben es schön warm.“; Eberhardt 1998: 230
[129] Weber 2000: 99
[130] Eberhardt 1998: 129
[131] Naimark 1997: 460; Hans in Wilkening 1990: 70
[132] Knabe 2001: 26
[133] Weber 2000: 106 „Die vergreiste DDR-Führung aber setzte vor allem auf Willkür, Überwachung und Verfolgung. Argwohn und Angst sollten unter der Bevölkerung gesät werden. ... 85.000 hauptamtliche und 108.000 sogenannte Inoffizielle Mitarbeiter (IM’s), wie die Spitzel in der betriebsinternen Terminologie des MfS hießen, beschäftigte das Ministerium.“
Wilkening 1990: 156
[134] Arnold in „Die Revolution frisst ihre Kinder ... “ 2003: 35

Der Himmel bewahre uns vor Wetter und Wind
und vor Kameraden, die keine sind.[135]

Habe ich etwas oder jemand mit meinem Weggang von zu Hause verraten? Meine Mutter? Nein, sie wusste, dass ich nicht wiederkommen würde, und sie befürwortete ihn letztlich. Finanziell hatte sie es zu diesem Zeitpunkt ohne mich eher leichter.

Habe ich meine Familie verraten? Wolfgang bekam als Lehrling etwas Geld – er hatte ohnehin vor zu heiraten, weil er endlich sein „freier Herr" sein wollte, seine Freundin würde ihn mit durchziehen, sagte er. Edeltraud war im Westen bei Tante Lina, nur Ursula war außer ihrem Bruder noch zu Hause, sie brauchte Mutter. Und in meiner damaligen Verfassung konnte ich auch meinem Vater nicht helfen.

Habe ich die DDR verraten? Sie hat mich immerhin die Oberschule besuchen lassen, ja, zeitweise habe ich sogar etwas finanzielle Unterstützung bekommen. Die meisten Klassenkameraden waren wie ich von der Uni, an der sie sich beworben hatten, abgelehnt worden und arbeiteten nun am Aufbau des Staates mit: als Briefträger, Krankenpfleger, in der Produktion. Ein oder auch zwei Jahre später durften sie dann studieren.

Warum konnte nicht auch ich auf die gleiche Weise pausieren und für die Forderungen des Staates Verständnis aufbringen?

Nein, es ging einfach nicht. Die DDR hat mir gegenüber die eigene Verfassung missachtet. Was hatte man mir in Jena gesagt? Ich dürfe die Verfassung nicht schematisch betrachten, es gebe ja noch Gesetze über Volkswirtschaftspläne!

Ich fühlte mich als Opfer der Sippenhaftung und rechnete mir keinerlei Chancen aus, je zum Studium zugelassen zu werden. Und so nehme ich für mich unter den gegebenen Umständen in Anspruch, der DDR zu Recht den Rücken gekehrt zu haben. Die DDR war ein Unrechtsstaat[136], das hat sie insbesondere an mir exerziert, und solch einen Staat kann man nicht verraten.

Habe ich gar das deutsche Volk verraten?

Jedenfalls sagte Walter Ulbricht, allerdings auf die geflüchteten Lehrer gemünzt, aber was er sagte, bezog sich auch auf die Abiturienten, die die DDR verließen: „Jene Lehrer, die die Republik verlassen haben, haben Verrat an unserem deutschen Volk geübt."[137]

[135] SEUREN „Der Krieg stirbt langsam" in BÖLL 1985: 51

[136] WENTKER (2001: 1 f.): „War die DDR ein Unrechtsstaat? ... Auch Horst Sendler, der wie andere die DDR als ‚Unrechtsstaat' bezeichnet, begnügt sich mit einer schwammigen Definition ‚ex negativo': ‚Entscheidend ist [...], daß die Verwirklichung des Rechts angestrebt und im großen und ganzen erreicht wird. Just daran fehlt es in Unrechtsstaaten.' ... War die DDR ein Rechtsstaat? ... die SED blieb weiterhin bis zum Ende der DDR ‚legibus solutus', da alles andere ihre Alleinherrschaft in Frage gestellt hätte. Rechtsstaatlichkeit gehörte mithin nicht zum Kern des Selbstverständnisses der DDR; als Rechtsstaat bezeichnete die DDR sich nur, wenn es ihr aus Gründen der Außenwirkung darauf ankam."

[137] Zitat nachzulesen bei HOHMANN 2000: 43

Wenn man ihm unterstellt, gemeint zu haben, dass es das deutsche Volk nur in der DDR gab, könnte man das diskutieren, aber das deutsche Volk gab es ja auch in der Bundesrepublik – da biss die Maus keinen Faden ab –, und ich war nur vom (ost)deutschen Volk zum (west)deutschen Volk geflüchtet. Insofern habe ich mich nur innerhalb des deutschen Volkes bewegt, von drüben nach hüben, und habe damit niemand verraten.

Nun hat er allerdings von „unserem" deutschen Volk gesprochen, also möglicherweise von „seinem", dem DDR-Volk. Wenn er es *so* gemeint hat, hat er immerhin nicht an der Existenz des „anderen" deutschen Volkes, des BRD-Volkes, das (noch) nicht „unseres", sprich „seines", war, gezweifelt. Da ich mich als zum deutschen Volk gehörig betrachten kann – „wir sind (und damit bin auch ich) das Volk" –, hätte ich das eigene Volk (und damit mich selbst) verraten. Ja, so dürfte er es gemeint haben. Entweder würde ich mit meinem „Weggehen aus der DDR das System des Militarismus in Westdeutschland und seine Revanchepolitik" unterstützen – das wäre in seinen Augen Verrat am deutschen Volk –, oder ich würde mich in Westdeutschland um meiner „Bequemlichkeit willen" anpassen und „die Wölfe heulen und gewähren (lassen)" und mich damit „mitschuldig (machen) an all dem Bösen, an dem Unglück, das Militarismus und Revanchepolitik hervorbringen"[138], was in seinen Augen ebenfalls Verrat wäre.

Das war offenbar seine Logik. Aber die meine war es nicht. Ich habe mich lediglich aus der Unfreiheit, vom Druck, von Lug und Trug befreit.

Habe ich vielleicht die Heimat verraten?

Was ist Heimat? Ist Heimat der Ort, an dem man geboren wurde und aufgewachsen ist, dessen Sprache oder Dialekt man spricht, „wo ich verstehe und wo ich verstanden werde" (Karl Jaspers), wo man die Leute gut kennt, auf die man täglich trifft, mit denen man vertraut ist, „wo man sich nicht erklären muss" (Johann Gottfried Herder), wo man sich wohlfühlt, woran man sich erinnert, wo man nicht nach dem Weg fragen muss, worüber man „Bilder ... als sein bestes Erinnerungsgut aus der Kindheit bewahrt hat" (Hermann Hesse), oder ist Heimat dort, wo man gerade lebt, wo man sich niederlässt und sich ebenfalls wohlfühlt? Ubi bene, ibi patria [‚Wo (ich mich) wohl (befinde), da (ist meine) Heimat'].

Gut, ich bin in Suhl geboren und aufgewachsen, verstehe und schätze auch den Dialekt, die „Sühler Mundoert" und habe da eine Menge Leute gekannt. In der Tat sprach einiges dafür, sich dort wohlzufühlen. Nein, ich habe die Heimat nicht verraten, später bin ich immer wieder gern nach Suhl gefahren, bin dort gewandert, habe die Verwandten, solange sie noch lebten, und die Bekannten, soweit sie noch in Suhl weilten, besucht, habe zu Suhl gehalten, obwohl sich in der Zwischenzeit immer mehr – vor allem zum Nachteil – veränderte.

Unser Häusle von damals steht seit Mitte der 1960-er Jahre nicht mehr, die Kleine und die Große Kelberstraße, der vertraute Aspen mit den vielen Winkeln, die Turnhalle und der Sportplatz daneben, auf dem die hervorragenden Faustballer trainierten, wo wir Kinder bolzten und ich als Jugendlicher meine ersten Fahrradübungen vollführte, der benachbarte Plan mit seiner attraktiven Pfingsthütte, die Lange Brücke, die Herrenstraße, die ich durchlief, wenn ich mal eine Ruhepause beim Lernen einlegte, und vieles andere existiert nicht mehr, die Aussicht auf den Domberg ist mit hohen Wohnblöcken, die ihn anblecken, verschandelt, die Berge ringsum sind von großen Wohnbauten, die inzwischen allerdings schon wieder „(zu)rückgebaut“, das heißt in ehrlichem Deutsch „abgerissen“ werden, angeknabbert, es gibt keine echte, traditionelle Pfingsthütte mehr – Kistenklettern und Dudelmusik aus Lautsprechern sind kein Ersatz –, alle Verwandten sind inzwischen verstorben, und Bekannte trifft man in der Stadt kaum noch.

Boas so a richt'ger Sühler iß,
Setzt off kän hoche Gaul.
Hä söät's d'n Leut'ne bratzeldeck,
Nimmt sich kai Bloat vürsch Maul. [139]

Ich habe später in vielen Städten und in manchen Ländern gelebt, und auch da fühlte ich mich wohl und lernte zahlreiche Menschen kennen. Auch das war Heimat. Ein französisches Sprichwort besagt: „Aufbrechen ist ein wenig sterben“. Aber es bringt auch Gewinn. Nur verleugnen soll man seinen Ursprung nicht.

„Gibt es überhaupt Freiheit?“, frage ich mich weiter. Oder ist alles unveränderlich vorherbestimmt, determiniert? Wenn alles vorherbestimmt wäre, konnte ich gar nicht anders handeln, als in den Westen zu gehen. Dann bin ich nicht gekniffen, hatte keine Wahl, ich musste so handeln, wie ich gehandelt habe. Vielmehr: Mit mir, an mir, über meinen Kopf hinweg wurde gehandelt. Vielleicht hänge ich wie eine Marionette an einem Faden, der von einer unsichtbaren Macht geführt wird, bin willenloses Werkzeug eines anderen – außer mir, über mir.

Ich horche in mich rein.
In mir muß doch was sein.
Ich hör nur „Gacks“ und „Gicks“.
In mir da ist wohl nix. [140]

Ist freier Wille vielleicht nur neuronales Geschehen, nur eine Illusion des Gehirns? Legen mich Verschaltungen fest? Wenn ich denke, dann denke ich vielleicht nur, dass ich denke. Vielleicht wird *in* mir, wird *für* mich gedacht.

Moderne Hirnforscher machen es einem leicht, Verantwortung abzuschieben. In meiner eingeengten Perspektive erfahre ich mich zwar als frei, aber das ist ja nur ein subjektives Gefühl. Selbsterfahrung kann trügen, sie gaukelt mir möglicherweise nur etwas vor. Kann sein. Aber um nicht der Lähmung, der Lethargie,

[138] Zitate nachzulesen bei HOHMANN 2000: 43
[139] JULIUS KOBER 1923: 44 (D'r Schluuß)
[140] ROBERT GERNHARDT: Gedichte 1954-1994, Haffmanns Verlag, Zürich 1997

der Resignation zu verfallen, beantworte ich für mich die Frage nach dem Wesen der Freiheit, des freien Willens, der Eigenverantwortung positiv.

Ich halte mich an den Satz: „Frei ist, wer auch anders kann." (Roderick M. Chisholm) In der DDR hätte ich anders gekonnt, ich hätte nicht in den Westen gehen müssen. Insofern war ich frei. Ich besaß Entscheidungsfreiheit und Handlungsfreiheit. Ich habe mich für den Westen entschieden, um nicht das Gesetz des Handelns aus der Hand zu geben. Irgendwann würde vielleicht für oder eher gegen mich gehandelt werden. In der Theorie mag ich irren, mein – pleonastisch gesprochen – praktisches Tun aber gibt mir das Gefühl der Sicherheit und Zufriedenheit, ja, auch des Glücks. Fidelio kommt mir wieder in den Sinn:

O welche Lust, in freier Luft
Den Atem leicht zu heben!
Nur hier, nur hier ist Leben.

Ich kann hier nicht nur frei und leicht atmen, ich kann hier schreien[141], und ich schreie. Es war gewiss nicht der „goldene Westen", der mich gelockt hatte, nein, ich wollte, ich musste einfach „raus aus der bedrückenden Enge der DDR"[142].

Und die, die zurückgeblieben sind? Kann man sie von aller Schuld an den Zuständen in der DDR freisprechen? Peter Stosiek, der gegen diese Zustände angegangen ist, und dennoch, Nachteile in Kauf nehmend, dort ausgeharrt hat, differenziert, indem er strafrechtliche, politische und moralische Schuld unterscheidet. Für die, die eine strafrechtliche Schuld auf sich geladen haben, sagt er, seien die Gerichte zuständig. Politische Schuld tragen all die, die sich an den 99-Prozent-Wahlen beteiligt und die am „Aufbau des Sozialismus" mitgewirkt haben. Moralische Schuld aber ist nach Stosiek:

„– das Leben hinter vorgehaltener Maske, die lügenhafte Loyalität der kleinen und großen Karrieristen;
– die ‚conscientia perplexa' oder ‚falsa' – der schuldhafte Irrtum, das getäuschte Gewissen, das mit Nicht-sehen-wollen oder intellektueller Trägheit beruhigt wurde;
– das Mitläufertum mit allen nominellen Zugehörigkeiten – von der Partei (besser: den Parteien) über die Gewerkschaft bis zur FDJ und den Wahlen;
– die Untätigkeit, die Passivität gegenüber eklatantem Unrecht, die Phantasielosigkeit des Herzens, die innere Unbetroffenheit und Feigheit angesichts des wachsenden Unheils, das Gewährenlassen und Schweigen.

Dies alles ist moralische Schuld".[143]

Ein jeder muss mit sich selbst ins Reine kommen.

[141] SIEGMAR FAUST in EBERHARDT (1998: 250): „Also Westen war für mich: Dort kannst du schreien."
[142] KLIER 1990: 181
[143] STOSIEK 1994: 122 f.

Neue Perspektiven

Berlin West (1955/1956)

Jetzt bin ich in Berlin, in Berlin-West oder in West-Berlin? – das war auch so ein ewiger Streit. Welch ein Unterschied gegenüber Suhl! Ich war hungrig auf Welt, auf diese mir völlig neue Welt.

Ich komme aus der engen Provinz, aus einem kleinen, grünen „roten Nest", versteckt eingebettet in die Berge des Thüringer Waldes, und gelange in die große, weite, flache, bunte Welt einer Großstadt und kann und muss nun wie ein flügge gewordener Vogel auf mich allein gestellt fliegen. Ich lasse alles Bisherige hinter mir und konzentriere mich ganz auf das Neue. Zuerst muss ich mich hier zurechtfinden: mit dem Unbekannten, mit der S-Bahn, der U-Bahn, den Doppelstockbussen, dem Verkehr, den Menschen, der anderen Sprache, der Fremde, der Masse, der Weitläufigkeit, dem Tempo, dem Lebensstil, dem Kulturangebot, der Stimmung, mit dieser ganz anderen Welt, in der nichts mehr an meine enge Heimat erinnert, aber auch gar nichts. Es gibt enorm viel zu lernen, aber ich habe keine Angst davor, vielmehr nehme ich die Herausforderung begierig an. Ich stürze mich in das Abenteuer Berlin. Ein Schuss Naivität kann helfen.

Bild 71 Berlin: Gedächtniskirche

Bild 72 Berlin: Reichstag

Mein erster Schritt hatte mich zum Senat für Volksbildung geführt. Dort war die Anmeldung zum 13. Schuljahr erfolgt.

Später erfahre ich, dass im gleichen Jahr mit mir 1500 Ost-Abiturienten[144] nach West-Berlin gekommen sind, die in verschiedenen Schulen auf die Ergänzungsreifeprüfung vorbereitet werden.

[144] Nach J. S. Hohmann: 2770 Ost-Abiturienten; 1955 sind insgesamt 252.870 DDR-Bürger in den Westen geflüchtet, darunter 49,1 % Jugendliche bis unter 25 Jahre (Quelle: Bundesministerium für gesamtdeutsche Fragen (Hrsg.): Die Flucht aus der Sowjetzone und die Sperrmaßnahmen des kommunistischen Regimes am 13. August in Berlin / Berlin, S. 15.)

Mein zweiter Schritt führt mich nun zum Flüchtlingslager in Berlin-Marienfelde. Ich bin einer von etwa 400 Flüchtlingen aus der DDR, die jeden Tag aufgefangen, sondiert, geprüft, untersucht, aufgenommen, eingewiesen und weitergeleitet werden. Dass dieser Massenexodus, diese „Abstimmung mit den Füßen“[145], so nicht ewig weitergehen würde, war damals allen in der DDR klar. Aber *wie* das Regime diese „Republikflucht“ von Millionen Menschen stoppen würde, das konnte man sich nicht recht vorstellen.

Es gab nur die witzige Lösung, die man darin sah, dass eines Tages alle Ostbürger verschwunden und Ulbricht oder Honecker zunächst zurückgeblieben wären, um – wenn der eine beziehungsweise der andere als Letzter das Licht gelöscht hätte – sogleich nachzukommen.

Wenige Jahre später wurde verkündet: „Niemand hat die Absicht, eine Mauer zu bauen.“[146] (Schon Staatspräsident Wilhelm Pieck hatte anlässlich der DDR-Staatsgründung am 7. Oktober 1949 gesagt: „Wir wollen keinen Grenzwall gegen Westdeutschland.“[147]) Da ahnte man, wenn man nicht gar zu blauäugig war, was kommen würde. Als sie 1961 als „antifaschistischer Schutzwall“[148] gebaut wurde, kam sie manchem in die Quere. Der „Eiserne Vorhang“ hatte nun kein Schlupfloch mehr.

Die Ochsentour beginnt. Im Askania-Lager Mariendorf erhalte ich einen „Laufzettel für das Notaufnahmeverfahren“. Dreizehn Stationen sind im Falle der Notaufnahme bis zum Ausflug nach Westdeutschland zu durchlaufen: Ärztlicher Dienst, Sichtungsstelle, Fürsorgerischer Dienst, Polizei, Vorprüfung A, Vorprüfung B, Terminstelle des Aufnahmeverfahrens, Schirmbildstelle des Wohnbezirkes, Aufnahmeausschuss, Beschwerdeausschuss, Ländereinweisung, Transportstelle und Lagereinweisung.

Überall steht man Schlange. Aber nicht überall ist klar, wo die Schlange endet. Ich frage vor einer der Stellen eine Frau, ob sie die Schlange sei. Treuherzig antwortet sie: „Ja.“ Ich stelle mich hinter sie und warte geduldig, rücke vor, warte, rücke vor, irgendwann bin ich für andere die Schlange. Schließlich bin ich an der Reihe. Überall fragt man mich ein Loch in den Bauch. Die mitmischenden Amis wollen Informationen. Sie nennen das „overt intelligence“[149], ihre „Sicherheitsnadeln“ sind Bestandteil der „covert intelligence“, das vermochte ich damals nicht zu durchschauen. Bis man alle Stationen hinter sich hat, dauert es Tage oder sogar Wochen.

In meinem Fall läuft es etwas anders.

Wir hatten immer noch Kontakt zu unserem früheren Pflichtjahrmädchen Inge, gebürtig in Weißenfels. Sie hatte inzwischen geheiratet, hatte einen Sohn, Peter,

[145] Knabe 2003: 63
[146] Hähle 2001: Ulbricht am 15. Juni 1961.
[147] Zimmer 1989: 200
[148] Hähle 2001; Stosiek (1994: 41): „Das Märchen vom Schutzwall glaubt ... niemand.“
[149] Buckow 2003: 57

und wohnte mit ihrer Familie in West-Berlin. Meine Mutter hatte mir ihre Adresse mitgegeben, und nun suche ich sie nach Durchlaufen der ersten Flüchtlingslagerstationen in Berlin Wedding auf. Ich werde herzlich empfangen und sogleich eingeladen, die Wartezeit bis zum Beginn der Schule bei ihnen zu verbringen. Inges Mann – er war Dachdecker, und weil er einmal vom Dach gefallen war, hatte er sich die Füße gebrochen – begibt sich trotz seiner Gehbehinderung zu Fuß, um Fahrgeld zu sparen, noch am selben Tag mit mir zum Flüchtlingslager, um sich als mein Gastgeber vorzustellen und mich für die Nächte abzumelden.

Tagsüber durchlaufe ich die weiteren Stationen der Notaufnahme einschließlich Aufnahmeausschuss, der am 17. September 1955 meine Aufnahme zum Ende des 13. Schuljahres, das ich ja in West-Berlin im August 1956 absolvieren will, vertagt.

Meine Mutter schickte mir Wäsche- und Bücherpakete aus Suhl. Ich hatte ja, als ich nach Berlin fuhr, aus Vorsichtsgründen weiter nichts mitgenommen.

Einmal, kurz nach meinem Weggang, schrieb sie mir, zwei Männer vom Rat des Bezirks Suhl hätten sich bei ihr danach erkundigt, wo ich denn abgeblieben sei. Sie habe ihnen gesagt, ich sei offenbar, ohne einen Hinweis darauf zu hinterlassen, nach West-Berlin gegangen. Die Männer zogen, nachdem sie meiner Mutter noch gesagt hatten, dass ich beim Rat des Bezirks hätte unterkommen können, offenbar sehr enttäuscht ab. Es sollen, so höre ich später von einem Klassenkameraden, der in Jena studierte, an der Uni Köpfe gerollt sein, unter anderem der von Prorektor Dr. Arnold.[150] Mutter warnte mich, sie habe erfahren, dass man mich in die DDR zurückholen wolle.

Wie dem auch sei, es interessierte mich nicht weiter. Mein Blick war nach vorne gerichtet.

Mit dem Kameraden W. M., der in Jena studierte, begann ich Bücher auszutauschen. Ich schickte ihm Physikbücher in den Osten, er besorgte mir Mathematikbücher. In seinen Briefen an mich gab er mir den „väterlichen“ Rat, bloß nicht Mathematik zu studieren, das sei doch eine brotlose Kunst, die Berufschancen seien gering, ich solle lieber etwas Technisches machen. Aber so leicht ließ ich mich nicht beirren.

Um West-Berlin kennenzulernen, durchquerte ich die ganze Stadt mit der S-Bahn, der U-Bahn, mit Bussen. Nie benutzte ich jedoch *die* U-Bahnlinien, die den Ostsektor, ohne anzuhalten, unterirdisch querten. Man konnte ja nie wissen! Heimkameraden waren nicht so vorsichtig, aber es passierte nichts Kritisches.

Meine Berliner Zeit ist reich an Erlebnissen und an Erfahrung. Ich möchte dieses eine Jahr nicht missen. Während der ganzen Zeit wohnte ich in einem DRK-Heim, einer vornehmen, alten, schön in einem Wäldchen gelegenen Villa in Berlin-Charlottenburg, Pillkaller Allee 2, in der Nähe des Reichssportfeldes.

[150] Meine späteren diesbezüglichen Nachforschungen beim Universitätsarchiv Jena und beim Thüringer Staatsarchiv Rudolstadt blieben allerdings ergebnislos.

Bild 73
Hans-Georg (rechts) zusammen mit einem Heimkameraden am 8.10.1955 vor dem Reichssportfeld (Olympiastadion) in West-Berlin

Dieses Heim mit dem Namen „Florian Geyer“ war für Ost-Abiturienten eingerichtet worden, wir waren 84 Schüler, sämtlichst 18, 19, 20 Jahre alt. Ich schlief in der unteren Etage eines Stockbettes in einem 10-er Zimmer im ersten Stock des Hauses. Wir erhielten zehn D-Mark Taschengeld im Monat, von denen wir alles außer Wohnen, Essen und Wäsche bestreiten mussten.

Bild 74 und Bild 75 Berlin: Florian Geyer-Heim

Einmal erhielt das Heim Säcke voller gebrauchter Kleidung aus Schweden, diese wurden in einem Kellerraum geleert, und wir konnten uns nach Belieben bedienen, ich profitierte von einer Jacke, ansonsten mussten wir selber für Kleidung sorgen.

Abends hatten wir Ausgang nur bis 22 Uhr. Das reichte uns natürlich nicht, und so verließen wir bei Einbruch der Dunkelheit heimlich das Heim, um erst weit nach Zapfenstreich zurückzukommen. Zurückgebliebene Kameraden halfen uns bei der Ankunft hinter dem Heim durchs Fenster oder über den Balkon. Wurden wir ertappt, gab es Ärger.

Auch sonst gab es für uns, die wir erwachsen waren, erhebliche Einschränkungen. Immer wieder wurde uns vorgeworfen, dass man uns Ost-Abiturienten gnädiglich aufgenommen habe und dass wir uns dementsprechend benehmen sollten.

Wurde man im Westen zu der damaligen Zeit erst mit 21 Jahren volljährig, so lag das Volljährigkeitsalter im Osten bei 18 Jahren, und da wir alle bereits mindestens 18 waren und weil uns per West-Gesetz die Volljährigkeit nicht streitig gemacht werden konnte, waren wir auch im Westen erwachsen.

Wollte man mir Volljährigkeit absprechen, war ich gerüstet: Ich bezog mich auf das „Handbuch des gesamten Jugendrechts“, das hinsichtlich der ostzonalen Herabsetzung des Volljährigkeitsalters und der Gültigkeit und der Auswirkung in Westdeutschland in § 2 BGB, Art. 7 II, 30 den Leitsatz enthielt: „Die Anerkennung des ostzonalen Gesetzes über die Herabsetzung des Volljährigkeitsalters vom 17. Mai 1950 widerspricht nicht dem in Westdeutschland geltenden ordre public. Anknüpfungspunkt an das ostzonale Recht ist der gewöhnliche Aufenthalt der betreffenden Person. Daraus folgt, daß eine Person, die a) ...; b) nach Vollendung des 18. Lebensjahres ihren gewöhnlichen Aufenthalt nach Westdeutschland verlegt, auch hier gem. Art. 7 II EGBGB die rechtliche Stellung eines Volljährigen behält; c) ....“

Einschlägig war auch der Entscheid des KG Berlin-West vom 29.3.51, 1 W 485/51: „Daraus ergibt sich, daß Einwohner der Ostzone (oder Ost-Berlins), die nach der dort geltenden Übung mit 18 Jahren volljährig geworden sind, auch bei ihrer Übersiedlung nach West-Berlin oder Westdeutschland volljährig bleiben.“

Zugegebenermaßen verhielten wir uns partout nicht immer entsprechend. Aber so ist es oft: Man pocht nach außen auf das geschriebene Recht, nimmt sich jedoch selber Rechte heraus, die nicht verbrieft sind. Nein, Jura wollte ich nach wie vor nicht studieren.

Wir waren auf verschiedene Schulen verteilt. Ich wurde der Freiherr-vom-Stein-Schule in Spandau zugewiesen. Auf der Fahrt zur Schule mit der Straßenbahn Linie 75 am ersten Schultag sehe ich auf einmal im gleichen Wagen einen meiner Klassenkameraden aus Suhl. Auch er, Sohn eines Diplomingenieurs, wir nannten ihn Emma, war von der Uni als Abkömmling eines Nicht-Arbeiters abgelehnt worden und deshalb wie ich nach West-Berlin abgehauen.

Bild 76 und Bild 77 Berlin: Freiherr-vom-Stein-Schule in Spandau

Am Vormittag hatten die genuinen Berliner Schüler Unterricht, sodass wir erst am Nachmittag dran waren, und zwar etwa 300 Ost-Abiturienten, verteilt auf zehn

Klassen, ich war in Klasse fünf, Emma in Klasse neun. Unsere Lehrer kamen entweder selber aus der DDR oder waren schon pensioniert, oder es traf beides zu. Ein Handikap hatten alle.

Bild 78
Einige unserer Lehrer an der Freiherr-vom-Stein-Schule 1955/56.
Von links nach rechts:
Dr. Karl Thiele, ?, ?, Edmund Glaue, Dr. Förster, Dr. Carius, Dr. Erich Worbs

Bild 79
Dr. Keil

Unser Lateinlehrer, Dr. Karl Thiele, mochte 70 Jahre alt sein, ihn schätzten wir am meisten. Bei ihm lasen wir Cäsars „De Bello Gallico“. Er brachte uns nebenbei das Fingereinmaleins von Bias von Priëne, einem der Sieben Weisen, und eine Reihe lateinischer Sprüche nebst Verballhornungen bei, Verballhornungen wie „Ut desint viri (statt: vires), tamen est laudanda voluptas (statt: voluntas)“ [Wenn auch die Männer (statt: die Kräfte) fehlen, so ist dennoch die Wollust (statt: der Wille) zu loben.] oder „Quidquid id est, timeo puellas (statt: Danaos) et basia dantes (statt: dona ferentes)“ [Was es auch immer sei, ich fürchte die Mädchen (statt: die Danaer) und die Küsse (statt: Geschenke), die sie geben (statt: bringen).]. Er wurde tatsächlich rot, als wir nach der Übersetzung fragten. Bei ihm erreichten wir das so genannte Kleine Latinum, wir nannten es das „Latrinum“.

Der Deutschlehrer, Dr. Keil, war ebenfalls schon alt und hatte einen Sprachfehler. Über ihn machte sich die Klasse lustig, weniger wegen seines sprachlichen Handikaps als vielmehr wegen seiner Schleimigkeit, der sein Sprachfehler noch eine besondere Note verlieh. Wir lasen bei ihm im Unterricht Ernest Hemingways „Der alte Mann und das Meer“ und schlugen damit die Zeit tot. Er hätte uns das Büchlein ja auch zu Hause lesen lassen können, um es dann im Unterricht zu besprechen. Bei anderen Themen war es oft so langweilig, dass wir unter der Bank Skat spielten.

Einmal betrat er den Klassenraum und fragte nach dem Unterschied zwischen „Reflexion“ und „Reflektion“, und als von unsrer Seite nichts Konstitutives kam, machte er über angeblich unterschiedliche Bedeutungen lange Ausführungen, wobei er überlegen grinste. Am nächsten Tag korrigierte er sich; es gäbe zwar einen Bedeutungsunterschied, aber beide Schreibweisen seien für beide Bedeutungen gleichberechtigt. Uns waren für „Reflexion“ die Bedeutungen „Widerspiegelung“ und „Überlegung“ bekannt, er hatte wohl in einem veralteten Wörterbuch auch die Schreibweise „Reflektion“ gefunden. Die Geschichte ging aus wie das Hornberger Schießen.

Jeder musste ein Referat halten. Mein Thema lautete „Die Judenbuche“ von Annette von Droste-Hülshoff. Friedrichs Verhalten führte ich, marxistisch-leninistisch geschult, auf die äußeren Umstände, seine Erziehung, seine Erlebnisse, im DDR-Jargon: „auf die sozialen Lebensverhältnisse seiner Zeit“ zurück. Er aber hielt ein Gegenreferat, in dem er die Erblast, die Friedrich trug, seine Gene, für die er nichts konnte, in den Mittelpunkt rückte. Diese unterschiedlichen Interpretationen zeigten deutlich den Gegensatz zwischen Ost- und Westauffassungen auf. Offenbar aber hatte ihn meine Version nicht unbeeindruckt gelassen, denn er gab mir die Note Eins.

Beim Schulleiter, Herrn Edmund Glaue, – er war ein alter, äußerlich unscheinbarer, urkomischer, schrulliger, aber sympathischer Kauz, hatte einen Hörfehler und war mit einem Hörgerät ausgestattet, von dem ein Kabel herunterhing, bei ihm also hatten wir vertretungsweise Geographieunterricht. Um uns zu demonstrieren, wie die Sonne aufgeht, verbarg er sich hinter dem Lehrertisch und stieg langsam auf, wobei er aus dem Gleichgewicht geriet und umkippte. Wir lachten, und er lachte mit uns mit. Wir hatten unseren Spaß an ihm.

Unser Biologielehrer, Dr. Carius, war ein alter Knacker, der ebenfalls einen Sprachfehler hatte, bei ihm habe ich absolut nichts gelernt.

Unser Geschichtslehrer, Dr. Förster, hatte einen künstlichen Kehlkopf, man konnte ihn leider nur schlecht verstehen, aber wir fanden ihn sympathisch.

Und schließlich hatten wir Mathematik bei einem einäugigen, pensionierten Lehrer aus der DDR, Dr. Erich Worbs aus Görlitz, zuletzt Dresden, Verfasser einer Gauß-Biographie, den wir ernst nahmen und der uns auch eine Menge beibrachte.

Das waren insgesamt sechs Fächer, die uns genügend Zeit ließen, außerhalb der Schule anderes zu treiben.

Ja, was trieben wir nicht alles. Da wir ja nur über zehn D-Mark Taschengeld im Monat verfügten, mussten wir zusehen, wie wir anderweitig zu Geld kamen. Diese Fragestellung war mir aus meiner Kindheit genügend geläufig. Geld brauchten wir für die Dinge des Lebens wie Toilettenartikel, Briefmarken, Schreibpapier, Stifte, Kleidung, Verkehrsmittel, Kino, Theater, Oper und so weiter. Die Kinopreise vermochten wir bis auf 50 Pfennig herunterzuhandeln, S-Bahn-Karten manipulierten wir so, dass sie multipel eingesetzt werden konnten.

Gemeinsam mit einem Klassenkameraden, Wolfgang Liebehenschel (große „Liebe“, kleines „henschel“, wie er sich am ersten Schultag vorstellte) aus Görlitz, mit dem ich mich angefreundet hatte, überlegten wir, was sonst zu tun sei. Wir gingen mit offenen Augen durch die Stadt und suchten Arbeit.

Als Erstes strichen wir das Reklameauto des Circus Medrano rot an, dann heuerten wir beim Circus Althoff an, trugen in Geschäfte Reklameposter aus, wofür wir je einen Stempel als Ablieferungsnachweis einholen mussten, halfen dem Circus Roland in den verschiedenen Berliner Stadtteilen das Zirkuszelt auf- und wieder ab- und auf- und wieder abzubauen, machten Platzanweiser und – was uns am meisten Spaß machte – zogen während der Vorstellungen in schöner Livree den Vorhang bei jeder Nummer auf und zu und auf und zu und auf und zu, bauten Käfige für Elefanten und Raubtiere auf und ab und auf und ab und auf und ab, und das bei etwa drei Dutzend Darbietungen, werktags eine, sonntags zwei.

Unvergessen bleibt mir die Nummer mit Ludwig Manfred Lommel als Paul und Pauline Neugebauer in einer Person. Letztere regt sich darüber auf, dass man Ersterem den Wurmfortsatz herausoperiert hat, „den eenzigen, den er noch hotte!“ Und in einer anderen Szene sagt er, Paul, auf einer Pferderennbahn, durch ein Fernglas schauend: „Wie die rasen, wie die rasen, wie die Rasen ... schön grün sind!“

Oder die Nummer der beiden Clowns, von denen der lange sagt, er sei Vater von sieben Kindern, und der kurze, der Lilliputaner, er sei ein Kind von sieben Vätern.

Oder der Seilakrobat, der im Spagat auf einem durchhängenden Seil balancierend, versucht, ein auf dem Boden liegendes Tuch mit dem Mund zu „erfassen“ und aufzuheben, was ihm je nach Tagesform mal leicht, mal schwer fällt.

Der Ab- und Aufbau des Zirkuszeltes war eine schwere körperliche Arbeit. 1,20 D-Mark pro Stunde bar auf die Hand betrachteten wir aber als adäquaten Verdienst. Wir beobachteten, dass Zirkusleute kein leichtes Leben haben, sie müssen ganz schön malochen, und sie trinken viel. Trinken und Weiber, das ist ihr Lebenszweck, aber sie schätzen ihre relativ uneingeschränkte Freiheit als fahrende Leute.

Irgendwann wanderte der Zirkus nach Westdeutschland weiter, da mussten wir uns einen anderen suchen oder eine andere Art Tätigkeit.

Wir fanden immer etwas, ob es um das Fällen eines Obstbaumes im Garten einer alten Witwe mit einem stumpfen Beil und einer stumpfen Säge ging oder um Teppichklopfen oder um das Errichten von Bierzelten auf Rummelplätzen.

Zur Vorbereitung meines Studiums besuchte ich die eine oder andere Vorlesung an der TU, der Technischen Universität, und an der FU, der Freien Universität, um schon mal einen Vorgeschmack auf später zu bekommen.

Ein Berater sagte mir, als Mathematiker würde ich später einmal nur sehr geringe Berufsaussichten haben, allenfalls im Lehrfach könnte ich mit Mathematik etwas anfangen. (Wie unrecht er damit hatte!)

Ich las einschlägige Mathematikbücher und fing an, Englisch zu lernen nach der Methode Gaspey/Otto/Sauer, besuchte für Französisch die Volkshochschule in Spandau, wo mir die Nasallaute mit den Wortkombinationen „le monstre blond Monronton, le méchant géant Rantanplan, le vilain nain Faintaintain und l'humble faune brun Lumbundun" beigebracht wurden. Dass ich nur wenige Jahre später einmal für ein Jahr nach Frankreich gehen würde, um dort Mathematik und Französisch zu studieren, war zu diesem Zeitpunkt nur ein Traum.

Mit einem Heimkameraden las ich ein russisches Buch, aber das gaben wir bald wieder auf, cui bono?

Ich arbeitete an meiner Aussprache des Deutschen. Ich hatte nämlich die Erfahrung gemacht, dass man hier in Berlin mein Provinz-Hochdeutsch nur schlecht verstand, manchmal verstand man nicht einmal meinen Namen, was mich doch sehr verwunderte und mir zu denken gab. Um diese Sprachübungen zu machen, begab ich mich in das unserem Heim benachbarte Wäldchen, wo ich ungestört war und laut wie weiland Abraham Lincoln vor mich hin deklamieren konnte.

Silvester findet eine Fete im Heim statt. Mädchen aus dem nahen Mädchenheim, ebenfalls aus dem Osten, sind eingeladen worden, und mit ihnen gibt es für die ausgehungerten Kameraden Highlife. Das Treiben macht mich allerdings nicht an, und so ziehe ich mich zusammen mit Gleichgesinnten ins Büro von „Schwester Lisa" zurück, um Beethovens Neunte im Radio anzuhören.

Am Neujahrstag mache ich mir Gedanken über das begonnene Jahr. Was wird es mir bringen, wird es so bedeutungsvoll wie das alte werden, wie geht die Schule aus, wohin verschlägt es mich danach, lassen sich meine Wünsche und Vorstellungen realisieren – all das bewegt mich an diesem Tag.

Ich befinde mich geradezu in einer depressiven Phase. Dazu kommt negative Nachricht von Mutter über Vaters schlimmen Zustand in der Haft.

Zimmerkameraden machen mich darauf aufmerksam, dass ich nachts spreche. Gut nur, dass sie nichts verstehen.

Als am 6. Januar die Weihnachtsferien zu Ende gehen und der Französischkurs weiterläuft, bessert sich allmählich meine Stimmung.

Meine Bekannten in Wedding nehmen mich zu einem Maskenball mit – das nette Mädchen, mit dem ich tanze, sehe ich leider nur mit Maske; nach wie vor schüchtern, sehe ich keine Chance, sie wiederzutreffen, und so sage ich mir ähnlich wie der Fuchs vor den zu hoch hängenden Trauben: „Denkste denn, denkste denn, du Berliner Pflanze, denkste denn, ick liebe dir, nur weil ick mit dir tanze."

Gemäß dem Motto „In Berlin sei uff'm Kien!“ nehme ich weiterhin das reichhaltige kulturelle Angebot der Großstadt wahr. Für Kino, Theater, Konzerte und Oper bekommen wir Schüler verbilligte Eintrittskarten. Es gibt Tage der Offenen Tür, die ich mir nicht entgehen lasse.

In besonderer Erinnerung sind mir die Demonstration der Rohrpost, der Besuch einer Coca-Cola-Produktionsstätte und einer Offsetdruckerei sowie die Besichtigung des AEG-Werks in Moabit. Beim Sender Freies Berlin (SFB) informiere ich mich über die Anfänge des Fernsehens 20 Jahre zuvor.

Ich besuchte das British Centre, in dem Filme über andere Konfliktherde als die Ost-West-Konfrontation gezeigt wurden wie zum Beispiel Kuwait, Zypern oder Persien, das Amerika-Haus mit Filmen über Kernphysik, das Studentenhaus der TU mit Vorträgen über das Palästina-Israel-Problem und das Algerien-Frankreich-Problem, Veranstaltungen der Berliner Bereitschaftspolizei im Reichssportfeld, das Fußballspiel Deutschland-England, das die Weltmeister von 1954 verloren, die Grüne Woche mit ihrer umfangreichen Obst- und Gemüseschau, wo für Besucher auch was Kulinarisches abfiel, die Gedächtniskirche, den Botanischen Garten und den Zoo.

Ich nahm teil an einer Dampfschifffahrt auf dem Wannsee zur Pfaueninsel und an Wanderungen durch den Grunewald, besuchte Aufführungen des politischen Kabaretts „Die Stachelschweine“, in denen man die Machenschaften in der DDR satirisch-kritisch unter die Lupe nahm und sich über die Scheuklappensicht der ostzonalen Politclique lustig machte, allen voran über die des auf Leipzigerisch „sächselnd-eifernden“ SED-Chefs Walter Ulbricht mit „seiner nervtötenden Fistelstimme“[151], der gesagt haben soll:

„Un wenn dä Westen behääübded, mia ham geene Budda, so is däs eene infame Lüche, mia ham nua däs Gnäggebrod davorgestellt.“ Dabei gab es oft genug Butter-Engpässe. Was hatte das Volk am 17. Juni 1953 skandiert? „Wir brauchen keine Steuerschlucker, wir brauchen Butter!“[152] oder „Wir brauchen keine Volksarmee, wir brauchen Butter!“[153]

Sächsisch ist nicht ganz leicht mit unseren gewöhnlichen lateinischen Buchstaben beziehungsweise hochdeutschen Lauten wiederzugeben, aber es gibt eine Lehrhilfe. Man lasse einen Lernwilligen nacheinander die Wörter nachsprechen: „Gans ... Gänse ... Gänsefleisch“. Nach gelungener Vorübung besteht nun der zweite Schritt darin, den folgenden Satz zum Nachsprechen vorzusprechen: „Gänsefleisch moal dään Goffarääüm öffnen?“ Diesen höflichen Satz konnte man immer wieder an der Grenze hören, wenn man mit dem Auto aus dem Westen in die DDR einreiste, was ich trotz aller Umstände und Widrigkeiten ab 1974 regelmäßig machte. Den Kofferraum konnte ich dann gerade noch öffnen,

[151] ZIMMER 1989: 118, 120
[152] KNABE 2003: 114
[153] KNABE 2003: 327

aber die hintere Sitzbank hochzuklappen schaffte ich grundsätzlich nie allein, da mussten sie mir schon helfen.

Ich besuchte die Museen der Stadt.

Einmal stehe ich im Museum Dahlem vor dem nackten Erzengel Michael. Ein älterer, gut gekleideter Schweizer gesellt sich wie zufällig dazu. Wir kommen ins Gespräch, zuerst ganz sachlich über das Bild, dann allmählich persönlich über uns, das heißt er fragt mich aus und erzählt von sich. Wir gehen weiter von Bild zu Bild und tauschen unsere Gedanken dazu aus. Als die Mittagszeit herannaht, lädt er mich zum Essen im Museumsrestaurant ein. Ich nehme an. Es gibt Suppe, ein Pilzgericht und ein Dessert. Nach dem Essen trinken wir, im Außenbereich auf einer Bank nebeneinander sitzend, noch eine Tasse Kaffee, dabei rückt er näher an mich heran, greift nach meinem Bein – ich trage eine kurze Hose –, und dann verkrampft sich seine Hand in meinen Schenkel, was mir blümerant vorkommt. Ich streife seine Hand ab und sage, wir könnten ja jetzt wieder weiter Bilder anschauen.

Später will er sich mit mir verabreden. Er greift hinten von oben in meinen Hemdenkragen hinein, angeblich um zu sehen, welche Hemdengröße ich trage. Er sagt, er wolle mir als Geschenk ein passendes Hemd mitzubringen. Wir einigen uns auf eine U-Bahn-Station zu einer bestimmten Uhrzeit am nächsten Tag und trennen uns. Den Termin habe ich, misstrauisch geworden, nicht wahrgenommen.

Damals wusste ich nichts über Homosexuelle, schließlich kam ich ja aus tiefster Provinz, und über so etwas war weder zu Hause noch in der Schule gesprochen worden.

Ähnliche Annäherungen passierten mir später gleich dreimal bei einer zweiwöchigen Per-Anhalter-Reise durch die Schweiz. Die Fahrer nahmen mich nicht etwa mit, weil sie mir einen Gefallen tun wollten, sondern weil sie die Chance eines Abenteuers witterten. Seither assoziiere ich Schweiz mit schwul, Pardon! Ich weiß, ich darf nicht generalisieren. Jedenfalls habe ich in keinem anderen Land dergleichen erlebt, wahrscheinlich habe ich da lediglich Glück gehabt.

Oper, Theater, Konzerte und Filme hatten es mir angetan. Ich ging in die Städtische Oper, sah dort „Rheingold", „Tristan und Isolde", „Orpheus in der Unterwelt", ging ins Schiller-Theater und war von „Dantons Tod" beeindruckt, besuchte Jazz- und Filmveranstaltungen in der Waldbühne, diverse Konzerte diverser Orchester wie der Wiener Philharmonie oder der Berliner Symphonie, hörte mir Mozart, Bach und Beethoven an, besichtigte die Ausstellungen, insbesondere die Musikinstrumentenausstellung im Charlottenburger Schloss, nahm an der Veranstaltung einer Mission der Moralischen Aufrüstung, die „Die Pantoffeln des Diktators" im Titania-Palast aufführte, teil.

Ich erinnere mich: Der machtbesitzende und -besessene, furchteinflößende Diktator stirbt eines Tages, ein Nachfolger wird gesucht. Inmitten der Intrigen, die sich darum ranken, besinnen sich die maßgebenden Personen; sie werden von einem neuen Geist ergriffen, bekennen sich zur absoluten Wahrheit, zu Reinheit, Selbstlosigkeit, Liebe, schwören nun der Diktatur ab und leiten den Staat gemeinsam. Sie glauben, wenn nur alle Menschen unserer gespaltenen Welt ihre Moral in diesem Sinne aufbessern beziehungsweise „aufrüsten", wie sie sagen, dann könnte eine neue, friedliche Welt geschaffen werden. Mir kam das denn doch zu utopisch vor. Aber ich achtete das Bestreben, derartige Ideen zu propagieren. Ut desint vires, tamen est laudanda voluntas (Wenn auch die Kräfte fehlen, so ist dennoch der Wille zu loben.). Zu diesem Zeitpunkt wusste ich noch nicht, dass ich mich mal in deren Zentrum in Caux bei Montreux eine Woche lang aufhalten würde, um ihre hehren Ziele und globalen Methoden näher kennenzulernen.

An der Freien Universität hörte ich mir einen Vortrag von Professor von Kahler über Thomas Mann mit einer Leseprobe aus „Felix Krull" an, den ich schon in meiner Heimat amüsiert gelesen hatte. Ich las Bücher über Leibniz und Gauß, die mich stark beeindruckten und mich in der Wahl der Fächer Mathematik und Physik bestärkten. Der Spruch von Gauß, den er an seinen ungarischen Freund Bolyai schrieb: „Es ist nicht das Wissen, sondern das Lernen, nicht das Besitzen, sondern das Erwerben, nicht das Da-Sein, sondern das Hinkommen, was den größten Genuß gewährt" wurde zum Leitspruch meines Lebens. Leibniz – welch ein Genie! Der Colerus-Roman über diesen so ungeheuer vielseitigen, produktiven und auch wieder seltsamen Menschen begeisterte mich und bestärkte mich in meinem Bestreben, Einseitigkeit zu durchschauen und selber zu vermeiden. Auf die „produktive Differenz" komme es an, so Colerus.

Der politische Aspekt spielte ebenfalls eine große Rolle bei vielen meiner Unternehmungen.

An der Schule fand ein politischer Lehrgang der Gesamteuropäischen Studentenwerke statt. Es wurde uns nahegelegt, nicht als Privatleute zu versinken. Hier im Westen sei es nicht wie im Osten eine Phrase, sondern ernst gemeint, wenn es heiße, man strebe die Heranbildung eines selbständig denkenden und verantwortungsbewusst handelnden Individuums an, das nicht von anderen beherrscht wird. Der Weg, den die DDR gehe, sei sehr verschieden von dem westlichen, sodass der Prozess einer Wiedervereinigung außerordentlich langwierig sein werde. Eine Feststellung mit sehr viel Weitblick!

Ich verfolgte den Vortrag „Atomzeitalter und Welteinheit" von Dr. Holthusen und nahm an einer politischen Diskussion mit Vertretern des Europäischen Bildungswerkes teil. Ein französischer Pressesprecher sprach über die Verhältnisse Frankreich–Deutschland, Frankreich–Europa, Frankreich–Algerien und bekannte, dass sein Land viele Schwächen habe, dass es sich aber ernsthaft um ein vereintes Europa bemühe. Ein russischer Emigrant nahm zu dem Thema Ost-West-Koexistenz Stellung, er war der festen Überzeugung, dass es früher oder später in Russland zu einem Umschwung kommen werde. Die heranwachsende Jugend würde den Unterschied zwischen kommunistischer Theorie und Praxis erkennen, und das russische Volk sei in seiner Mehrheit gegen das bestehende Regime. Ein deutscher Vertreter hob hervor, dass die Wiedervereinigung Deutschlands eng mit der europäischen Integration zusammenhänge.

Am 1. Mai nahm ich an der Maidemonstration mit Willy Brandt vor dem Schöneberger Rathaus teil. Unter dem Geläut der Freiheitsglocke wurde die Feier beendet.

All diese Veranstaltungen, Vorträge und Diskussionen gaben mir sehr zu denken und dienten mir zur Meinungsbildung. Ich glaubte fest an eine nicht allzu ferne Wiedervereinigung Deutschlands. 34 Jahre später sollte sie kommen.

Es ging auf das Ende des Schuljahrs zu. Schwierige Entscheidungen standen an. Wo sollte ich studieren? In West-Berlin an der TU oder FU als „Insulaner" oder in Westdeutschland, wo ich mehr Bewegungsfreiheit hätte? Wenn in Westdeutschland, welche Uni käme dann für mich in Betracht? Würde ich ohne Probleme zugelassen werden? Welche Voraussetzungen hätte ich zu erfüllen? Müsste ich das Notaufnahmeverfahren, das ja ausgesetzt worden war, weiter durchlaufen? Würde ich aufgenommen werden? Wie würde ich aufgenommen werden: als Not- oder Ermessensfall? Wie käme ich nach Westdeutschland? Ich sprach mit Studentenvertretern und holte mir ihren Rat ein.

In der Schule besuchten uns der Landesschulrat und einige Bezirksschulräte, die wissen wollten, wie uns der Sonderlehrgang für Ost-Abiturienten gefalle und was er uns bringe. Positives und Negatives wurde zur Sprache gebracht. Als positiv wurde das große Angebot an Kultur, Politik und Individualberatung in West-Berlin hervorgehoben, als negativ der Leerlauf in gewissen Fächern in der Schule.

Bei einer Turmbesteigung stieß ich auf eine an die Wand gekritzelte Adresse eines Mädchens aus Kreuzberg, das einen Briefpartner suchte. Ich notierte mir die Adresse und schrieb ihr. Helga, so hieß sie, antwortete mir tatsächlich umgehend und schlug vor, man könne sich ja mal treffen.

Wir trafen uns, gingen ein wenig spazieren und erzählten voneinander. Da sie nicht viel Zeit hatte, verabredeten wir uns für den nächsten Sonntagnachmittag. Wer nicht kam, war Helga. Ich war etwas enttäuscht, aber es gab ein Ersatzprogramm.

Im Olympiastadion fand eine große Veranstaltung statt, es waren etwa 80000 Zuschauer zugegen. Und auf wen treffe ich da unversehens? Auf Helga! Und zwar in Begleitung eines oder ihres Freundes. Was für ein Zufall! Auch sie wurde meiner gewahr, wich aber meinen Blicken aus. Später schrieb sie mir noch einmal und entschuldigte sich. Damit war die „Geschichte", kaum dass sie begonnen hatte, vorbei.

Wichtig vor allem waren mir die Erfahrungen mit den Heimkameraden.

Einer, ein unangenehmer, bulliger Zeitgenosse, auch noch Namensvetter von mir, der Tierarzt werden wollte und über mir im Stockbett lag, erzählte nachts coram publico von seinen Erfahrungen mit Mädchen in einer Weise, die mich anekelte, bis ich sein Bett mit den nach oben ausgestreckten Beinen aus den Angeln hob, so dass er mitsamt der Liegestatt beinahe auf mich gefallen wäre, worauf er mir, auf allen Vieren krabbelnd, mit einem Messer im Mund knurrend auf die Pelle rückte, was ich wiederum zum Anlass nahm, stante pede das Zimmer zu wechseln.

Mit einem anderen Kameraden musizierte ich, er spielte Klavier und ich Geige. Das hielten wir über die ganze Heimzeit durch. Der Kamerad, mit dem ich ein russisches Buch las, hatte ja bald aufgegeben, so beschäftigte ich mich eben allein mit dem Russischen. Auf einem Spaziergang durch den Grunewald versuchte ich, alles, was mir so in den Sinn kam, auf Russisch auszudrücken, und das gelang mir, was mich stolz machte.

Ein anderer, technisch beschlagener Kamerad, ein seltsamer Kauz, Bernhard Wedel, nervte die arme Heimleiterin, indem er sein Radio über ein zwischen Tür und Türrahmen verlegtes Kabel so an die Steckdose anschloss, dass es beim Öffnen der Tür unterbrochen wurde. Jedesmal wenn sie – von außen lauschend – Radiomusik aus unserm Zimmer zu hören vermeinte, riss sie die Tür auf und ... vernahm nur noch absolute Stille, manchmal schnarchte auch einer absichtlich, und ein anderer sagte vorwurfsvoll mit schläfriger Stimme: „Stören Sie uns bitte nicht!“ Sie hätte die Tür von innen schließen müssen, um hinter das Geheimnis zu kommen.

Bernhard kletterte einmal aufs Dach, legte ein Brett auf den Schornstein, setzte sich darauf und beobachtete in kalter Nacht von diesem luftigen Hochsitz aus den gestirnten Himmel über sich. Das Brett ließ er nach Beendigung seiner Sterngsuckerei liegen, so dass der Rauch mangels Abzug aus allen Ecken quoll und sich im Heim ausbreitete, was ziemlichen Alarm auslöste.

Später war dieser Kamerad mit dem Radiotrick und dem Sterntick Direktor der Sternwarte in Berlin, wo er die Möglichkeiten der Himmelsbeobachtung und die Einrichtungen des Planetariums verbesserte.

Es gab Chaoten unter uns, die nachts Eimer mit Wasser auf den Treppenabsatz stellten, die, wenn man unachtsam dagegen stieß, mit Gepolter die Treppe hinunterfielen. Das galt der Heimleiterin Schwester Lisa, die an sich eine liebe Frau war, aber uns doch zu sehr als Kinder betrachtete und behandelte, die nach 22 Uhr still zu sein hatten.

Vielen von uns gefiel es bald nicht mehr im Heim, sie fühlten sich über die Maßen gegängelt, mochten auch die immer gleiche Marmelade Morgen für Morgen und den ewigen Chesterkäse Abend für Abend nicht mehr, empfanden den Heimaufenthalt als Zwangsjacke und drängten hinaus, raus aus dem Käfig, raus aus der Disziplin, ohne die so ein Heim ja gar nicht funktionieren kann.

Einigen, sie zählten zu den etwas Älteren, gelang auch der Sprung in die „Freiheit“, sie bekamen eine Unterstützung, die es ihnen ermöglichte, ein Zimmer zu mieten und sich selbst zu versorgen. Dazu gehörte Wolfgang, der Kamerad aus

Görlitz, mit ihm hatte ich anfangs heftige Diskussionen, wir stritten, was das Zeug hielt, und seltsamerweise führte uns dieser verbale Kampf und Meinungsstreit immer enger zusammen, der schließlich in eine Freundschaft mündete, die bis heute anhält. Er war es auch, mit dem ich fast alle Job- und kulturellen Aktivitäten in Berlin durchführte. Nach der Sonderreifeprüfung studierte er Architektur und wurde später Leitender Baudirektor von Kreuzberg.

Mit ihm zusammen flog ich zwischen der schriftlichen und mündlichen Sonderlehrgangsergänzungsreifeprüfung nach Köln und zurück. Wie kam es zu diesem Flug?

Ich wollte in den Sommerferien unbedingt eine Reise durch Westdeutschland machen. Mit dem Zug zu reisen, wäre zu riskant gewesen, die Ostschergen hätten mich auf der Fahrt durch den Korridor zwischen Berlin und Hannover aus dem Zug holen und wegen „Republikflucht" verhaften können. Blieb also nur das Flugzeug. Ich lief auf der Suche nach einem kostenlosen Flug in den Westen von Pontius bis Pilatus.

Schließlich geriet ich an die für die so genannte Kinderluftbrücke zuständige Stelle: an das Hauptjugendamt. Das klappte denn auch. Mein Freund und ich wurden als „im Westen erholungsuchende Kinder" deklariert und für die Kinderluftbrücke akzeptiert und vorgemerkt. Dann ging alles ganz schnell.

Am 12. Juni 1956 beginnt das schriftliche Abi mit einem Deutschaufsatz. Das Thema lautet: „Mit welchen Begründungen sage ich ja oder nein zu einem Zusammenschluß der europäischen Nationen". In meinem Tagebuch von damals steht: „Natürlich bejahte ich die Vereinigung Europas, und ich begründete dies mit den Vorteilen, die damit verbunden wären. Ein Zusammenschluß der europäischen Länder würde nicht nur Europa nützen, sondern auch die Frage der deutschen Einheit lösen helfen und den Weltfrieden in greifbare Nähe rücken". Am 21. Juni folgt die schriftliche Mathematikprüfung, die mir keinerlei Schwierigkeit bereitet.

Und schon am 12. Juli fliegen wir, mein Freund und ich, zusammen mit einer Schar Kinder auf dem Wege der Kinderluftbrücke nach Köln: mit einer zweimotorigen amerikanischen Militärmaschine in einer Höhe von 2500 Metern und mit einer Geschwindigkeit von 300 Kilometern pro Stunde. Dies ist gewissermaßen mein erster „Höhenflug". Zusammen mit ein paar uns begleitenden amerikanischen Soldaten sitzen wir auf Sitzreihen längs der Wände des Flugzeugs.

Leichtsinnigerweise manipuliere ich während des Flugs an einem Fensterhebel hinter mir herum, das kleine Fenster springt nach außen auf, ich spüre einen starken Luftstrom. Mit viel Kraftaufwand gelingt es dem Kopiloten, der aus der Kabine herzuspringt und beherzt zugreift, das Fenster wieder zu schließen. Er

Bild 80
Kinderluftbrücke Berlin – Köln, 1956, Wolfgang Liebehenschel und Hans-Georg

schimpft oder flucht, verstehen kann ich seinen Slang nicht. Ich komme mir vor wie ein kleiner Junge, der Unrechtes getan hat. Hatten sie mich doch richtig eingestuft, als sie mich für die Kinderluftbrücke annahmen? Ansonsten bleibt das mir peinliche Ereignis glücklicherweise folgenlos.

Bild 81
Kinderluftbrücke Berlin – Köln mit dem Militärflugzeug, 1956

Mit dem Finger auf der Landkarte verfolge ich von Tempelhof aus unsern Schönwetterflug über die unselige DDR, die von hier oben so friedlich aussieht. Hier fühle ich mich sicher vor der Stasi, dem „Schild und Schwert der Partei"[154], der gefürchteten Truppe „Horch und Greif", wie sie später auch genannt wurde. Als wir nach Westdeutschland eintauchen, überzieht sich der Himmel mit dichten Wolken, die den Blick nach unten hemmen. Aber das mindert meine Freude, bald in Köln zu landen, nicht.

Innerhalb der letzten drei Monate war parallel zu allem bis hierher Geschilderten außerordentlich viel passiert.

[154] KLAUS in WILKENING 1990: 23

Wiedervereinigte Familie

Vaters Entlassung und Flucht der Eltern

Anfang April 1956 besucht mich Mutter in Berlin. Welchen Trick sie angewandt hat, um das zu schaffen, weiß ich nicht mehr, aber sie ist ja wenn nicht mit allen, so doch mit einigen Wassern gewaschen und nicht um Ideen verlegen. Wir treffen uns bei Inge. Sie sagt, sie habe seit Monaten nichts mehr von Vater gehört, sie sei darüber sehr beunruhigt. Bei ihrem letzten Besuch am 19. Dezember 1955 in Bautzen sei Vater sehr krank gewesen, fast verhungert, verzweifelt und verbittert. Im Januar entlassene Kameraden haben ihr geschrieben, auch er werde bald heimkommen. Andererseits habe sie gehört, man würde die so genannten Tribunaler in den ostzonalen KZs festhalten, um sie als Schacherobjekte in politischen Verhandlungen einzusetzen. Sie wolle sich nun hier beim „Untersuchungsausschuss Freiheitlicher Juristen" erkundigen, was sie unternehmen könne, um Vater freizubekommen.

Mutter erhält den Rat, ein Gesuch an den DDR-Präsidenten Wilhelm Pieck zu richten. Das will sie nach ihrer Rückkehr nach Suhl auch tun.

Nun hatte sie bereits am 27. Juni 1955 ein Gesuch an den Präsidenten der DDR gerichtet und daraufhin folgenden negativen Bescheid erhalten:

Der Präsident
der Deutschen Demokratischen Republik
Präsidialkanzlei

Berlin-Niederschönhausen
Ossietzkystrasse
den 9.9.1955
61-Ts-Pe

Frau
Laura Müller
S u h l /Thür.
Kleine Kelberstr. 1

Sehr geehrte Frau Müller!

Der Straffall Ihres Ehemannes Erich Müller ist in jüngster Zeit eingehend überprüft worden. Es hat sich hierbei kein Anlass für einen Gnadenerweis ergeben.
Ihrem Gnadengesuch vom 27.6.55 kann deshalb im gegenwärtigen Zeitpunkt nicht nähergetreten werden.

Hochachtungsvoll
Im Auftrage
Mirbach

Mir ist nicht bekannt, ob sie gemäß dem in West-Berlin empfangenen Rat noch einmal ein Gesuch eingereicht hat, wahrscheinlich hat sie sich davon nach der ein halbes Jahr zuvor erfolgten Ablehnung nichts versprochen.

Was erzählten wir uns über Wilhelm Pieck und Ministerpräsident Otto Grotewohl[155]?

Als die beiden in der Dämmerung durch einen Wald gehen, stoßen sie auf einen, der sich an einem Ast aufgehängt hat. Pieck fragt: „Nanu, wer ist denn das?" Und Grotewohl: „Du, das ist doch unser Aktivist Adolf Hennecke!" Worauf Pieck nachdenklich hinzufügt: „Ich glaube, der ist uns wieder mal ein Jahr voraus." Kumpel Adolf Hennecke war – gemäß dem sowjetischen Muster Stachanow aufgebaut, getürkt wie dieser – Vorbild und Vorzeigefigur im Rahmen der Aktivistenbewegung in der DDR, er hatte die Norm zu 387 Prozent übererfüllt und war damit allen anderen voraus[156].

Einige Monate später schreiben mir Bekannte, dass unser Vater am 26. April aus der Haft in Bautzen nach Hause entlassen worden sei. Ich jubele. Dies ist der glücklichste Tag in meinem bisherigen Leben. Mein größter Wunsch, die Entlassung unseres Vaters aus dem ostzonalen Konzentrationslager, ist endlich in Erfüllung gegangen. Tief ergriffen und weinend vor übergroßer Freude lese ich die frohe Botschaft immer wieder. Zugleich geht mir blitzartig durch den Kopf, dass Vater mit dem Rest der Familie, Mutter und Ursula, so rasch wie möglich nach West-Berlin kommen muss, zu Hause würde er keine Chance auf ein menschenwürdiges Leben oder gar auf Rehabilitierung haben.

Am 5. Mai schreibt er mir, dass er ein neues Leben beginnen wolle. Ich hoffe, sie kommen.

Er ist so krank, dass er arbeitsunfähig ist. Während der langen, unmenschlichen Haft hat er mehr als einen Knacks abbekommen. Es kommt einem Wunder gleich, dass er nicht wie Tausende andere dort drinnen umgekommen ist.

Was soll er jetzt tun?

Er sieht keine Zukunft in der DDR und trägt sich mit dem Gedanken, in den Westen zu gehen. Aber wie kann er, wie können Tochter Ursula und Frau nach Ost-Berlin kommen? Einmal in Ost-Berlin, ist es relativ leicht, nach West-Berlin zu gelangen. Edeltraud ist bereits per Visum seit einem Jahr in Solingen, ich bin schon – ohne Visum – seit einem dreiviertel Jahr in West-Berlin. Wolfgang will in der DDR bleiben, wo er glaubt, eine Zukunft zu haben. Es geht also nur um Vater, seine jüngste Tochter und seine Frau. Der verständnisvolle Dr. Zeth stellt ihm eine Bescheinigung aus, die ihn berechtigt, mit Tochter Ursula nach Ost-Berlin einzureisen, damit sie dort wegen ihres Sprachfehlers in der berühmten Charité operiert werden könne.

[155] KOWALCZUK / WOLLE (2001: 84): Ein Major der Stasi sagt zu einem Kollegen: „Weißt Du, was das ist – Speztroika? ... Die Deutschen nennen das Trio **G**rotewohl – **P**ieck – **U**lbricht kurz und bündig GPU. " (GPU war die sowjetische Geheimpolizei, der spätere KGB.)

[156] ZIMMER 1989: 61, LEONHARD 1955: 526 f., HARTMANN / EGGELING (1998: 114 f.): Ursache für die Suche nach einem geeigneten Aktivisten war der SMAD-Befehl: „Mehr produzieren, richtig verteilen, besser leben!"

Am Abend des 14. Juni sagt ihr Mutter in Vaters Beisein: „Ursula, morgen wird Vater Suhl verlassen und mit dir nach West-Berlin fahren. Ich komme ein paar Tage später nach.“

Sie ist geschockt, völlig unvorbereitet, hat keine Chance, sich darauf einzustellen, und weint, wie sie mir später sagte, „schrecklich“. Sie wird aus allem herausgerissen, sieht ihre Freundinnen nicht mehr, muss die siebte Klasse kurz vor dem Ende des Schuljahrs abbrechen und sieht ihre Zukunft, nach der achten Klasse eine Ausbildung in der Sportschule in Leipzig zu absolvieren, verbaut. Warum hatten ihr die Eltern das nicht früher angekündigt? Sie wollten kein Risiko eingehen; es hätte passieren können, so jedenfalls ihre Sorge, dass Ursula die Fluchtabsicht ihren Freundinnen gegenüber ausplaudert, und das hätte die Flucht unter Umständen gefährdet.

Am 15. Juni machen sich beide auf den Weg, Inge holt sie in Ost-Berlin ab und geleitet sie nach Wedding in West-Berlin zu sich nach Hause. Was Mutter als Grund anführen wird, um zwei Tage danach nach Ost-Berlin durchgelassen zu werden, weiß ich nicht, aber dass es ihr gelingen wird, daran zweifele ich nicht.

Bild 82
Erich Müller

Für Vater und Ursula beginnt noch am gleichen Tag die Ochsentour im Flüchtlingslager Berlin-Marienfelde. Abends treffen wir uns bei Inge in Wedding. Ich bin über Vaters Aussehen erschrocken und sage nur: „Vater!“ Wir umarmen uns. Ein fast zahnloser Mund küsst mich auf die Lippen. Wir tauschen die ersten, die wichtigsten Informationen aus.

Noch im Februar habe er auf einer Trage getragen werden müssen. Er sei in ein Krankenhaus („Lazarett“) gekommen, wo man ihn entlassfähig hergerichtet habe. Schließlich sei ihm am Tag vor der Entlassung mitgeteilt worden, dass er zu seiner Familie heimkehren dürfe. Von Bautzen habe ihn ein Bus nach Dresden gebracht, mit dem Zug sei es dann nach Erfurt weitergegangen, wo er vier Stunden auf den

Zug nach Suhl habe warten müssen. Um sechs Uhr morgens sei er schließlich in Suhl angekommen.

Ursula erzählt, dass Vater vom Bahnhof kommend, zunächst Halt bei der Milchfrau in der benachbarten Aue(n)straße gemacht habe, um Mutter nicht durch überfallartiges Erscheinen zu erschrecken. Die Milchfrau sei sofort in die Kleine Kelberstraße gekommen und habe gesagt, der Erich sei bei ihr eingetroffen. Dann kam er. Jetzt, keine zwei Monate später, ist er endlich in West-Berlin und endlich vor weiterer Verfolgung und Schikane sicher und ohne Angst. Ich bin sehr froh.

Immer wieder werden wir uns, Vater und ich, in den nächsten Tagen über seine Haft- und Leidenszeit in den ostzonalen Zuchthäusern unterhalten. Er zeigt mir seinen Entlassungsschein:

Entlassungsschein

Herr M ü l l e r, Erich, geboren am 28.12.03 in Ernstthal
wurde am 26. April 1956 aus der StVA Bautzen lt. Min.R.Beschl.v. 22.12.55 u. 19.4.56 vorzeitig
nach S u h l, Kl. Kelberstr. 1 entlassen.
Verpflegung wurde ausgehändigt bis einschließlich [sic!]
Reisegeld in Höhe von 50,- DM und Fahrkarte bis zum Entlassungsort erhalten.
Er ist nicht im Besitz eines gültigen DPA.
Der Entlassungsschein hat Gültigkeit bis 29.4.56. (3 Tage) und berechtigt zur Fahrt nach S u h l.

(Stempel der Strafvollzugsanstalt Bautzen) — *gez. (Unterschrift)*
Inspekteur

- -

Polizeilich gemeldet am	*28.04.56 (Stempel und gez. Schwab)*
Amt für Arbeit und Berufsausbildung	
Amt für Sozialfürsorge gemeldet am	
Personalausweis beantragt am	*28.04.56 (Stempel und gez. Schwab)*

Rat der Stadt Suhl
- Abt. Sozialwesen -
gez. (Unterschrift)

Ich begleite ihn beim Durchlaufen der ersten Stationen im Flüchtlingslager, wir gehen zum DRK, zum Versorgungsamt, zu den „Freiheitlichen Juristen“ und anderen Stellen, die sich für Vaters Schicksal interessieren oder die ihm helfen können. Es sind Anträge auf Arbeitslosengeld, Rente, Haftentschädigung zu stellen, kurz: die Bürokratie nimmt ihren Lauf.

Mutter kommt am Mittwoch, dem 17. Juni, nach, sie begleitet noch Tochter Edeltraud, die anlässlich Vaters Entlassung aus der Haftanstalt mit einem Visum zu Besuch in Suhl weilt, zum Zug von Erfurt nach Solingen – auf der Fahrt nach Erfurt weint Edeltraud die ganze Zeit über den Abschied von der Heimat auf immer – und Mutter gelangt, wenn auch völlig entnervt, nach Ost-Berlin. Dort wimmelt es nur so von Polizei.

Inge, die auch sie abholt, ist bleich vor Angst, aber sie kommen mit der S-Bahn unangefochten nach West-Berlin.

War es Leichtsinn, die Reise gerade am 17. Juni, dem dritten Jahrestag des Volksaufstands 1953 in der DDR, zu machen, oder geniale Taktik? Hatten die Machthaber in der DDR an jenem Tag ihre Aufmerksamkeit auf ganz anderes gerichtet als auf Flüchtlinge? Oder hatten sie gedacht, an solch einem Tag würde es keiner wagen, in den Westen abzuhauen?

Nein, nichts von alledem. Mutter hatte schlicht vergessen, dass es „der 17. Juni" war. Immerhin hatte sie die Fahrkarte vorsichtshalber – oder war es eine Eingebung? – bis nach Angermünde in der Uckermark, also über Ost-Berlin hinaus gelöst. Bei der gerade wegen des 17. Juni verstärkten Kontrolle vor Ost-Berlin haben ihre Knie vor Angst geschlottert. Aber es war noch mal alles gut gegangen.

Die Wiedervereinigung der Familie findet noch am selben Tag statt. Mutter und Ursula verbringen die nächsten Tage bei Inge, während Vater im Flüchtlingslager wohnt.

Der „Zentralverband Politischer Ostflüchtlinge und Ostgeschädigter E. V." stellt Vater am 19. Juni 1956 die folgende Haftzeitbescheinigung aus:

Zentralverband Politischer Ostflüchtlinge und Ostgeschädigter E.V.
Sitz Berlin
Berlin W 35
Telefon: 24 01 91 Derfflingerstraße 9 Postscheck: Berlin-West 743 51

Zur Vorlage bei Behörden.

Haftzeitbescheinigung

Herr M ü l l e r, Erich
geboren am 28. Dezember 1903 in Ernstthal
zuletzt wohnhaft in Suhl/Thür.
jetzige Anschrift Berlin-Marienfelde, Marienfelde Allee 66-80
hat nach eigenen Angaben und hier vorliegenden bzw. hier vorgelegten Unterlagen
vom 16. September 1947 bis 26. April 1956
in folgenden sowjetischen, sowjetdeutschen Konzentrationslagern bzw. ostzonalen Haftanstalten gesessen: Torgau, Gotha, Weimar, Brandenburg, Bautzen, Waldheim.
Er wurde am 5. Nov. 47 in Weimar vom Sowj.Milit.-Tribunal zu 20 Jahren Arbeitslager wegen Dienstverpflichtg. als Lagerführer eines Ostarbeiterlagers nach KG 10 verurteilt.
Er wird in unserer Inhaftiertenkartei geführt.
Gleichzeitig hat er ~~zwei~~ einen Zeugen benannt,
die a) seine Untersuchungshaft,
b) seinen Aufenthalt im Entlassungslager bestätigen.
Ausschließungsgründe nach § 2 HHG sind nicht bekannt.
An Unterlagen haben vorgelegen: Entlassungsschein d. StVA Bautzen (Fotokopie), DRK-Bescheing. vom 18.6.56 LK-Z 558 296

Referat der ehem. polit. Häftlinge der SBZ und der UdSSR
im Zentralverband politischer Ostflüchtlinge und Ostgeschädigter e.V.
Im Gesamtverband der Sowjetzonenflüchtlinge e.V.
Berlin W 35, Derfflingerstraße 9 Telefon 24 01 91

Berlin, den 19. Juni 1956
(Dienstsiegel) gez. (zwei Unterschriften)

Nach der Wende 1989/90 ließ ich mir aus Waldheim und vom Bundesarchiv / Abteilungen Potsdam die Gefangenenkarteikarte meines Vaters zuschicken, um für gewisse noch geltend zu machende Ansprüche bestätigt zu bekommen, was Vater uns über seine Verhaftung, Verurteilung und Inhaftierung gesagt hat.

Hier zunächst das Anschreiben zur Kopie der Gefangenenkarteikarte von Erich Müller in der JVA Waldheim und danach in der Anlage die Kopie der Gefangenenkarteikarte:

Justizvollzugsanstalt Waldheim, Dresdener Str.1a, O.7305 Waldheim/ Sachsen
Anstaltsleiter

Herrn Hans-Georg Müller
(Adresse)

Ihre Zeichen	*Ihre Nachricht vom*	*Hausapparat*	*Unsere Zeichen*	*Datum*
	19.06.92		*mi-ge/2*	*26.06.1992*
				224/92

Sehr geehrter Herr Müller,

beiliegend übersende ich Ihnen die beglaubigte Kopie der Gefangenenkarteikarte Ihres Vaters Erich Müller.
Weitere Unterlagen existieren hier nicht. Ich hoffe dennoch, Ihnen ein wenig geholfen zu haben.

Mit freundlichen Grüßen *Anlage*
gez. Dr. Rückert
Oberregierungsrat

Anlage: **Gefangenenkarteikarte** von Erich Müller, beglaubigt von Dr. Rückert:

1916/Br

Name: Müller
Vorname: Erich
Geburtstag und -ort:
Ernstthal/Kr. Sonneberg
Beruf: Fahr.-Mechaniker
Zuletzt beschäftigt als
Mechaniker
Familienstand: verh.
Kinder: 4
Staatsangehörigkeit: deutsch
Deck-Name/-Adresse: keiner

Ort der Festnahme: Suhl/Thr.
Letzte Wohnung: Suhl/Thr., Kl. Kelberstr.1.
Jetzige Anschrift der Familienangehörigen:
Laura Müller, Suhl/Thr., Kl. Kelberstr.1.
Größe: 170
Gestalt: (unleserlich)
Gesicht: (unleserlich)
Bart: (unleserlich)
Augenfarbe: blau
Haarfarbe: (unleserlich)
Besondere Kennzeichen: (unleserlich)

Aktenzeichen ~~5634~~
Tag der Festnahme:
16.9.47.
wo: Bautzen
Karteikarte ausgestellt
am 1.5.50.
wo:
Fingerabdruck genommen am:
wo: Bautzen
Übernahme durch die
Dtsch. V.-Pol.
am 16.2.50.

Eintritt: 1932		*1932-45*					
NSDAP	*SS*	*SA*	*SD*	*Gestapo*	*NSKK/NSFK*	*HJ*	*~~BDM~~*
Austritt: -45	*nein*		*nein*	*nein*	*nein*	*nein*	

Sonst. Organisationen u.Verbände:	*Vorstrafen:*	*Öffentliche Ämter:*	*Milit. Verbände u.Ausb.*	
keine	*keine*	*keine*	*Ldschtz.*	*Uffz.*
			Volkssturm	*Zugführ.*

Innegehabte Funktionen (z.B. Kreisleiter, SA-Sturmführer usw.): SA Sturmführer

- Wenden!

Straftat:	*Verurteilendes Gericht:*	*Strafdauer lt. Urteil:*
Verbrechen g. d. Menschlichkeit	*SMT Weimar*	*20 Jhr. Arb.Lager*
	Verurteilt am: 25.9.47	*Entlassung*
	Aktenzeichen: 61798	*am .... 195 ....*
Beginn der Strafhaft: 25.9.47	*Beendigung der Strafe: 24.9.67*	*nach ....*

Datum der Eintragung	*Grundsätzliche Bemerkungen für die Beurteilung der Gefangenen, z.B. Flucht und -versuche, Ausbruch und -versuche, Gewalttätigkeiten, aber auch außergewöhnliche Leistungen*	*Verlegungen in andere Anstalten Auszufüllen nach Eintreffen in der neuen Anstalt*	
		Von	*Nach*
		Brandenbg.	
29.3.54	*JVA Bautzen*		

Stempel der Justizvollzugsanstalt Waldheim
Freistaat Sachsen

beglaubigt gez. Dr. Rückert
Oberregierungsrat

Bild 83 Erich Müller, Foto auf der Gefangenenkarteikarte

Das Bundesarchiv / Abteilungen Potsdam, 1561 Potsdam, Berliner Str. 98-101, schickte mir mit Schreiben vom 19. August 1992 (Gesch.-Z.: 2841 / Müller, Erich, Bearbeiter: Herr Lamster, Unterschrift: Grünspek) eine Kopie der ergänzten und zum Teil veränderten Gefangenenkarteikarte. Hier die Ergänzungen beziehungsweise Abweichungen:

Aktenzeichen:	*~~1/1536/545~~ ~~-7807/52~~ ~~1916 Br~~ 5634*
Karteikarte ausgestellt am:	*11.4.50*
Eintritt in die NSDAP:	*1.8.32*
Milit. Verbände u. Ausbildung:	*39-40 Landesschützen, 44-45 Volkssturm Zugführer*
Entlassung lt. Ministerialsbeschl. v. 19/4.56:	*am 26.4.1956 nach: s. ums.*
	[d.h. zur letzten Wohnung in Suhl]

Datum der Eintragung:		*Von*	*Nach*
7.7.50	*Pr.Nr. 315 Verbleib 28/7.55*	*Bautzen*	*Brandenburg*
20.2.52		*Brandenburg*	*Waldheim*
29.3.54			*Bautzen*
22. April 1954			*Torgau*
22.8.55			*Bautzen*

Danach war unser Vater am 25. September 1947 vom SMT wegen Verbrechen gegen die Menschlichkeit zu 20 Jahren Arbeitslager verurteilt worden. (Wie wir allerdings später erfuhren, soll er erst am 5. November 47 verurteilt worden sein. Über den Tag seiner Verurteilung gibt es widersprüchliche Informationen.) Konkret vorgeworfen wurde ihm, er habe in den Ostarbeiterlagern russische Offiziere geschlagen. Dabei gab es dort überhaupt keine russischen Offiziere. Es gab auch kein offizielles Verfahren, keine Zeugenvernehmung, keine Verteidigung. Zwischen Verhaftung und Verurteilung lagen gerade mal neun Tage. Seine Inhaftierung begann in Bautzen, dann kam er nach Brandenburg, von da aus wieder nach Bautzen, dann nach Torgau und wieder nach Bautzen. Wenn es im Zusammenhang mit Vater ein Verbrechen gegen die Menschlichkeit gab, so waren die

Denunzierung, seine Verhaftung, die Verurteilung zu 20 Jahren Arbeitslager durch das SMT und seine über achteinhalb Jahre währende qualvolle Inhaftierung in den verschiedenen Konzentrationslagern der SBZ/DDR eines gegenüber ihm und seiner Familie.

Aber die vom „Zentralverband Politischer Ostflüchtlinge und Ostgeschädigter E.V." am 19. Juni 1956 in West-Berlin ausgestellte Haftzeitbescheinigung beruhte einzig auf dem Entlassungsschein, auf seinen eigenen Angaben und auf den Angaben eines Zeugen. Es war klar, dass man um die Anerkennung als politischer Flüchtling und für eine Entschädigung nach dem Häftlingshilfegesetz würde kämpfen müssen. Manches wurde einem leicht gemacht, aber wenn es ums liebe Geld ging, hatte man Schwierigkeiten und Bürokratie zu überwinden.

Vater erzählte mir, dass man ihn während der Haft geschlagen und nachts verhört habe. Die Nächte habe er stehend unter grellem Licht verbringen müssen. Er habe kaum zu essen und zu trinken bekommen und sei bis zum Skelett abgemagert. Fußtritte seien an der Tagesordnung gewesen. Einmal habe ein Russe ihn mit einem Pistolenknauf so stark an die Schläfe geschlagen, dass er die Besinnung verlor. Irgendwann sei er schließlich eingebrochen und bereit gewesen, alles zu unterschreiben, was man ihm vorwarf. Innerhalb der neun Tage zwischen Verhaftung und Verurteilung durch das SMT habe man ihn derart fix und fertig gemacht, dass er unter dem enormen Verhördruck – mit den Nerven und körperlich am Ende – dem Verhandlungsführenden zurief: „Und wenn ich unterschreiben soll, dass ich kleine Kinder gefressen habe, dann unterschreibe ich das auch!"[157]

Die beinahe neun Jahre Haft, genau 3148 Tage, waren für ihn fürchterlich. Er fühlte sich und war unschuldig. Jahrelang hatte er keinerlei Verbindung zu seiner Familie. Er schwankte zwischen vager Zuversicht und tiefer Hoffnungslosigkeit. Mal war er – in Isolierhaft – allein in einer ständig beleuchteten Einzelzelle, mal in einer Zelle mit mehreren anderen Verurteilten (4 bis 5 Häftlinge in einer Ein-Mann-Zelle[158] oder 16 Häftlinge in einer 4-Mann-Zelle) zusammengepfercht, mal in einem großen Saal mit vielen – 400 bis 500 – Häftlingen zusammen untergebracht. Auf jeden kam gerade mal ein Quadratmeter Fläche. Lag man nebeneinander, so hatte man 34 bis 60 Zentimeter (je nach Lager) Schulterbreite Platz. Rief einer in der Nacht „Umdrehn!", drehten sich alle auf dieses Kommando hin gleichzeitig um.[159] Tagsüber durfte man sich nicht hinlegen.

[157] Die Gefangene Ellen Thiemann in EBERHARDT 1998: 151: „Ich hätte jetzt auch mein Todesurteil unterschrieben, nur um von Ihnen [dem Verhörenden, d. Verf.] wegzukommen.";
PRIESS (2005: 33): Sowjetische Verhörmethoden.
XV. Bautzenforum (2004: 25): „Durch den physischen und psychischen Zwang, durch Folter also, brachte man fast jeden Verdächtigen dazu, auch noch die absurdesten Straftaten zu gestehen."

[158] BECHLER (2001:66): „zu fünft in einer winzigen Einzelzelle".

[159] JÜRSS (2004: 120): „so ein Saal war ca. 20 bis 22 Meter lang, ca. 12 bis 13 Meter breit und 3,5 bis 4 Meter hoch. Auf den 240 bis 280 Quadratmetern mußten sich 350 bis 400 Menschen einrichten. ... Wir schliefen auf mehrstöckigen Bretterlagen übereinander. ...Wir lagen zu sechzehn Männern nebeneinander, so daß jeder etwa 60 Zentimeter Platz für sich hatte.";

Alle „Tribunaler“, wie man sie später nannte, hatten ein ähnliches Schicksal. Es handelte sich um Professoren, einfache Beamte, Handwerker, Angestellte, die sich in den allermeisten Fällen nichts hatten zuschulden kommen lassen. Sie waren wie unser Vater von deutschen Kommunisten denunziert worden und zu 20 oder 25 Jahren Arbeitslager verurteilt worden. Die Beschuldigung war ihnen auf Russisch vorgelesen worden, ein russischer „Dolmetscher“ hatte ihnen – wenn überhaupt – in schlechtes Deutsch „übersetzt“, wessen sie beschuldigt waren, und dann wurden sie, nachdem man sie weich geknetet und willenlos gemacht hatte, unter stärkstem Druck zur Unterschrift unter den russischen Text gezwungen.[160]

Die Haftbedingungen waren schlimm. Die Rationen waren klein, viele starben Hungers oder wurden krank[161]. Kranke kamen, wenn sie Glück hatten, in ein Anstaltslazarett, wurden etwas aufgepäppelt und dann wieder in die „normale Haft“ zurückgeschickt. Es war ein ständiges Auf und Ab, das von vielen nicht ertragen wurde.[162] Vater bekam – wie die meisten – Tuberkulose, ihm wurde ein Pneumothorax gelegt, sodass nur noch ein Lungenflügel tätig war. Seine Zähne fielen aus, es gab keinen Ersatz.

Wie alle war er zu einer Haft in einem Arbeitslager verurteilt worden, aber wie viele seiner Haftkameraden war er so geschwächt, dass von Arbeit keine Rede sein konnte. Um sich die lange Zeit zu vertreiben, erzählte jeder, obwohl es verboten war, den anderen irgendwas aus seinem Leben oder aus Büchern, die er gelesen hatte. Da mein Vater immer ein Bücherwurm gewesen war und ein gutes Gedächtnis hatte, war er ein gefragter Geschichtenerzähler. Das trug ein wenig zur Aufrechterhaltung der Hoffnung bei. Nachts aber döste er vor sich hin, verfluchte Gott und die Welt und fragte sich unendlich oft, womit er dieses Schicksal verdient habe. Kam er in eine andere Haftanstalt, wurde er erneut verhört. Einmal schrie ihn ein Russe an, man habe ihn nicht umsonst zu 25 Jahren Arbeitslager verurteilt. Als Vater ihn korrigierte und „zu 20 Jahren“ sagte, schrie der Russe, das sei doch egal.

Womit er sicher recht hatte, denn 20 Jahre hätte unter den obwaltenden Umständen sowieso niemand ausgehalten. Die Strafen waren mit Bedacht so hoch bemessen, dass sie mit lebenslänglich oder mit der Todesstrafe identisch waren.

BECHLER (2001: 86): Bautzen. „Auf zweistöckigen Bretterborden lagen wir [Frauen, d. Verf.] wie die Sardinen, vierhundert in einem Saal, nicht mehr als sechzig Zentimeter Lagerbreite durfte jede für sich beanspruchen ... in den Ritzen und Spalten hatten sich Scharen von Wanzen eingenistet, am anderen Morgen waren wir mit Quaddeln übersät ... es (gab) auch Flöhe ... Mäuse (huschten) über uns hinweg“; BECHLER (2001: 67): „Wir hatten alle Läuse.“; BECHLER (2001: 159): „Wanzen ... zu Tausenden ... gegen Flöhe war man machtlos, an einem Morgen habe ich zweihundert Stiche gezählt, rund um meine Taille.“

160 Der Gefangene Egon Prieß in EBERHARDT 1998: 261: „Wir hätten unser eigenes Todesurteil unterschrieben, also lesen konnten wir das nicht, das war kyrillische Schrift, und die Dolmetscher waren so schlecht, dass man gar nicht verstand, was die uns da vorgelesen haben.“

161 BECHLER (2001: 108): „Spucke und Urin waren unsere Heilmittel, damit behandelten wir Wunden und eitrige Entzündungen.“ (Im Lager Jamlitz, wohin Fr. Bechler nach Bautzen kam.)

162 BECHLER (2001: 108): „Kleinere Operationen wurden von den deutschen Lagerärzten in den Baracken ausgeführt, auf dem Tisch; eine größere bedeutete unweigerlich den Tod.“

Benno Prieß schildert in seinem Buch „Erschossen im Morgengrauen“ das Schicksal von 27 Wittenberger Jungen und Mädchen und zwei Müttern. Weil sie angeblich verschwörerische Absichten gehegt hätten, wurden sie am 9. Februar 1946 vom SMT verurteilt: neun von ihnen zum Tode, 19 zu zehn Jahren Arbeitslager, einer zu sieben Jahren Arbeitslager. Drei wurden hingerichtet, neun starben, die Übrigen überlebten.[163]

Manfred Wächter erzählt in Klonovskys und von Flockens Buch „Stalins Lager in Deutschland 1945–1950“[164] über seine Vernehmung: „Wir machen Sie so klein, Sie kommen 20 oder 25 Jahre nach Sibirien, dann sind Sie sowieso kaputt!“

Gerhard Finn[165] sagt in seinem Buch „Die politischen Häftlinge in der Sowjetzone 1945–1959“ über die Verhaftungen und Verurteilungen:

„Bei den Einzelverhaftungen handelte es sich meistens um so genannte Verbrechen gegen die Menschlichkeit, also Vorgänge aus der Zeit vor und während des Krieges. Hier fußten die Verhaftungen und Verurteilungen ... hauptsächlich auf Denunziationen. ... Eine weitere Kategorie von Häftlingen waren die ‚Nazis‘. Man hatte eine ganze Reihe von ‚alten Kämpfern‘ in den Gefängnissen, denen man außer ihrer früheren Partei- oder SA-Zugehörigkeit nichts nachweisen konnte. Sie wurden wegen Unterstützung des Naziregimes verurteilt. ... Jeder Häftling, der durch die Keller oder Gefängnisse des MWD gegangen ist, wird von Mißhandlungen berichten können. Die Verhöre fanden ausschließlich nachts statt. ... Da das Schlafen am Tage verboten war, kamen sie schon zermürbt zur Vernehmung und brachen unter den psychischen und physischen Torturen zusammen. Es war unter den Häftlingen eine weitverbreitete Meinung, so schnell wie möglich das von den Vernehmern geforderte ‚Protokoll‘ zu unterschreiben, damit man nicht mehr gequält wurde“.

Walter Jürß[166] schildert in seinem Buch „Vogelsang vor den Gittern“, wie grausam die über Monate sich hinziehenden Verhöre abliefen: meistens nachts, fast die ganze Nacht hindurch, tags durfte man sich nicht hinlegen, in der Einzelzelle brannte fortwährend das Licht einer 100-Watt-Birne, unzureichendes Essen, wenig Brot, dünne Suppe, keinerlei Kontakt zu anderen Häftlingen, Fußtritte, Prügel, „manchmal waren die Schläge so hart, daß mir der Kopf gegen die Wand flog“, Schläge mit einem hölzernen Lineal auf den Kopf, Stehkarzer, Wasserkarzer, Protokolle wurden auf Russisch geschrieben, sie mussten, ohne dass man sie verstand, unterschrieben werden. Jürß wurde vom SMT wegen angeblicher Spionage zu 25 Jahren Zwangsarbeit verurteilt.[167] Seine Stationen

[163] PRIESS 2004: 45 ff.
[164] KLONOVSKY / VON FLOCKEN 1991: 184
[165] FINN: 1989: 20 ff.
[166] JÜRSS 2004: 100 ff.
[167] JÜRSS (2004: 131): „wir wurden ... klassifiziert: Klasse 1 waren ‚Politische‘, Klasse 2 ‚Kriminelle‘, worunter verschiedenste Delikte fielen, Klasse 3 bedeutete ‚Verbrechen gegen die Menschlichkeit‘, das waren Funktionäre aus der NS-Zeit.“ Jürß war ‚Politischer‘.

waren Rostock, Schwerin und die Haftanstalten Bautzen, Waldheim, Torgau. Am 7. November 1956 kam er nach siebeneinhalb Jahren Haft frei.

Uwe Greve[168] beschreibt in seinem Buch „Lager des Grauens – Sowjetische KZs in der DDR nach 1945“ die Lager wie folgt: „Wer waren die Insassen dieser Lager? Die Sowjetrussen sammelten hier zuerst alle denkbaren Gegner der Besatzung wahllos und oft nach Denunzierung: ehemalige SS-Mitglieder, Angehörige der NSDAP – auch ganz kleine Fische, bis hin zum Mitglied ohne jede Funktion“.

Herbert Zimpel erlebte, wie auf dem Marsch ins Lager einzelne Verhaftete tot zusammenbrachen. Zufällig am Straßenrand stehende Passanten nahm man als Ersatz, „jene ahnungslosen Passanten, die von Bewachungssoldaten in die vorbeiziehende Häftlingskolonne gezwungen wurden, damit die abzuliefernde Gefangenenstückzahl wieder stimmte“.[169]

Ein gleiches Erlebnis hatte Eva Fischer: „Damit am Lagertor die Kopfzahl stimmte, wurden drei Männer von der Straße weg in unseren Zug eingereiht. Sie sollten später nachverurteilt werden“.[170]

Und wie war die Ernährung in diesen Lagern? „Die Ernährung war vollkommen unzureichend und bestand aus Wassersuppen und kleinsten Brotrationen [oft nur 300 g glitschiges Brot pro Häftling und Tag, d. Verf.]. Eiweiß, Fett und Vitamine fehlten fast vollständig, so daß bei allen Inhaftierten in kürzester Zeit unter starker Gewichtsabnahme schwerste Dystrophie auftrat“.

Kurt Noack erlebte Folgendes[171]: „Einige aßen [beim Rundgang, d. Verf.] Rinde von den Bäumen“. Und: „Ich hatte zweimal Glück ... [ich ergatterte, d. Verf.] eine halbe Büchse Kaffeegrund, eine Mütze Pellkartoffelschalen“.

Woran erkrankten die meisten? „Im Vordergrund stand aber immer die Tuberkulose“. Viele hatten, wie auch unser Vater, einen Pneumothorax. Klonovsky und von Flocken schreiben dazu[172]: „Zum Hunger gesellten sich Krankheiten. Die meisten Baracken und Unterkünfte waren total überbelegt. Die auf engstem Raum zusammengepferchten Häftlinge lebten unter katastrophalen hygienischen Bedingungen. Es bestanden völlig unzureichende Waschmöglichkeiten. Toilettenartikel wie Seife und Zahnbürsten gab es nicht. Die meisten Lager verfügten über keine ordentlichen Aborte. Tausende von Menschen verrichteten ihre Notdurft nachts in Fässer und Tonnen, tagsüber in Latrinen oder auf Donnerbalken. Toilettenpapier oder Watte für die Monatshygiene der inhaftierten Frauen existierten nicht. Bis zu den Verlegungen in die sanitär etwas besser ausgestatteten Lager Buchenwald, Sachsenhausen und Bautzen war es den Häftlingen im allgemeinen nicht möglich, die Wäsche zu waschen oder gar zu wechseln. Angesichts der völligen hygienischen Verwahrlosung und des Nachlassens der körperlichen

[168] GREVE 1990: 75, 119, 123, 141, 137
[169] KLONOVSKY / VON FLOCKEN 1991: 136
[170] KLONOVSKY / VON FLOCKEN 1991: 105
[171] KLONOVSKY / VON FLOCKEN 1991: 79
[172] KLONOVSKY / VON FLOCKEN 1991: 37 ff.; zum Donnerbalken siehe auch KLIER (1996: 164)

Widerstandskräfte als Folge des ständigen Hungers waren Krankheiten nur eine Frage der Zeit. Zuerst traten vorwiegend Haut-, Infektions- und Darmerkrankungen auf, später folgten Lungenentzündungen, Ödeme, Furunkulose, Wassersucht und regelrechte Epidemien von Ruhr, Typhus und vor allem Tuberkulose. Leztere gehörte zu den Haupttodesursachen. Die medizinische Betreuung genügte nicht einmal den elementarsten Anforderungen. Die eingerichteten Krankenreviere waren quasi nur Umschlagplätze auf dem Weg in die Massengräber". Und: „Eine weitere Ursache des Massensterbens bildete die Kälte ... Viele Baracken konnten aus Mangel an Brennstoffen nicht oder nur ungenügend beheizt werden. Die Häftlinge besaßen anfangs kaum Decken oder Strohsäcke. Winterbekleidung trug nur auf dem Leibe, wer zufällig im Winter verhaftet worden war; die Unglücklichen, die dem NKWD in den heißen Sommermonaten in die Hände gefallen waren, mußten mit ihren leichten Sachen auch den Winter überstehen. Hinzu kam, daß die Kleidung infolge der zahlreichen Entlausungen brüchig und dünn wurde. Derart unzureichend bekleidet, mußten die Lagerinsassen bei den täglichen Zählappellen mitunter stundenlang in eisiger Kälte stehen. ... War der Winter glücklich überstanden, brach eine neue Plage über die Häftlinge herein. Invasionen von Flöhen, Wanzen, Läusen, Filzläusen und Holzböcken peinigten sie bis aufs Blut und übertrugen gleichzeitig ansteckende Krankheiten. Es gab kein Mittel, dieser Plage Herr zu werden; das gelegentliche Ausgasen der Baracken schaffte nur für kurze Zeit Linderung".

Konrad Wächter sagt in Klonovskys und von Flockens Buch „Stalins Lager in Deutschland 1945–1950" zur Hygiene, dass über den Donnerbalken die Läuse auf schnellstem Wege weiterverbreitet wurden. „Erst nach Einführung der russischen Methode, bei der eine Körperberührung des Abtritts ausgeschlossen wurde, konnte diese gefährliche Situation beseitigt werden".

Und welches Erscheinungsbild prägte den Häftling: „Abgemagert und ausgemergelt, mit aschgrauer Gesichtsfarbe und hohlem verstörtem Blick, unrasiert mit langen ungepflegten Haaren [wenn sie gerade nicht geschoren waren, d. Verf.] und in zerlumpter Kleidung ist er nur noch ein Schatten seiner selbst, ein menschliches Wrack". (Uwe Greve, s.o.) Herbert Zimpel beschreibt das Erscheinungsbild so[173]: „Hohlwangige und lethargische Gestalten".

Bernd Simon sagt[174]: „Die permanente Langeweile gehörte zu den schlimmsten Torturen der Lagerzeit." Arbeit kam für die allermeisten nicht in Betracht. Einige konnten Hilfsdienste verrichten, das lenkte von der Lagermisere etwas ab.

Die völlige Isolation von der Außenwelt in der Zelle, in der Baracke, im Lager, bedingte seelische Zermürbung und Zerstörung. Die Häftlinge waren psychischen Qualen ausgesetzt. Etliche litten unter Zwangsvorstellungen.

[173] KLONOVSKY / VON FLOCKEN 1991: 136
[174] KLONOVSKY / VON FLOCKEN 1991: 75

Gerüchte und Latrinenparolen gingen um, immer wieder hörte man, demnächst gäbe es Entlassungen. Bestätigten sich die Gerüchte nicht oder wurde man nicht berücksichtigt, sank die aufgekommene Hoffnung auf Freilassung auf den Nullpunkt. Dazu stellt Hubert Polus fest[175]: „... dann läßt man sich gehen und stirbt". Und ebenso Klonovsky / von Flocken: „Wer sich gehen läßt, stirbt".[176]

Helmut Kind sagt[177]: „Ich sah, wie einige verrückt wurden."

Bei geringsten, oft angeblichen Verstößen gegen die Lagerordnung gab es Karzer oder Bunker. Karzer bedeutete: Verpflegung jeden zweiten Tag, Schlafen auf Steinpritschen ohne Unterlage und Decke, verfaulter und feuchter Holzfußboden, ständig wurde geprügelt. Der Bunker war ein Erdloch von zwei Metern Tiefe und anderthalb Metern Breite, oben gab es eine Eisenklappe mit Luftlöchern, zum Teil standen 15 Zentimeter Wasser darin, der so Bestrafte musste bis zu 15 Tagen im Bunker ausharren. Eine kleine Brotration gab es jeden dritten Tag.

Benno Prieß[178] hat in seinem Buch „Unschuldig in den Todeslagern des NKWD" (Narodnyj Kommissariat Wnutrennich Djel ‚Volkskommissariat für innere Angelegenheiten', ab 1954 der berüchtigte KGB) geschildert, wie er als Sechzehnjähriger am 5. Mai 1946 vom NKWD verhaftet, wegen seiner Zugehörigkeit zur Hitlerjugend in schlimmen Verhören mit Fußtritten in den Bauch, Fausthieben ins Gesicht und Gummiknüppelschlägen bis zur Besinnungslosigkeit traktiert, mit wüsten Drohungen beschimpft („Du Schwein sollst verrecken[!]"), grellem Licht und quälenden Strafen (Knien auf hartem Steinboden, stundenlanges Stehen unter kalten Wassergüssen) ausgesetzt, auf diese Weise zu dem „Geständnis", er habe „auf die sowjetische Besatzung geschimpft" und habe „zum Kommunismus keine gute Meinung", gezwungen, schließlich zu zehn Jahren Arbeitslager verurteilt und erst nach über siebeneinhalb Jahren Aufenthalt in den russischen beziehungsweise deutschen ostzonalen Zuchthäusern[179] Bautzen, Torgau und Waldheim am 16. Januar 1954 entlassen wurde[180]. Allein in Bautzen, dem „Gelben Elend", so recherchierte Prieß, seien zwischen 1945 und 1956 18000 Häftlinge gestorben, in allen Lagern zusammen 90000.[181]

Xing-Hu Kuo[182] hat in seinem Buch „Ein Chinese in Bautzen II" mit dem Untertitel „2675 Nächte im Würgegriff der Stasi" das „Gelbe Elend", in dem er unschuldig über sieben Jahre verbracht hat, eindrucksvoll beschrieben.

Kowalczuk und Wolle beschreiben in ihrem Buch „Roter Stern über Deutschland" den Verlauf der SMT-Verurteilungen wie folgt: „Die Verhöre

[175] KLONOVSKY / VON FLOCKEN 1991: 99
[176] KLONOVSKY / VON FLOCKEN 1991: 306
[177] KLONOVSKY / VON FLOCKEN 1991: 164
[178] PRIESS 1991: 13 ff., 24
[179] PRIEß (1991: 56): Im Januar 1950 übergaben die Russen die Gefangenen den deutschen Kommunisten.
[180] PRIEß 1991: 126 f.
[181] PRIEß 1991: 156. Laut KLIER (2006: 43) gab es „70000 tote DDR-Regimegegner".
[182] XING-HU KUO 1990

fanden vorwiegend nachts statt. In vielen belegten Fällen wurden Geständnisse und Selbstbezichtigungen aus den Festgenommenen herausgeprügelt. In der zentralen Untersuchungshaftanstalt in Berlin-Hohenschönhausen wurden 1947 Folterzellen installiert. Vielfach waren die Vernehmungen mit Schlaf- und Nahrungsentzug verbunden. Zum Spektrum der Folter gehörte auch die Ankündigung der bevorstehenden Erschießung (Scheinhinrichtung). Das Protokoll nach den Verhören unterschrieben die meisten Betroffenen, ohne den eigentlichen Inhalt des Dokuments, welches in russischer Sprache abgefaßt war, zu kennen. Ein Dolmetscher war bei den Verhören oft nicht zugegen. Die Tribunale verkündeten ihre Urteile nach – zumeist nichtöffentlichen – Schnellverfahren."[183]

Der deutsche Schauspieler Heinrich George, der am 26. September 1946 im Lager Sachsenhausen starb, schrieb: „Du spürst die Freiheit erst, wenn du gefangen bist".[184]

Es grenzt wirklich an ein Wunder, dass Vater diese Qualen über achteinhalb Jahre lang ausgehalten hat, aber er war ein körperliches und seelisches Wrack, als er entlassen wurde. Da nützte auch das kurzzeitige Aufpäppeln unmittelbar vor der Entlassung nichts.

Vater, Mutter und Ursula wollen nach Solingen zu Edeltraud, aber die Einweisung durch die Behörde im Flüchtlingslager erfolgt nach Wentorf bei Hamburg-Bergedorf, wo Nordrhein-Westfalen ein Gastlager unterhält. Am 1. Juli nehme ich sie mit auf den West-Berliner Funkturm, damit sie sich schon mal an die Höhenluft gewöhnen können. Zwei Tage später werden sie nach Hamburg ausgeflogen.

[183] Kowalczuk / Wolle 2001: 85
[184] Klonovsky / von Flocken 1991: 92

Endgültige Freiheit

Sprung in den Westen

Wir, Freund Wolfgang, ich und die ganze Kinderschar, landen am 12. Juli 1956 bei starkem Regen in Köln. Noch bin ich nicht endgültig frei, das ist mir klar, noch bin ich de jure „Insulaner“, denn ich muss wegen ein paar Tagen Schule und der mündlichen Ergänzungsreifeprüfung zurück in das eingeschlossene Insel-Berlin (für West-Berlin, das dem Alliierten Kontrollrat untersteht, gelten etwas andere Gesetze als für Westdeutschland), und von da gelange ich nur auf dem Flugweg zurück nach Westdeutschland in die endgültige Freiheit.

Mit dem Bus geht es zum Hauptbahnhof. Dort trenne ich mich von meinen Mitreisenden und begebe mich allein auf Deutschlandfahrt. Ich sehe den Kölner Dom in natura und überquere den leibhaftigen Rhein.

Bild 84
Köln: Dom

Erste Station ist Edeltraud in Solingen. Sie wohnt dort in einem Mädchenheim, nachdem sie bei Tante Lina, die zu einem Mann zog, überflüssig geworden war. Mutter hatte gewollt, dass sie unter diesen Umständen zurück nach Suhl käme, aber das war für sie nicht in Betracht gekommen. Zu Hause wäre sie als Haushaltshilfe willkommen gewesen. Sie lebt von ihrer Arbeit in einer Scherenfabrik, wo sie in der Kontrolle tätig ist, nachdem sie einige Zeit in der Montage gearbeitet hatte, und schätzt ihre Unabhängigkeit. Diese will sie nicht aufgeben.

Ich komme in der Jugendherberge Krahenhöhe unter. Wir verbringen schöne Tage in und um Solingen, schauen uns das Klingenmuseum mit den kunstvoll gefertigten und kostbaren Messern, Scheren, Dolchen, Säbeln, Degen und Schwertern der verschiedensten Epochen an, besichtigen Schloss Burg, fahren zur Müngstener Brücke, wo uns die Seilbahn ins Tal bringt, durchwandern das Ittertal mit seinem Märchenwald, und ich fahre mit der Wuppertaler Schwebebahn über der Wupper von Vohwinkel nach Oberbarmen zwölf Kilometer hin und zwölf

Kilometer zurück, ohne „über die Wupper“ zu gehen – es ist auch schon mal eine Bahn abgestürzt.

Mit Edeltrauds Meister und seiner Frau verbringen wir bei einem gemütlichen Essen in der Solinger Innenstadt einen vergnüglichen Abend.

Ich erkundige mich beim Vertriebenenamt, beim Roten Kreuz und bei der Heimkehrerbetreuungsstelle nach Möglichkeiten der Zusammenführung der Familie in Solingen. Überall steht man mir mit Rat und Tat freundlich zur Seite. Aber man sagt mir auch, dass wir nicht sofort damit rechnen könnten, eine Wohnung zu finden, und dass Geduld nötig sei.

Dann geht es per Anhalter weiter nach Wentorf zu den Eltern und zu Schwester Ursula.

Im Lager Wentorf bei Bergedorf, weit außerhalb Hamburgs, leben 18000 Menschen, alles Flüchtlinge aus dem Osten. Ursprünglich waren meine Eltern und Ursula auf dem Dachboden einer ehemaligen Kaserne untergebracht, aber wegen Vaters haftbedingter Atemnot durften sie schließlich ins Erdgeschoss ziehen.

Sie sind in einem Zimmer von etwa 80 Quadratmetern untergebracht, das durch von quer gezogenen Leinen herabhängende graue Wolldecken in vier gleiche Teile geteilt ist, und in jedem Geviert lebt eine Familie. So wohnen auch Vater, Mutter und Ursula in einem dieser Karrees auf 20 Quadratmetern.

Ich ziehe nach zwei Tagen Aufenthalt in der Jugendherberge auf dem Stintfang – ein längerer Aufenthalt dort ist nicht möglich – zu ihnen in diese nicht gerade geräumige Behausung; so lerne ich das Lagerleben kennen.

Ursula geht in die achte Klasse der Lagerschule, die Klasse ist aus Schülern aus allen Ecken der DDR zusammengewürfelt, der Unterrichtsstoff ist praktisch eine Wiederholung des siebten Schuljahrs.

Vater ist arbeitsunfähig, aber Mutter arbeitet in einer Hamburger Fischfabrik. Bis sie „zu Hause“ ist, muss sie ein paarmal umsteigen, und um das nächste Verkehrsmittel – Bahn oder Bus – rechtzeitig zu erreichen, muss sie mitunter ganz schön sprinten. Dabei schnappt sie einmal den Kommentar eines Jugendlichen auf, den sie, die 49-Jährige, überholt: „Die Alte wetzt wie ein Wiesel.“ Darüber ist sie eher amüsiert.

Ursula bereitet Sorgen, sie ist jetzt in einem kritischen Alter. Als Vater verhaftet wurde, war sie fünf Jahre alt, sie hat kein Verhältnis zu ihm; wenn sie von ihm spricht, sagt sie „der da“.

Ein Jahr müssen sie es in ihrem Zimmerteil aushalten, bis sie dann nach Solingen kommen, wo sie aber auch erst ein Jahr nacheinander in zwei Lagern verbringen, bevor sie eine Wohnung finden.

Ursula mit ihrem ungefragten Russisch erfährt in Hamburg einen „Karriereknick“, sie kann, weil sie Englisch außer während eines halben Jahrs bei ihrem ersten Aufenthalt in Solingen nicht gelernt hat, keine weiterführende Schule besuchen.

Bild 85 Hamburg: Michel

Bild 86 Hamburg: Rathaus

Meinen Aufenthalt in Hamburg nutze ich, um mit den Eltern Hamburg anzuschauen, den Hafen, die Reeperbahn mit der Großen Freiheit, das Rathaus, den Michel, den Jungfernstieg und die Alster. Ich suche auch noch die Sternwarte in Hamburg-Bergedorf auf, die größte Europas, erkundige mich an der Universität in Hamburg, die „Der Forschung, der Lehre, der Bildung gewidmet" ist, nach den Studien- und Lebensverhältnissen von Uni und Stadt, ich erfahre, dass erstere gut, letztere aber teuer seien, lerne den Rathausspruch „Libertatem quam pepere majores digne studeat servare" (‚Die Freiheit, die schwer errungen die Alten, möge die Nachwelt würdig erhalten.') auswendig und frage mich, ob diese „Freiheit" was mit der „Großen Freiheit" zu tun hat, halte bei schönem Wetter Ausschau vom Turm der St. Petri-Kirche, mache eine Hafenrundfahrt und laufe durch den Elbtunnel.

Die nächste Station ist Lübeck, die im Krieg stark zerstörte, dann aber rasch wiederaufgebaute Stadt, wo am 500 Jahre alten Holstentor meine Lateinkenntnisse mit „Concordia domi, foris pax" (Eintracht zu Hause, draußen Friede) erneut geprüft werden, und schlussendlich zum Timmendorfer Strand.

Bild 87
Lübeck: Holstentor, 1956,
im Vordergrund Hans-Georg

Wieder per Anhalter unterwegs, ist meine nächste Station Göttingen. Dort kann ich in einigen Gesprächen mit einem Dozenten im Mathematischen Institut, einem ASTA-Vertreter und verschiedenen Studenten meine Fragen zum Studium und zur Stadt Göttingen besprechen und mir die Stadt anschauen.

Es ist nicht mehr das alte Göttingen, wie es Heinrich Heine in seiner „Harzreise“ seinerzeit beschrieben hat. Hier kann man verweilen. Der Rundgang auf dem Wall tut es mir besonders an. Die Stadt wirkt auf mich ruhig, beschaulich, anziehend. In der Weender Straße befindet sich die einzige Ampel der Stadt, was über den damaligen Verkehr einiges aussagt.

Bild 88 Göttingen: Rathaus

Bild 89 Göttingen: Aula

Auf dem Marktplatz steht das Gänseliesel zum Geküsstwerden durch frisch gebackene Doktoren allzeit bereit.

Bild 90 und Bild 91 Das Gänseliesel auf dem Marktplatz in Göttingen

Besonders wichtig erscheint mir der Hinweis meiner Gesprächspartner, dass gute Sprachkenntnisse nötig und nützlich seien: erstens zum Lesen von fremdsprachiger Fachliteratur, zweitens zum Reisen in andere Länder, insbesondere für ein Auslandsstudium, und drittens zur Erweiterung der eigenen Bildung. Studentenbuden seien allerdings rar und teuer, aber in der Jugendherberge würde ich wohl ein oder zwei Wochen überbrücken können, wenn ich nicht allzu knapp vor Beginn des Semesters einträfe.

Ich treffe die Entscheidung, an der die Lektüre der Gauß-Biographie meines Berliner Lehrers Erich Worbs einen erheblichen Anteil hat, mein Studium hier aufzunehmen. Zurück in Berlin, werde ich mich um einen Studienplatz in Göttingen bewerben. Mein Traum bleibt ein Jahr Auslandsstudium in Frankreich.

Zunächst trampe ich im Auto eines Dolmetschers der Verkehrspolizei, dann im Wagen eines Negers – heute sagt man Schwarzer – und schließlich eines Würzburger Generalvertreters, der mir, dankbar dafür, einen aufmerksamen Zuhörer gefunden zu haben, seinen ganzen Lebenslauf erzählt, über Alsfeld und Fulda weiter nach Schweinfurt, um nach vielen Jahren meine liebe Tante Berta und meinen strengen Onkel Josef nebst Kusine Liesbeth, die immer noch den

Bild 92
Tante Berta und
Onkel Josef
in Schweinfurt
(Bild aus dem Jahr 1936)

Spruch „Du kriegst die Tür nicht zu!“ drauf hat, zu besuchen. Groß ist die Wiedersehensfreude.

Ohne dass mir meine Wahrsagetante die Karten legt, wagt sie eine Prognose für mein späteres Leben. Amüsiert nehme ich zur Kenntnis, dass ich es zu etwas bringen „könnte“. Vor Rheuma solle ich mich in Acht nehmen, warnt sie. Und oft würde ich den Großen Teich überqueren, na ja, zweimal habe ich es geschafft, einmal hin und einmal her.

Wir unterhalten uns intensiv über unsere verwandtschaftlichen Verhältnisse und lassen auch frühere gemeinsame Erlebnisse, da ich als Kind in Schweinfurt war, in unserer Erinnerung wieder aufleben. Inzwischen bin ich doch immerhin so groß, dass meine Beine nicht mehr am Stuhl festgebunden werden müssen, damit sie nicht dauernd herumbaumeln. Ein Heringstest wird nicht mit mir gemacht, den hätte ich wieder nicht bestanden. Aber mit Käse habe ich kein Problem mehr. Auch diesmal gibt es wieder Tränen beim Abschied.

Meine Reise führt mich weiter in das unterfränkische Aubstadt im Grabfeld, zu dem Ort, der häufigstes Ziel meiner früheren Grenzgänge gewesen war und den ich am besten in Erinnerung habe.

Einige Dorfbewohner erkennen mich wieder, auch hier werde ich herzlich aufgenommen. Diesmal muss ich nicht betteln oder handeln oder Angst haben, erwischt zu werden. Ich beteilige mich einige Tage lang an der Feldarbeit und sammle Beeren und Pilze.

Mit einem geliehenen Fahrrad fahre ich zu den anderen Grenzdörfern im Westen, ich erkenne alles wieder: die Berge, die Ortschaften, die Straßen und Wege, die Silhouetten der Gleichberge bei Römhild, von wo herab ich ein gutes Jahr zuvor im Kreis meiner Klassenkameraden auf eben die Landschaft sehnsüchtig geblickt habe, in der ich mich jetzt befinde. Was für eine riesige Distanz liegt dazwischen. Nur den Baum mit den schönen großen Ananasäpfeln finde ich nicht, wahrscheinlich gibt es ihn gar nicht mehr.

Was war das nur für ein Leben gewesen: das kleine, schmächtige zehn- bis dreizehnjährige Kerlchen mit dem großen Rucksack und der Doppelbodentasche, das bei Wind und Wetter, bei Sonne, Regen und Schnee, bei Nacht und Nebel von jenseits der Grenze kommend, von Haus zu Haus, von Dorf zu Dorf zog, um seine Familie in der Zone mit im Westen erhamsterten Lebensmitteln zu versorgen. Ich habe das Gefühl, dass sich irgendwie ein Kreis schließt. Ein Gefühl, das mich überwältigt.

Aber ich muss aufbrechen, muss zurück nach Köln, weil die vier Wochen meines Aufenthalts in Westdeutschland aufgezehrt sind. Am 14. August fliege ich – diesmal in einer Stunde und 35 Minuten – zurück nach Berlin, in grenzenloser Freiheit hoch über den Wolken, aber auch hochzufrieden mit meiner Rundreise, die mir viele schöne Erlebnisse, zahlreiche Begegnungen, wichtige Erkenntnisse und die Entscheidung für Göttingen als Studienort gebracht hat, Dinge, die man nicht in der Schule lernen und entscheiden kann.

Auch jetzt geht alles wieder sehr schnell.

Ab 17. August haben wir noch ein paar Tage Schule, ich erfahre, dass einige von uns, darunter ich, vom mündlichen Abitur befreit sind. Umso ruhiger kann ich es nun angehen lassen und mich noch einmal mit „Berliner Luft, Luft, Luft“ volltanken. Im Flüchtlingslager Marienfelde beantrage ich die Fortführung des Notaufnahmeverfahrens, um die Einweisung nach Niedersachsen zu erhalten.

Alle, die ins Mündliche gekommen sind, haben die Ergänzungsreifeprüfung ebenfalls bestanden. Nun gilt: Multae causae sunt bibendi (Es gibt viele Gründe zu trinken).

Wir feiern in der „Eierschale“, einer bekannten Studentenkneipe, einer sprichwörtlichen, im Souterrain eines größeren Hauses gelegenen Tanzhöhle (oder -hölle), in der sich leicht angezogene oder halb ausgezogene, verschwitzte, sich wie irrsinnig gebärdende, zu einer einzigen Figur verschmolzene oder umeinander hopsende, wild gestikulierende Paare im ohrenbetäubenden Lärm einer Krachkapelle in einer infolge magerer Beleuchtung und dichter Rauchschwaden wegen schier undurchdringlichen, schummrigen Dämmerung bis zum Geht-nicht-mehr gehen lassen – ein unvergessliches und eher abschreckendes Erlebnis.

Nachts um 1 Uhr 30 komme ich heim ins Heim, fünf Minuten schleiche ich ums Haus herum, bis mir schließlich ein Heimkamerad ein Fenster öffnet. Ich bin nicht der Letzte, nach mir kommen noch ganze Horden. Natürlich gibt es am nächsten Morgen einen Mordskrach seitens der Heimleiterin. Was sollte es, die Tage im Heim waren ohnehin gezählt.

Ende August/Anfang September verdichten sich die Ereignisse, ich erhalte mein Zeugnis und damit die Anerkennung meines Reifezeugnisses der DDR, ich werde vom Aufnahmeausschuss des Flüchtlingslagers „im Wege des Ermessens" notaufgenommen und bin damit potenzieller „politischer Flüchtling" – den C-Ausweis bekomme ich später –, bewerbe mich um einen Studienplatz an der Uni Göttingen, erhalte auch unverzüglich die Zulassung, die Voraussetzung für die Ländereinweisung ist, und werde schließlich gemäß der vorletzten Station des Notaufnahmeverfahrens nach Niedersachsen eingewiesen.

Nachträglich erhalte ich zu meinem 19. Geburtstag von einer Freundin aus Suhl Grüße, Glückwünsche und den Spruch von Goethe, der einen Tag nach mir Geburtstag feiern könnte, wenn er noch lebte: „Fürwahr, es wechselt Pein und Lust, genieße, wenn du kannst, und leide, wenn du mußt!"

In diesen meinen letzten Berlin-Tagen muss ich nicht leiden, ich kann genießen, und ich genieße. Ich fühle mich – Leibniz-Anhänger – in der besten aller Welten. Mehr denn je ist mein Blick „nicht zurück im Zorn", sondern nach vorn gerichtet, nach Göttingen, die Tür zur Welt ist nun ganz offen.

Ich beschäftige mich tatsächlich noch mit Russisch, jobbe beim Zirkus Althoff, indem ich in Lichterfelde innerhalb von fünf Stunden für zehn Mark an Geschäfte 150 Reklameplakate austrage, helfe ein Bierzelt errichten, versäume damit am 6.9. allerdings den Besuch eines ehemaligen Suhler Klassenkameraden P. G. im Heim, schnappe ein letztes Mal „Berliner Luft, Luft, Luft", verabschiede mich von der trotz allem geschätzten Tante Lisa im Heim, von meinen Berliner Bekannten in Wedding, von den Spandauer Lehrern und Klassenkameraden, soweit ich sie noch antreffe, sowie von meinem „lebenslänglichen" Freund Wolfgang und begebe mich zur letzten Station des Aufnahmeverfahrens, zur Transportstelle. Von dort werde ich zusammen mit anderen, darunter Lehrer und politische Häftlinge aus der DDR, zu einer Baracke der Arbeiterwohlfahrt am Tempelhofer Flughafen gefahren, wo wir uns zum Abflug nach Hannover bereithalten.

Dies waren meine „wilden" Jahre zwischen dem Kriegsende im Osten und der endgültigen Freiheit im Westen. Bei aller imperativischen Orientierung nach vorn denke ich nun doch noch einmal wehmütig an das wunderschöne, erlebnis- und erfahrungsreiche Jahr in Berlin zurück, das in einem so starken Maße von der in Suhl verbrachten Zeit abwich. Ich fühle mich reif fürs Studium und brenne darauf.

Am 13. September 1956, auf den Tag genau ein Jahr nach meiner Ankunft in Berlin, verlasse ich diese (un-)heimliche Metropole. Mit einer planmäßigen Maschine der BEA gelange ich innerhalb einer guten Stunde nach Hannover, übernachte auf Stühlen bei der Bahnhofsmission und reise endlich am 14. September mit dem Zug in das beschauliche, überschaubare Göttingen – mein Wunschziel.

Bild 93
Hans-Georg, 1956

Rehabilitierung

Tod der Eltern

Eigentlich ist meine Geschichte, die meine Kindheits- und Jugendjahre von 1945 bis 1956 in der SBZ und DDR, erweitert um das Stückchen West-Berlin, umfassen sollte, zu Ende. Ich möchte aber noch drei Themen anfügen, die in engem Zusammenhang mit dem bisher Geschilderten stehen: 1. Was ist aus dem Kind Hansi, dem Jugendlichen Hans-Georg im Westen geworden? 2. Was für ein Schicksal hat mein Bruder Wolfgang in der DDR gehabt? 3. Wie ist die Geschichte meines Vaters im Westen ausgegangen?

Zu 1. Wer sich für den weiteren Werdegang des Verfassers interessiert, kann es im Nachwort nachlesen.

Zu 2. Inwiefern mein Bruder ein spätes Opfer des DDR-Regimes wurde, schildere ich im nächsten, dem letzten Kapitel.

Zu 3. Und wie die Geschichte meines Vaters als eines Opfers des Stalinismus ausging, will ich kurz in diesem vorletzten Kapitel erzählen.

Damit rundet sich inhaltlich, wie ich glaube, der gesteckte Rahmen von 1945 bis 1956 ab. Aber mein eigentliches Ziel habe ich, um es noch einmal zu betonen, mit den vorangegangenen Kapiteln erreicht: die Schilderung der Hungerjahre, der Kälte, des Frustes und der Unfreiheit in der Nachkriegszeit in der SZB und DDR und des Aufbruchs in den Westen im Spiegel unserer Familie.

Die Familie war also endlich – nach zwei weiteren langen Aufenthalten in Flüchtlingslagern in Nordrhein-Westfalen – in der Klingenstadt Solingen, Edeltrauds zweiter Heimat, angekommen und wohnte nun in einer kleinen, aber normalen, im dritten Stock gelegenen Wohnung in der Kasinostraße 38 mit Blick auf den Friedhof. Die Zeit der Flüchtlingslager war endgültig vorbei. Vater erhielt eine Haftentschädigung und eine Rente. Er war ein gebrochener Mensch, krank, arbeitsunfähig, seine Familie war sein einziger Bezugspunkt.

Über seine schlimmen Erfahrungen im „Gelben Elend" von Bautzen und in den anderen Haftanstalten der sowjetischen Geheimpolizei und der ostdeutschen Stasi sprach er nur ungern, er unterdrückte die Haftgeschichte weitgehend auch im engsten Familienkreis. Einerseits gab es die bei der Haftentlassung auferlegte Schweigeverpflichtung[185], die auch im Westen weiter nachwirkte, musste man doch mit dem sowjetischen KGB überall und jederzeit rechnen, die Angst vor weiterer Verfolgung blieb. Andererseits versuchte er, die Erinnerung an diese schrecklichen Jahre zu verdrängen, um sich dem neuen Leben um so konzentrierter zuzuwenden. Dass er jedoch fortwährend unter den erlebten Schrecknissen litt, war ihm anzusehen. Vielleicht hätte ihm die gegenteilige Strategie, durch

[185] EBERHARDT 1998: 235

Mitteilung des Erlebten frei zu werden, geholfen, besser aus der Beklemmnis herauszukommen und ins neue Leben hineinzufinden.[186] Die gestohlenen, verlorenen Jahre in den sowjetischen beziehungsweise DDR-Konzentrationslagern blieben indes weitgehend auch „verschwiegene".[187]

Bild 94
Laura und Erich Müller feiern Silberne Hochzeit in Solingen, 1959

Bild 95
Von links nach rechts: Laura, Hans-Georg, Edeltraud, Erich Müller

Bild 96
Von links nach rechts: Edeltraud, Laura, Erich, Ursula Müller

Am 18. Juli 1964 starb er frühzeitig an den Folgen eines Herzinfarktes. Der Arzt war davon überzeugt, dass sein Tod von den in der Haft erlittenen Grausamkeiten mitverursacht war.

[186] EBERHARDT 1998: 255
[187] EBERHARDT 1998: 219 und Buchtitel, 325: „Aus der Zeit des Schweigens in der Gefangenschaft wurde die verschwiegene Zeit, die Unmöglichkeit des Sprechens über die eigene Leidenserfahrung setzt sich fort in den Jahren nach der Entlassung, in denen Betroffene eine verschwiegene Gemeinschaft mit ihren Partnern beziehungsweise Partnerinnen oder ehemaligen Migefangenen bildeten."

Dr. O.K. *S., den 12.4.1965*
Arzt *(Adresse)*

Ärztliche Bescheinigung

Zur Vorlage bei einer Behörde bescheinige ich, daß Herr Erich Müller geb. 28.12.1903, wohnhaft S. ..., am 18.7.1964 an den Folgen eines Herzinfarktes verstorben ist.
Patient stand in den letzten Jahren vor seinem Tode wegen einer Gefäßsklerose und pectanginöser Beschwerden, die durch eine Coronarsklerose hervorgerufen waren, in meiner Behandlung.
Es lag außerdem ein Folgezustand nach Apoplexia cerebri mit Halbseitenlähmung vor.
Im Vordergrund meiner therapeutischen Bemühungen standen jedoch die vielseitigen nervösen Beschwerden mit starker nervöser Erregbarkeit, Unruhe, Ängstlichkeit, Schlaflosigkeit usw., die ich als Folgezustand der langen Haftzeit in ostzonalen Zuchthäusern ansah.
Ich bin der Überzeugung, daß das krankhafte Gefäßgeschehen und damit auch die Apoplexie und der Herzinfarkt mit dem vorzeitigen Tode durch die erlittenen seelischen Grausamkeiten in den ostzonalen Zuchthäusern mitverursacht wurden.

Dr. med. O.K..
prakt. Arzt
(Stempel und gez. Unterschrift)

Unser Vater war ein unschuldiges Opfer der stalinistischen Säuberungskampagne in der SBZ. Nach der Wende 1989/90 eröffnete sich die Möglichkeit, die Rehabilitierung der politischen Häftlinge der DDR, der Tribunaler, also der vom Sowjetischen Militärtribunal Verurteilten, zu erreichen.

Basis dafür war die „Gemeinsame Erklärung von Bundeskanzler Dr. Helmut Kohl und Präsident Boris N. Jelzin über die Rehabilitierung unschuldig Verfolgter" anlässlich des Moskaubesuchs des deutschen Bundeskanzlers beim russischen Präsidenten vom 14. bis 16. Dezember 1992:

Gemeinsame Erklärung von Bundeskanzler Dr. Helmut Kohl
und Präsident Boris N. Jelzin
über die Rehabilitierung unschuldig Verfolgter

Deutschland und Rußland
- *eingedenk der unheilvollen Abschnitte ihrer gemeinsamen Geschichte,*
- *als Ausdruck ihres Bekenntnisses zu Menschenrechten, Demokratie und Rechtsstaatlichkeit,*
- *in dem Wunsche, mit dieser Erklärung zur Aussöhnung zwischen dem deutschen und dem russischen Volk beizutragen,*

stimmen überein:

Den unschuldigen Opfern von Willkür und Unterdrückung muß Gerechtigkeit widerfahren.
Sie anerkennen die Bemühungen, dem einzelnen Betroffenen Rehabilitierung zu verschaffen und sprechen sich für eine beschleunigte Fortführung dieser Bemühungen im Einzelfall aus.

Sie stellen fest, daß die zu Unrecht Verurteilten und unschuldig Verfolgten moralisch rehabilitiert sind.
Wer über diese Erklärung hinausgehend individuelle Rehabilitierung begehrt, kann diese in individuellem Verfahren verfolgen.
Sie sind sich darüber einig, daß Rehabilitierungsentscheidungen nicht als Grundlage für Forderungen dienen können, die zum geltenden Recht und zu den internationalen Verpflichtungen beider Seiten in Widerspruch stehen.

In der Folge stellten 160000 Betroffene einen entsprechenden Antrag.[188] Auch ich stellte am 30. November 1992 den Antrag auf Rehabilitierung meines Vaters an die Staatsanwaltschaft Weimar, Amtsgericht Weimar, Weimar / Thüringen.

Das Bezirksgericht Erfurt / Senat für Rehabilitierungssachen (Zeichen: II Reha 1205/92) leitete meinen Antrag am 8. Dezember 1992 an das Auswärtige Amt in Bonn weiter mit der Bitte um Weiterleitung an die Staatsanwaltschaft in Moskau.

Das Auswärtige Amt in Bonn (511-544.10/193-93) leitete am 21. Juli 1993 meinen Antrag an die deutsche Botschaft in Moskau weiter mit der Bitte um Weiterleitung an die zuständigen russischen Behörden.

Am 19. Mai 1995 teilte mir die Botschaft der Bundesrepublik Deutschland aus Moskau (AZ.: RK 544-2715) mit, dass sie den Rehabilitierungsbescheid für meinen verstorbenen Vater erhalten habe und sich freue, mir den Bescheid als Anlage übersenden zu können. Die Übersetzung aus dem Russischen ins Deutsche stammt von mir:

Generalstaatsanwaltschaft der Russischen Förderation
Haupt-Militärstaatsanwaltschaft
Mitteilung über die Rehabilitation
9. März 1995
Nr. 5uv-247-95
103160 Moskau, K-160

Hiermit wird bekanntgegeben, dass der deutsche Staatsbürger Erich Müller, geb. im Jahre 1903, geb. in Ernstthal, Land Thüringen (Deutschland), wohnhaft in Suhl, Deutscher, arbeitend bis zu seiner Verhaftung als Mechaniker-Monteur in der Fabrik „Simson“, verhaftet von den Organen des MGB am 25. September 1947, verurteilt vom Militärtribunal der sowjetischen Militärverwaltung des Landes Thüringen am 5. November 1947 gem. „S“ Abschnitt I St. 2 des Gesetzes Nr. 10 des Kontrollrats in Deutschland vom 20. Dezember 1945 zu 20 Jahren Freiheitsentzug in Erziehungs-Arbeitslagern unter Konfiszierung des ihm persönlich gehörenden Eigentums in Übereinstimmung mit dem St. 3. des Gesetzes der Russischen Förderation „über die Rehabilitierung der Opfer der politischen Repression“ vom 18. Oktober 1991 rehabilitiert wurde.

Ober-Militärstaatsanwalt der Abteilung Rehabilitation
(Siegel)
gez. A.P. Bulutschewski

[188] XII. Bautzenforum 2001: 90

Diese späte Rehabilitierung der Haupt-Militärstaatsanwaltschaft unter der Generalstaatsanwaltschaft der Russischen Förderation war eine wohltuende Geste, sie zeigte „ein Stück Bereitschaft, jene Zeit aufzuarbeiten und manches erträglicher zu machen“[189], aber sie konnte das Geschehene nicht rückgängig und unsern Vater auch nicht mehr lebendig machen. Unsere Mutter, diese leidgeprüfte, aufopferungswillige, starke und tapfere Frau, hat ihn um 23 Jahre überlebt, sie starb am 18. April 1987 – kurz vor meines Bruders, ihres ältesten Sohnes tragischem Tod.

[189] HOFFMANN / WENTKER 2000: 24
HARALD MÖLLER, der Vorsitzende des Bautzen-Komitees, in XV. Bautzenforum (2004: 40): „Wichtig ist jedoch auch festzustellen, dass der überwiegende Teil der Deutschen, die aufgrund so genannter konterrevolutionärer Strafbestimmungen verurteilt wurden, nur aus stalinistisch-politischen Gründen verurteilt wurden, d.h. zu Unrecht. Sie werden heute rehabilitiert. Damit erkennt der Nachfolgestaat der Sowjetunion, Russland, offiziell und auch für den deutschen Staat bindend an, dass damals Unrecht geschah, und ermöglicht zumindest eine Teilwiedergutmachung dieses Unrechts.“

Katastrophe

Mein Bruder Wolfgang

Es ist Sonnabend, der 2. Mai 1987. Wir, das sind mein Bruder Wolfgang, meine Schwester Ursula und ich, sitzen bei Kaffee und Kuchen in Erikas Wohnstube in der Krieghoffsiedlung in Suhl. Eigentlich hätten wir uns gar nicht treffen dürfen, er aus dem Osten, Ursula und ich aus dem Westen. Wolfgang ist Geheimnisträger. Aber in der DDR ist das praktisch jeder Dritte. Er jedoch ist ein besonderer „Dritter". Gerade hat er mir seine Geschichte mit dem Auto erzählt.

„Ob du dir damit nicht geschadet hast?", frage ich ihn.

„Nein", meint er nachdenklich, „das glaube ich nicht." Und er fügt hinzu: „Das eine hat mit dem andern nichts zu tun."

Vor zwei Jahren hatte er endlich ein neues Auto zugeteilt bekommen, nachdem er lange Jahre darauf gewartet hatte – zum Teil musste man sich in der DDR 14 Jahre gedulden. Sein altes Auto, für das ich ihm immer wieder einmal Ersatzteile besorgt hatte, war altersschwach geworden.

Neulich stand in der Rostocker Zeitung, welche wirtschaftlichen Erfolge die DDR beim Aufbau des sozialistischen Staates erzielt hat, der ökonomische Fortschritt wurde über den grünen Klee gelobt. Aber er wusste es besser, schließlich war er an der Universität Rostock Dozent für Sozialistische Volkswirtschaft.

Ihm war klar, dass die DDR riesige wirtschaftliche Probleme hatte und sich trotz des von Franz Josef Strauß Jahre zuvor vermittelten Milliardenkredits auf dem absteigenden Ast befand. Aus Verärgerung über die Diskrepanz, die zwischen dem Lobgesang des Zeitungsartikels und der hautnah erlebten Wirklichkeit bestand, schrieb er der Zeitung einen geharnischten Leserbrief, in dem er den so hochgelobten Fortschritt in der DDR in Frage stellte.

Der Chefredakteur, dem dieser kritische Brief vorgelegt wurde, bekam anhand der Adresse des Absenders leicht heraus, um wen es sich dabei handelte, und initiierte ein Gespräch des Redakteurs der Wirtschaftsabteilung mit ihm. Offenbar fielen solche Worte wie: „Wie können Sie in Ihrer Position und bei Ihrer Kenntnis der gesellschaftlichen Erfordernisse bloß der Meinung sein, dass ein Auto für den Einzelnen so viel wichtiger ist als das Staatsinteresse?"

Wolfgang konterte mit Gorbatschows, des sowjetischen Staatspräsidenten Perestroika, das heißt der Umgestaltung, des Umbaus (des politischen und wirtschaftlichen Systems in der Sowjetunion) sowie der Glasnost, das heißt der Transparenz, der Offenheit im Sinne der Meinungs- und Redefreiheit.

Ihn hatte schon das dumme Wort des Zentralkomitee-Sekretärs und Chefideologen der DDR, Kurt Hager, „Tapeten-Hager" genannt, man brauche keinen Tapetenwechsel, nur weil der Nachbar seine Wohnung renoviere („Tapezierspruch"[190]: „Würden Sie, wenn Ihr Nachbar seine Wohnung neu tapeziert, sich verpflichtet fühlen, Ihre Wohnung ebenfalls neu zu tapezieren?" STERN-Interview im März 1987[191]), mehr als verstimmt, ein dummes Wort insofern, als Hager sich damit nicht nur von Gorbatschow und den umwälzenden Geschehnissen in der Sowjetunion distanzierte, sondern sich auch gegen die Stimmung in der eigenen Parteibasis und in der Bevölkerung der DDR stellte, wodurch er und mit ihm die SED-Parteiführung sich weitgehend isolierten. Gorbatschow war bei dieser Truppe „verpönt".[192]

Die „Zeitung" machte ihm indes keine Hoffnung, dass der Leserbrief veröffentlicht würde. Ob es wohl noch zu einem Nachspiel käme? Dies war der Status der Situation, in der es zwischen ihm und mir zu dem Gespräch bei Erika kam.

„Glaubst du, dass es der Chefredakteur dabei bewenden lässt?", frage ich weiter skeptisch. „Du hast mir vorhin erzählt, dass du kurz vor dem Professor stehst, dass du jetzt mit der Beförderung dran seist und dass man dir entsprechende Hoffnungen gemacht habe. Könnte dir der Chefredakteur, der offenbar ein Hundertfünfzig-Prozentiger ist, nicht schaden, indem er sich an deine Uni wendet und dich dort in die Pfanne haut?"

„Nein, nein", sagt er kopfschüttelnd, „das halte ich für ausgeschlossen. Und wenn schon, dann höre ich zusammen mit meiner Frau bald zu arbeiten auf, und wir machen uns einen schönen Lebensabend."

Wie bereits erwähnt, hatte Wolfgang nach seinem misslungenen Abitur eine Lehre als Betriebsschlosser absolviert und dann in Schmalkalden die Ingenieurschule besucht. Er hatte früh geheiratet, um sein „freier Herr" zu sein und war Vater eines Sohnes geworden. Fußball war seine Leidenschaft, man kannte ihn als „Dudel". Als Ersatzmann schaffte er es bis in die Landesliga von Motor Suhl. Von Suhl war er mit der Familie in die Gegend von Aue gezogen, wo er in einem Betrieb zehn Jahre lang als Ingenieur für Material- oder Produktprüfung arbeitete.

[190] WILKENING 1990: 196; KLIER (1988: 21): „Hager, der wohl übelste unter ihren [der SED-Führung, d. Verf.] Demagogen"; KLIER (1998: 229): „Hager: ... einer der schärfsten Stalinisten innerhalb der SED-Führung".

[191] KNABE 2001: 93

[192] WEBER 2000: 103 „Zum Schluß geriet die SED-Führung vor allem deshalb in eine Krise, weil sie sich von der Politik Gorbatschows distanzierte und damit die Bevölkerung aufbrachte sowie die eigene Mitgliedschaft und selbst die Funktionäre verunsicherte. Die Wahl Michail Gorbatschows zum Generalsekretär der KPdSU im März 1985, der XXVII. Parteitag der KPdSU im März 1986 ... brachten für die Sowjetunion einen Umbruch. Die Politik von ‚Perestroika' und ‚Glasnost' beabsichtigte, durch grundlegende Reformen die allgemeine Krise der Sowjetunion zu überwinden, die stalinistischen Strukturen zu verändern. Eine schonungslose Abrechnung mit dem Stalinismus sollte neue Wege in Politik, Wirtschaft und Kultur ermöglichen. In der Außenpolitik, sowohl bei den Friedensinitiativen als auch bei den Abrüstungsbemühungen, folgte die DDR-Führung der neuen Linie Gorbatschows ohne Einschränkung, sie sah darin ihre eigene Auffasssung bestätigt. Doch schon bei ersten Ansätzen innerer Reformen in der Sowjetunion versperrte sich die SED unter Honecker ähnlichen Maßnahmen. Die DDR, die seit den vierziger Jahren die Parole verkündet hatte, ‚von der Sowjetunion lernen, heißt siegen lernen', verwies plötzlich auf ihre Eigenständigkeit ... [und, der Verf.] ging auf Distanz." Zu „verpönt": LEONHARD 1992: 318

Neben der Berufsausübung bildete er sich weiter, indem er Ökonomie studierte. Schließlich wurde er freigestellt, um an der Hochschule für Ökonomie in Berlin sein Volkswirtschaftsdiplom machen zu können. Danach promovierte man ihn 1972 an der gleichen Hochschule zum Doktor der Wirtschaftswissenschaften (Dr. oec., „Promotion A"), 1975 – seine Ehe war inzwischen geschieden worden, und er hatte nach Rostock geheiratet – erhielt er die Facultas docendi der Universität Rostock für das Fachgebiet Außenwirtschaft, und 1979 habilitierte er sich an der Wilhelm-Pieck-Universität in Rostock zum Dr. sc. oec. auf dem Gebiet der Sozialistischen Volkswirtschaft („Promotion B").

1980 wurde er zum Hochschuldozenten für Sozialistische Volkswirtschaft berufen. In diesem Jahr verunglückte sein Sohn aus erster Ehe, der bei ihm lebte, tödlich. Das war für ihn ein harter Schlag. Auch hatte er Gesundheitsprobleme, die wohl auf seine früheren sportlichen Betätigungen zurückzuführen waren. Sein Arbeitsleben war bestimmt durch eine intensive Lehrtätigkeit, durch zahlreiche wissenschaftliche Arbeiten und Forschungsberichte, er erhielt mehrfach Auszeichnungen für Leistung und Einsatz, unter anderem am 1. Mai 1984 von Minister Malmo (oder Molino?, Unterschrift praktisch unleserlich):

„In Anerkennung hoher Leistungen und beispielgebender Initiativen im sozialistischen Wettbewerb wird Hochschuldozent Dr. sc. oec. Wolfgang Müller als Mitglied eines sozialistischen Kollektivs die Medaille ‚Für ausgezeichnete Leistungen im Wettbewerb' verliehen".

1985 wird er „Aktivist der sozialistischen Arbeit". Nebenbei hielt er regelmäßig Urania-Vorträge vor Werktätigen, was ihm bei seinem technischen Background als Betriebsschlosser und Ingenieur besonders lag und ihm bei seiner reichen Erfahrung als Dozent viel Anerkennung beim arbeitenden Volk einbrachte. Karrieregipfel wäre die Berufung auf eine Professorenstelle gewesen, dazu hatte er 1986 zweckentsprechende Unterlagen eingereicht. Wäre ..., ja wenn nicht ...

Am Sonntag, dem 3. Mai 1987, einen Tag nach unserem Gespräch, fährt er zurück nach Rostock. Tags drauf wird er wegen seines unglückseligen Leserbriefversuchs von seinen Vorgesetzten zur Rede gestellt. Noch ist er nicht allzu beunruhigt. Am Mittwoch, dem 6. Mai 1987, eröffnet man ihm, dass ihm die Aufgabe, für die Urania-Gesellschaft einen Vortrag zu halten, entzogen sei. Er versteht diese Maßnahme, wie er in seinem Abschiedsbrief, in dem er den „Klüngel und diese Leisetreterei auf der Bezirksebene und bei einigen Kollegen in der Sektion" beklagt, schreibt, als generelles Redeverbot, projiziert vermutlich diese Maßregelung auf seine Tätigkeit an der Universität und sieht seine Chance auf die Berufung zum Professor vertan. Geschockt fährt er nach Hause und nimmt sich nach Abfassung des Abschiedsbriefs, von dem sich eine Abschrift in seiner Stasi-Akte befindet, das Leben.

Wolfgang erhoffte ungeduldig „eine" Wende und verpasste knapp „die" Wende. Ende und Wende – „Wahnsinn", das eine wie das andere.

Bevor es zu spät ist

Nachwort

In unserer schnelllebigen Zeit begannen nacheinander gleich mehrere „Zeitalter“: das Atom-, Elektronik-, Internet- und Globalisierungszeitalter, ohne dass auch nur eines zu Ende ging. Ein weiterer heißer Krieg – nicht der „Kalte“![193] – blieb uns glücklicherweise erspart, insofern gehöre ich einer weitgehend vom Krieg verschonten Generation an. Mein Lebensweg vollzog sich seit 1956 in „geordneten“ Bahnen und ist von daher kaum berichtenswert: Studium, Arbeit, Heirat, Kinder, Haus, „bescheidener Wohlstand“, gleitender Ruhestand, vorgezogener Ruhestand, Vorruhestand, endgültiger Ruhestand, dazwischen – beziehungsweise darin – sieben Enkel.

Die schlimmen Jahre mit Hunger, Kälte, Frust und Unfreiheit in der SBZ und der DDR waren für mich nach meiner Flucht nach West-Berlin im September 1955 vorüber.

Zwei Aspekte meiner Kindheit und Jugend sind – wie für jeden Menschen – charakteristisch: Es traten gewisse genetische Eigenschaften hervor, und es gab bestimmte Einflüsse von außen. Was macht den Menschen aus? Eine Mischung aus beidem. Wie wäre mein Leben verlaufen ohne diese Eigenschaften und/oder ohne diese Einflüsse? Was wäre aus mir in einem „siegreichen“ Dritten Reich geworden? Wie hätte ich mich in der DDR entwickelt, wenn ich ihr nicht den Rücken gekehrt hätte? Müßige, hypothetische Fragen, und dennoch stellten sie sich mir! Wäre ich 850 Jahre früher geboren, hätte ich vielleicht an einem Kreuzzug teilgenommen.

Ich glaube, dass mich die Erlebnisse und Erfahrungen meiner Kindheit und Jugendzeit stark geprägt und gehärtet haben. Richtschnur waren mir die folgenden Prinzipien (AIEUO): 1. Analyse (A) der jeweiligen persönlichen Situation, 2. Einholen von zusätzlichen Informationen (I), 3. Treffen von Entscheidungen (E) und 4. ihre möglichst unverzügliche konsequente Umsetzung (U) durch 5. adäquate Planung und Organisation (O). So habe ich es schon als Achtzehnjähriger in Suhl praktiziert, und diese Vorgehensweise hat mir auch in meinem späteren Leben immer wieder geholfen.

Bei allen Aktionen aber war mir ebenso die Einhaltung der Hierarchie wichtig, niemand sollte sich durch meine Schritte übergangen fühlen. Auch das gehörte zu meinem Repertoire bereits in jungen Jahren. Mein Bestreben war stets, etwas zu leisten, um mir etwas leisten zu können. „Wer immer strebend sich bemüht, ...“ Wie hieß es im Osten? „Wie wir heute arbeiten, so leben wir morgen“. Hierher gehört auch mein Motto: „Nur die Sache ist verloren, die man aufgibt“. Dies zu meinem Verhalten.

[193] Kowalczuk / Wolle 2001: 160 f., Hartmann / Eggeling (1998: 9): „Der kalte Krieg stellt die entscheidende politische Konstellation der Nachkriegszeit dar.“; Klier 2006: 40

Und was meine Einstellung anlangt: Ich bin gegen den Krieg, gegen jede Art von Diskriminierung, gegen jegliche Intoleranz, gegen jeden Radikalismus, gegen alle Manipulation. Ich bin für ein harmonisches, friedliches Zusammenleben der Menschen. Schon in der DDR hatte ich es abgelehnt, der KVP beizutreten, und ich hätte auch in der BRD den Wehrdienst abgelehnt, wenn ich nicht zurückgestellt worden wäre, weil ich zum „Weißen Jahrgang" gehörte. Ich bin glücklich, diese Überzeugung auf meine Söhne „rübergebracht" zu haben, sie haben beide je 20 Monate Zivildienst geleistet („Nein, meine Söhne geb' ich nicht", Reinhard Mey).

Einen ganz wesentlichen Einfluss hat dabei meine Frau ausgeübt, die während des Kriegs in Russland ihren Vater verloren und im Westen ebenfalls eine schwere Nachkriegszeit mit ihrer Mutter und den drei Geschwistern durchlebt hat.

Meine Offenheit für andere Sprachen und andere Länder ging auf unsere Kinder über: Unsere Söhne haben eine Koreanerin beziehungsweise eine Kosovarin geheiratet – Korea, ein geteiltes Land wie unlängst noch Deutschland, und das Kosovo, eine um seine Unabhängigkeit und Freiheit kämpfende Region in „Restjugoslawien" –, und auch für unsere Tochter waren Sprachen und Auslandsaufenthalte im Studium und danach ein wesentlicher Aspekt.

Beim Lesen meines nun folgenden weiteren Werdegangs wird man vielleicht ein konkretes politisches Engagement vermissen. Ich war zeit meines Lebens gewiss nicht unpolitisch, doch bin ich – wohl angesichts der schlimmen Erfahrungen meines Vaters – nie einer Partei beigetreten und habe nie ein politisches Amt angestrebt. Heute würde man sagen: Praktische Politik war nicht mein Ding.

On stellste dich a off'n Koopf,
Du bleist doch, boas de bist;
On wenn du bleist so wie du bist,
Doe waißte, boas de bist.[194]

Ich engagierte mich lange Jahre im Elternbeirat, kümmerte mich um sichere Schulwege, um Schulanbauten, weil Platzmangel bestand, um zusätzlich notwendige Lehrer, weil Lehrermangel herrschte, schaltete dafür das Regierungspräsidium, das Kultusministerium und die Landtagsabgeordneten des Kreises ein und nahm an der einen oder anderen Bürgerinitiative zur Verbesserung der Verkehrssituation und zur Lärmreduzierung teil. Dies zu meiner „gesellschaftlichen" Betätigung im Westen. Nun aber zu meinem weiteren Lebensweg.

Bei Lebensläufen sehn wirs klar,
wer läuft, der läuft auch schon Gefahr.[195]

In Göttingen studierte ich zunächst sechs Semester Mathematik und Physik mit dem Lehramtsziel. Wie schon in meiner Kindheit und frühen Jugend bestand trotz

[194] JULIUS KOBER 1963: Philosophie
[195] EUGEN ROTH, P. Becker. Marburg, Januar 2004

eines Stipendiums, das mir der Staat als Eingliederungsbeihilfe gewährte, die Notwendigkeit, nebenher Geld zu verdienen. Ich schleppte beim Bau zentnerschwere Zementsäcke, entnagelte Schalbretter, kellnerte in der „Knochenmühle“ bei Göttingen, klopfte Teppiche, trocknete in der Mensa der Uni Göttingen Besteck ab, putzte in Dransfeld mit mäßigem Erfolg Klinken, um Zeitschriften an den Mann/die Frau zu bringen, zählte in Solingen Zapfen aller Art in einer Gärtnereigroßhandlung ab und „sackte sie ein“, half im Finanzamt der gleichen Stadt zechfreudigen Inspektoren beim Schreiben von Listen und gab immer wieder Nachhilfeunterricht.

Während des Studiums befasste ich mich nebenher mit Englisch, Französisch, Spanisch und Neugriechisch und reiste nach Frankreich und für ein Vierteljahr nach Griechenland. Es schloss sich ein Auslandsstudienjahr für das Studium von Mathematik und Französisch in Grenoble/Frankreich an – damit erfüllte sich mein lang gehegter Traum –, und ich reiste nach Spanien und in die Schweiz. Nach weiteren zwei Semestern in Göttingen machte ich das Philosophikum, bestehend aus einem Philosophie- und Pädagogikexamen, und ein Jahr danach das Erste Staatsexamen in Mathematik und Physik. Parallel dazu befasste ich mich mit Italienisch, und ich reiste nach Italien, wo ich bei Montecassino das Grab meines am 15. November 1943 in Süditalien gefallenen Onkels Paul besuchte.

In Göttingen lernte ich auch meine spätere Frau kennen, die dort – (zeitlich) zwischen Tübingen und Tübingen – ein Jahr lang Zahnmedizin studierte.

Noch als Student hatte ich mir als Zielvorstellung für einen späteren Wohnort fünf Kriterien ausgedacht: Der Ort sollte wegen des wärmeren Klimas im Süden Deutschlands gelegen sein – im verregneten beziehungsweise verschneiten Suhl hatte ich oft so jämmerlich gefroren –, er sollte wegen meines Hangs zur französischen Sprache in der Nähe Frankreichs liegen, er sollte, weil ich im Thüringer Wald geboren bin und mir flaches, waldloses Land irgendwie charakterlos vorkommt, in einer bewaldeten, bergigen Gegend sein, die mich an meine ursprüngliche Heimat erinnern würde, er sollte eine mittlere, überschaubare Kleinstadt und eine Universitätsstadt sein oder zumindest in der Nähe einer solchen Stadt liegen, damit ich später – nach meinem Berufsleben – ohne allzu großen Aufwand noch einmal würde studieren können. Und ich hatte auch Vorstellungen davon, was ich dann studieren würde.

1963 zog ich nach Baden-Württemberg, war dort Studienreferendar, absolvierte das Zweite Staatsexamen und unterrichtete als Studienassessor und Studienrat Mathematik und Physik an verschiedenen Gymnasien, zuletzt in Esslingen a.N.

1965 heiratete ich, bis 1969 bekamen wir drei Kinder: Junge, Mädchen, Junge. 1970 verließ ich – von Bürokratie und Beeinflussungsversuchen abgestoßen – den an sich von mir gern ausgeübten höheren Schuldienst und arbeitete – vom „Computer“ angezogen – nach Durchlaufen einer anderthalbjährigen EDV-Ausbildung bis Ende März 1996 in verschiedenen Positionen, unter anderem als

EDV-Dozent, zuletzt als Chefberater, bei der IBM Deutschland. Diese Tätigkeit führte mich unter anderem in die USA („einmal hin und einmal her“).

Die Ferien verbrachten wir schwimmend, reitend und spielend mit den Kindern in Italien und England. Nebenbei befasste ich mich mit Türkisch und Arabisch und besuchte dazu Kurse an der Volkshochschule. Ich spielte auch wieder Zither und war ab 1985 zehn Jahre lang Mitglied des Zitherorchesters in Karlsruhe unter der Leitung des mir lieb gewordenen Freundes Gernot Sauter.

1973 zog meine Familie nach Böblingen. Diese Stadt erfüllte die Kriterien, die ich mir als jugendlicher Student für die Wahl einer neuen Heimat gesetzt hatte, nahezu perfekt.

Meine Frau hatte von 1974 bis 2004 eine Zahnarztpraxis in Böblingen inne. Die Kinder studierten Chemie, Regionale Volkswirtschaft beziehungsweise Mathematik / Informatik.

Am 1. April 1996 begann ich an der Uni Tübingen mit dem Zweitstudium der Allgemeinen Sprachwissenschaft, der Vergleichenden Sprachwissenschaft mit den Sprachen Baskisch und Quiché-Maya und der Islamkunde mit den Sprachen Türkisch, Arabisch und Persisch und beendete es nach zehn Semestern mit dem Examen zum Magister Artium.

Daran schloss sich innerhalb weiterer vier Semester an den Universitäten Tübingen und Freiburg die Promotion zum Doktor der Philosophie mit einem sprachwissenschaftlich-turkologischen Thema an. Parallel dazu lernte ich Albanisch und legte das Hebraicum ab, danach das Graecum, und ich fing an – dem vorrückenden Alter Tribut zollend – wohl dosiert Koreanisch, Japanisch und Polnisch zu lernen.

Viele Reisen führten uns in die Türkei, nach Griechenland, Frankreich, Spanien, Island, Norwegen, Malta, Zypern, Marokko, Tunesien, Syrien, in den Libanon, nach Korea und Polen.

Rückblickend kann ich feststellen, dass ich mit dem Ort, in dem ich seit 1973 wohne, meiner Zielvorstellung sehr nahe gekommen bin. Das Glück war mir hold.

Schließlich begann ich nicht mehr nur nach vorn, sondern auch zurückzublicken, weil ich die Erlebnisse und Erfahrungen meiner Kindheit und Jugend für wert erachtete, sie – „bevor es zu spät ist“[196] – meinem Umfeld und der Nachwelt, vor allem den jungen Menschen zu erschließen. Zukunft braucht Erinnerung. Oder: „Du sollst dich erinnern!“, um Freya Kliers elftes Gebot[197] zu zitieren.

[196] BRUNI ADLER 2004
[197] FREYA KLIER Homepage

Schlussbemerkung

Mein herzlicher Dank geht an alle, die mich bei der Abfassung meiner Erinnerungen mit Informationen, Anregungen und Korrekturen unterstützt haben, unter ihnen

- aus Leverkusen: meine Schwestern Edeltraud und Ursula,
- aus Suhl beziehungsweise Zella-Mehlis: Ernst Büttner, Klaus Gödecke, Rolf Henkel, Gerd Manig, Holger Uske, Uwe Volk, Rolf Ziegenhahn und andere,
- aus Göttingen: Prof. Dr. Ulrich Krengel und Frau Beate,
- aus Berlin: Leitender Baudirektor a.D. Wolfgang Liebehenschel und Frau Ilse,
- aus Münster: Prof. Dr. Irmintraut Richarz (* in Suhl),
- aus Bad Königshofen: Bürgermeister Clemens Behr,
- aus Aubstadt: Bürgermeister Wolfgang Abschütz, Hans-Bernd Bader, Christa Hey, Feldgeschworener Albert Kern und andere,
- aus Großeibstadt: Rudi Breunig,
- aus Römhild: Albrecht Schultheis,
- aus Calw-Heumaden: Benno Prieß,
- aus Achim: Peter Fischer (* in Suhl),
- der Westkreuz-Verlag GmbH Berlin/Bonn und in Bad Münstereifel
- und last, but not least meine Familie.

Hans-Georg Müller — Böblingen, im Juni 2007

Zeittafel: Deutschland im 20. Jahrhundert

1871	Deutsches Reich (bis 1945)	
1914	Erster Weltkrieg (bis 1918)	
1918	Novemberrevolution, Sturz der Monarchie 09.11. Ausrufung der Deutschen Republik, Abdankung des Kaisers Wilhelm II.	
1919	Weimarer Republik (bis 1933)	
1919	31.07. Weimarer Reichsverfassung durch die Weimarer Nationalversammlung	
1920	13.-17.03. Kapp-Putsch (Umsturzversuch rechtsradikaler Politiker um W. Kapp) Umbenennung der DAP (Deutsche Arbeiterpartei, seit 1919) in NSDAP	
1921	Adolf Hitler wird Vorsitzender der NSDAP, Programmschrift „Mein Kampf" (bis 1927)	
1923	Inflation seit dem Ersten Weltkrieg, neue Währungsordnung: Rentenmark	
1929	Ausbruch der Weltwirtschaftskrise nach dem Börsenkrach in New York	
1932	Reichstagswahl: NSDAP wird stärkste politische Kraft im Reichstag	
1933	30.01. Hitler wird vom Reichspräsidenten Hindenburg zum Reichskanzler ernannt	
1933	(„Drittes") Deutsches Reich (bis 1945)	
1938	09.11. Reichskristallnacht (Pogrom gegen die jüdischen Bürger Deutschlands) 16.12. Stiftung des Mutterkreuzes (Ehrenkreuz der Deutschen Mutter)	
1939	01.09. Beginn des Zweiten Weltkriegs	
1945	Februar: Konferenz der Alliierten in Jalta 30.04. Hitlers Tod durch Selbstmord (*20.04.1889) 08.05. Ende des Zweiten Weltkriegs	
1945	Geteiltes Deutschland (bis 1990)	
1945	Westdeutschland / BRD + W-Berlin	Ostdeutschland / SBZ/DDR + O-Berlin
1945		09.06. Bildung der SMAD
	01.07. Gebietstausch von Teilen der SBZ gegen Teile von Berlin	01.07. Gebietstausch von Teilen der SBZ gegen Teile von Berlin
		14.07. Bildung der „Einheitsfront der antifaschistisch-demokratischen Parteien" (Antifa-Block)
	17.07.-02.08. Potsdamer Abkommen der Alliierten	17.07.-02.08. Potsdamer Abkommen der Alliierten
	08.08. Viermächte-Abkommen in London über die Verfolgung und Bestrafung der Hauptkriegsverbrecher	08.08. Viermächte-Abkommen in London über die Verfolgung und Bestrafung der Hauptkriegsverbrecher
1946		07.03. Gründung der FDJ (Vorsitz: Erich Honecker)
		21./22.04. Zusammenschluss von KPD und SPD zur SED
1947		16.08. SMAD-Befehl 201/47 zur Entnazifizierung der SBZ
1948	18.06. Beginn der Blockade West-Berlins durch die Sowjets	26.02. SMAD-Befehl 35/48 zum Ende der Entnazifizierung der SBZ
	20.06. Währungsreform: RM → West-DM	24.-28.06. Währungsreform: RM → Kuponmark
		24.07. Währungsreform: Kuponmark → Ost-DM
		15.11. Schaffung der „Handelsorganisation"
		13.10. Adolf Hennecke übererfüllt sein Soll, Beginn der Aktivistenbewegung

		13.12. Gründung der Jungen Pioniere (JP)
1949	08.05. Gründung der BRD 12.05. Ende der Blockade West-Berlins durch die Sowjets 23.05. Verkündung des Grundgesetzes 14.08. Wahlen zum 1. Deutschen Bundestag, Konrad Adenauer wird Bundeskanzler	07.10. Gründung der DDR, Deutscher Volksrat wird Provisorische Volkskammer, Inkraftsetzung der Verfassung 11.10. Wilhelm Pieck wird Präsident, Otto Grotewohl wird Ministerpräsident 07.11. Hymne „Auferstanden aus Ruinen“
1950		Jan./Feb.: Übergabe der Internierten / SMT-Verurteilten von den Sowjets an die DDR 08.02. Bildung des Ministeriums für Staatssicherheit
1951		08.10. Aufhebung der Rationierung aller Produkte bis auf Fleisch, Fett, Zucker
1952		Bildung der Kasernierten Volkspolizei KVP Gründung der Gesellschaft für Sport und Technik (GST) Beseitigung der Länderstruktur und Schaffung von 15 Bezirken Juli: Entscheidung zum Aufbau des Sozialismus
1953		05.03. Stalins Tod 09.06. Neuer Kurs der Regierung der DDR „17. Juni“ – Volksaufstand
1955	Herbst: Adenauer beim sowjetischen Ministerpräsidenten Bulganin und Parteichef Chruschtschow: Entlassung Kriegsgefangener	
1956		18.01. Volkskammer beschließt Schaffung der NVA, die aus der KVP hervorgeht
1958		29.05. Abschaffung der Lebensmittelkarten
1960		12.09. Staatsrat wird konstituiert, Vorsitzender: Walter Ulbricht
1961		13.08. Mauerbau in Berlin, Abriegelung Ost-Berlins
1971		Ablösung Ulbrichts als Ersten Sekretär der SED durch Erich Honecker (*25.8.1912)
1973		01.08. Tod Ulbrichts (*30.6.1893 in Leipzig),
1976		Honecker wird „Staatsratsvorsitzender“
1989		09.11. Öffnung der Grenzen der DDR zur Bundesrepublik, „Wende“
1990	Geeintes Deutschland	
1990	03.10. Die DDR tritt dem Geltungsbereich des Grundgesetzes der Bundesrepublik bei.	
1992	14.-16.12. Bundeskanzler Helmut Kohl beim russischen Präsidenten Jelzin: Rehabilitierung unschuldig Verfolgter	

Abkürzungsverzeichnis

ASTA	Allgemeiner Studentenausschuss
BGB	Bürgerliches Gesetzbuch
BRD	Bundesrepublik Deutschland
BZ	Berliner Zeitung (in West-Berlin)
DAF	Deutsche Arbeitsfront (im Dritten Reich)
DDR	Deutsche Demokratische Republik
DM	Deutsche Mark
DSF	(Gesellschaft für) Deutsch-Sowjetische Freundschaft (in der DDR)
FDJ	Freie Deutsche Jugend (in der SBZ/DDR)
FU	Freie Universität (in West-Berlin)
GI	Government oder General Issue (einfacher amerikanischer Soldat)
GPU	sowjetische Geheimpolizei (später KGB)
GST	Gesellschaft für Sport und Technik (in der DDR)
HJ	Hitler-Jugend (im Dritten Reich)
HO	Handelsorganisation (in der SBZ/DDR)
IM	Inoffizieller Mitarbeiter (der Stasi)
JP	Junge Pioniere (in der DDR)
JVA	Justizvollzugsanstalt
KDF	(Gemeinschaft) Kraft durch Freude (im Dritten Reich)
KGB	Komitet Gosudarstwennoe Besopasnosti (Komitee für Staatssicherheit, in der SU)
KK	Kleinkaliber
KPD	Kommunistische Partei Deutschlands
KPdSU	Kommunistische Partei der Sowjetunion
KVP	Kasernierte Volkspolizei (in der SBZ/DDR)
KZ	Konzentrationslager (im Dritten Reich, später in der SBZ/DDR)
MfS	Ministerium für Staatssicherheit (in der DDR)
MWD	Ministerstwo Wnutrennich Djel (Innenministerium, in der SU)
Nazi	Nationalsozialist (im Dritten Reich)
NKWD	Narodnyj Kommissariat Wnutrennich Djel (Volkskommissariat für innere Angelegenheiten, in der SU)
NSDAP	Nationalsozialistische Deutsche Arbeiterpartei (im Dritten Reich)
NVA	Nationale Volksarmee (in der DDR)
RIAS	Rundfunk im Amerikanischen Sektor (von Berlin)
RM	Reichsmark (vor Einführung der DM)
SA	Sturmabteilung (der NSDAP)
SAG	Sowjetische Aktiengesellschaft (in der SBZ/DDR)
SBZ	Sowjetische Besatzungszone
SED	Sozialistische Einheitspartei Deutschlands (in der SBZ/DDR)
SFB	Sender Freies Berlin (in West-Berlin)
SHG	Sowjetische Handelsgesellschaft (in der SBZ/DDR)
SMAD	Sowjetische Militäradministration in Deutschland (in der SBZ)
SMT	Sowjetisches Militärtribunal (in der SBZ/DDR)
Sozi	Sozialist
SPD	Sozialdemokratische Partei Deutschlands
SS	Schutzstaffel (der NSDAP)
SSD	Staatssicherheitsdienst (Stasi)
StVA	Strafvollzugsanstalt (in der DDR)
SU	Sowjetunion
Stasi	Staatssicherheit (in der DDR)
TU	Technische Universität (in West-Berlin)
UdSSR	Union der Sozialistischen Sowjetrepubliken (SU)
VEB	Volkseigener Betrieb (in der DDR)
VP	Volkspolizei (in der DDR)
ZK	Zentralkomitee (in der DDR)

Literaturhinweise

ADLER, BRUNI: *Bevor es zu spät ist. Begegnungen mit der Kriegsgeneration.* Klöpfer & Meyer. Tübingen. 2004.

ARNOLD, JASMIN: *Die Revolution frißt ihre Kinder. Deutsches Filmexil in der UdSSR.* Tectum Verlag. Marburg. 2003.

AUTORENGEMEINSCHAFT CHRONIK SUHL sowie Bürger des Gemeinwesens: *Historisches Leitbild der Stadt Suhl.* Suhler Reihe (10), Druckerei Foerster Schleusingen, 2004.

BACQUE, JAMES: *Verschwiegene Schuld. Die alliierte Besatzungspolitik in Deutschland nach 1945.* Ullstein. 1995.

BECHER, JOHANNES R.: *Gedichte 1911–1958.* Damnitz Verlag. München. 1971.

BECHLER, MARGRET: *Warten auf Antwort. Ein deutsches Schicksal.* Ullstein Taschenbuchverlag. München. 2001[22].

BÖLL, HEINRICH (Hrsg.): *Niemands Land. Kindheitserinnerungen an die Jahre 1945 bis 1949.* Lamuv Verlag. 1985.

BUCKOW, ANJANA: *Zwischen Propaganda und Realpolitik. Die USA und der sowjetisch besetzte Teil Deutschlands 1945–1955.* Franz Steiner Verlag. Wiesbaden. 2003.

EBERHARDT, ANDREAS: *Verschwiegene Jahre. Biographische Erzählungen von Gefangenschaft und dem Leben danach.* Berlin Verlag Arno Spitz. 1998.

ERMER, MATTHIAS: *Von der Reichsmark zur Deutschen Mark der Deutschen Notenbank. Zum Binnenwährungsumtausch in der Sowjetischen Besatzungszone Deutschlands (Juni/Juli 1948).* Franz Steiner Verlag. Stuttgart. 2000.

FINN, GERHARD: *Die politischen Häftlinge der Sowjetzone 1945–1959.* Ilmgau-Verlag. Pfaffenhofen. 1960. Reprint 1989. Verlag Wissenschaft und Politik. Berend von Nottbeck. Köln.

FISCHER, ALEXANDER (Hrsg.): *Studien zur Geschichte der SBZ/DDR.* Schriftenreihe der Gesellschaft für Deutschlandforschung. Band 38. Duncker & Humblot. Berlin. 1993.

FISCHER, PETER: *Der Schein.* Roman. Ludwigsfelder Verlagshaus. Ludwigsfelde. 2004.

FRIEDRICH-EBERT-STIFTUNG (Hrsg.): *Vorgeschichte und Entstehung der DDR.* Verlag Neue Gesellschaft GmbH. Bonn. 1984[2].

FORTE, DIETER: *In der Erinnerung.* Roman. S. Fischer Verlag. Frankfurt a. M. 1998.

GEYER, DIETRICH: *Reußenkrone, Hakenkreuz und Roter Stern. Ein autobiographischer Bericht.* Vandenhoeck & Ruprecht. Göttingen. 1999.

GOEDSCHE, HERMANN: *Die Sage vom Ottilien-Stein.* Druck und Verlag von A. Kaufmann. Suhl. 1898[7].

GREVE, UWE: *Lager des Grauens. Sowjetische KZs in der DDR nach 1945.* Arndt. Kiel. 1990.

GÜNTHER, LOTHAR: *Als die Amis kamen ... Auf den Spuren der 11. Panzerdivision.* Heinrich-Jung-Verlagsgesellschaft mbH. Zella-Mehlis/Meiningen. 2005.

HÄHLE, FRITZ: *Kein „antifaschistischer Schutzwall".* Konrad-Adenauer-Stiftung e.V.: Zum vierzigsten Jahrestag der Errichtung der Berliner Mauer. 2001.
http://www.kas.de/publikationen/2001/680_dokument.html

HARTMANN, ANNE / EGGELING, WOLFRAM: *Sowjetische Präsenz im kulturellen Leben der SBZ und frühen DDR 1945–1953.* Akademie Verlag. Berlin. 1998.

HATTIG, SUSANNE / KLEWIN, SILKE / LIEBOLD, CORNELIA / MORRÉ, JÖRG: *Geschichte des Speziallagers Bautzen. 1945–1956.* Katalog zur Ausstellung. Stiftung Sächsische Gedenkstätten. Michel Sandstein Verlag. Band 11. 2004.

HEYM, STEFAN: *Schwarzenberg.* C. Bertelsmann. München. 1984.

HILGEMANN: *Atlas zur deutschen Zeitgeschichte 1918–1968.* Serie Piper, Band 328. München.

HOFFMANN, DIERK / WENTKER, HERMANN (Hrsg.): *Das letzte Jahr der SBZ. Politische Weichenstellungen und Kontinuitäten im Prozeß der Gründung der DDR.* Veröffentlichungen zur SBZ-/DDR-Forschung im Institut für Zeitgeschichte. R. Oldenbourg Verlag. München. 2000.

HOHMANN, JOACHIM S. (Hrsg.): *Lehrerflucht aus SBZ und DDR 1945–1961*. Dokumente zur Geschichte und Soziologie sozialistischer Bildung und Erziehung. Peter Lang. Frankfurt am Main. Berlin, Bruxelles, New York, Wien. 2000.

JÜRSS, WALTER: *Vogelsang vor den Gittern. Von den Leibhusaren ins „Gelbe Elend"*. Books on Demand. Norderstedt. 2004.

KARAU, GISELA: *Sozialistischer Alltag in der DDR. Erlebt und skizziert von Gisela Karau*. Staatssekretariat für westdeutsche Fragen. DDR. Berlin. 1970.

KARLSCH, RAINER / LAUFER, JOCHEN (Hrsg.): *Sowjetische Demontagen in Deutschland 1944–1959. Hintergründe, Ziele, Wirkungen*. Duncker & Humblot. Berlin. 2002.

KARLSCH, RAINER: *Hitlers Bombe. Die geheime Geschichte der deutschen Kernwaffenversuche*. Deutsche Verlags-Anstalt. München. 2005.

KILIAN, ACHIM: *Mühlberg 1939–1948. Ein Gefangenenlager mitten in Deutschland*. Sächsische Landeszentrale für politische Bildung. Böhlau Verlag. Köln. 2001.

KLAUS, GEORG / BUHR, MANFRED (Hrsg.): *Philosophisches Wörterbuch*. VEB Bibliographisches Institut. Leipzig.1975[11].

KLEINDIENST, JÜRGEN (Hrsg.): *Nachkriegs-Kinder. Kindheit in Deutschland 1945–1950*. 67 Geschichten und Berichte von Zeitzeugen. JKL Publikationen. Berlin. 1999[3].

KLIER, FREYA: *Abreiß-Kalender. Versuch eines Tagebuchs*. Kindler. München. 1988.

KLIER, FREYA: *Lüg Vaterland. Erziehung in der DDR*. Kindler. München. 1990.

KLIER, FREYA: *Verschleppt ans Ende der Welt. Schicksale Deutscher Frauen in sowjetischen Arbeitslagern*. Verlag Ullstein GmbH. Berlin, Frankfurt am Main. 1996.

KLIER, FREYA: *Ach, Links ... Spurensuche in einem politischen Labyrinth*. MUT. Forum für Kultur, Politik und Geschichte. Nr. 467. Juli 2006.

KLONOVSKY, MICHAEL / VON FLOCKEN, JAN: *Stalins Lager 1945–1950. Dokumentation – Zeugenberichte*. Ullstein. Berlin, Frankfurt am Main. 1991.

KNABE, HUBERTUS: *Der diskrete Charme der DDR. Stasi und Westmedien*. Propyläen Verlag. Berlin, München. 2001.

KNABE, HUBERTUS: *17. Juni 1953. Ein deutscher Aufstand*. Econ Ullstein Propyläen Verlag. München. 2003.

KOBER, JULIUS: *Muustjucke*. Suhl. 1923.

KOBER, JULIUS: *Die Mundart der Stadt Suhl im Thüringer Wald*. N. G. Elwert Verlag. Marburg. 1962.

KOBER, JULIUS: *Hütes on Brüh – Gedichtle on Geschichtle in Sühler Mundort*, In: Dr. phil. JULIUS KOBER (Hrsg.): Thüringer Heimatbücherei. Band 13. Verlag Dr. L. Nonnes Erben. Würzburg. 1963.

KÖNIG, WERNER: *dtv-Atlas zur deutschen Sprache*. Deutscher Taschenbuch Verlag. München. 1996[11].

KOWALCZUK, ILKO-SASCHA / WOLLE, STEFAN: *Roter Stern über Deutschland. Sowjetische Truppen in der DDR*. Ch. Links Verlag. Berlin. 2001.

KUO, XING-HU: *Ein Chinese in Bautzen II. 2675 Nächte im Würgegriff der Stasi*. Anita Tykve Verlag. Böblingen. 1990.

LATTMANN, DIETER: *Die Brüder*. Roman. S. Fischer. Frankfurt a. M. 1985.

LEONHARD, WOLFGANG: *Die Revolution entlässst ihre Kinder*. Kiepenheuer & Witsch. Köln, Berlin. 1955.

LEONHARD, WOLFGANG: *Sowjetideologie heute 2. Die politischen Lehren*. Fischer Bücherei. Band 461. 1962.

LEONHARD, WOLFGANG: *Spurensuche. Vierzig Jahre nach ‚Die Revolution entlässt ihre Kinder'*. Kiepenheuer & Witsch. Köln. 1992.

LEONHARD, SUSANNE: *Gestohlenes Leben. Als Sozialistin in Stalins GULAG*. Nicolaische Verlagsbuchhandlung. Herford. 1956. 1968[5].

LEONHARD, SUSANNE: *Fahrt ins Verhängnis. Als Sozialistin in Stalins GULAG*. Herderbücherei. Verlag Herder. Freiburg i. Br. 1983.

LIEB, MARIO: *Viele Grüße aus Suhl*. Verlag Frankenschwelle KG/Offizin Hildburghausen GmbH. Hildburghausen. 2001[2].

MEHRINGER, HARTMUT / SCHWARTZ, MICHAEL / WENTKER, HERMANN (Hrsg.): *Erobert oder befreit? Deutschland im internationalen Kräftefeld und die Sowjetische Besatzungszone (1945/46)*. R. Oldenbourg Verlag. München. 1999.

MÜLLER, KARL: *Das Rennsteiglied. Neues Thüringer Wander- und Liederbuch*. Peter-Arfmann-Verlag. 2001.

NAIMARK, NORMAN M.: *Die Russen in Deutschland. Die sowjetische Besatzungszone 1945 bis 1949*. Propyläen Verlag. Berlin. 1997.

PRIEß, BENNO: *Unschuldig in den Todeslagern des NKWD 1946–1954. Torgau, Bautzen, Sachsenhausen, Waldheim*. Eigenverlag Calw. 1991.

PRIEß, BENNO (Hrsg.): *Erschossen im Morgengrauen. „Werwolf"-Schicksale mitteldeutscher Jugendlicher*. Eigenverlag Calw. 2005[3].

STOSIEK, PETER: *Unbeantwortete Briefe*. Komzi Verlag. Idstein. 1994.

WAHRIG, GERHARD: *Lexikon A – Z in zwei Bänden*. Verlag Enzyklopädie. Leipzig. 1957.

WEBER, HERMANN: *Die DDR 1945–1990*. R. Oldenbourg Verlag. Grundriss der Geschichte. Band 20. München. 2000[3].

WENTKER, HERMANN: *Justiz in der SBZ/DDR. Transformation und Rolle ihrer zentralen Institutionen*. R. Oldenbourg Verlag. München. 2001.

WILKENING, CHRISTINA: *Staat im Staate. Auskünfte ehemaliger Stasi-Mitarbeiter*. Aufbau – Texte zur Zeit. Aufbau-Verlag. Berlin, Weimar. 1990.

XII. Bautzenforum der Friedrich-Ebert-Stiftung: *Jugend und Diktatur. Verfolgung und Widerstand in der SBZ/DDR*. Büro Leipzig. 4. und 5. Mai 2001.

XV. Bautzenforum der Friedrich-Ebert-Stiftung. Parak, Michael (Red.): *Verfolgung unterm Sowjetstern. Stalins Lager in der SBZ/DDR*. Büro Leipzig. 13. und 14. Mai 2004.

ZIMMER, DIETER: *„Auferstanden aus Ruinen ...". Von der SBZ zur DDR*. Deutsche Verlags-Anstalt GmbH. Stuttgart. 1989.

Bildnachweis

Die Umschlagseite hat Harmin Müller, Hofheim, gestaltet. Die Bilder dafür stammen von Sigrit Walsdorff, Altdorf. Die darauf dargestellten Utensilien hat der Autor nach der Wende an der Grenze der DDR gesammelt.

Die große Mehrzahl der Bilder sind entweder Familienfotos oder alte (Ausschnitte aus) Postkarten aus der Sammlung des Autors oder von ihm selbst aufgenommene Fotos oder aus der angegebenen Literatur. Einige der Fotos stammen aus dem Internet.

Bild 4 Hilgemann: Atlas zur Deutschen Zeitgeschichte
Bild 5 Zimmer (1989): Auferstanden aus Ruinen
Bild 6 Zimmer (1989): Auferstanden aus Ruinen
Bild 15 Stadtverwaltung Suhl
Bild 54 Bürgermeisteramt Aubstadt im Grabfeld
Bild 70 Rudi Rölz, Aachen
Bild 71, 85, 91 Unauffindbare Quelle
Bild 72 Dr. Galen Frysinger (Berlin)
Bild 84 Heinrich Klein (Rhein-Erft-Kreis)
Bild 88 Dr. Galen Frysinger (Göttingen)
Bild 89 Prof. Max Kerner (RWTH Aachen, Historisches Institut, Mittlere Geschichte)
Bild 86 Justus Bobke (Hamburg Marketing GmbH)